清華大學中國經學研究院集刊

本刊入選『中文社會科學引文索引（CSSCI）2023–2024年來源集刊』

中國經學

第三十二輯

主　編◎彭　林
副主編◎張煥君

廣西師範大學出版社
·桂林·

圖書在版編目（CIP）數據

中國經學. 第三十二輯 / 彭林主編. -- 桂林：廣西師範大學出版社，2023.8
ISBN 978-7-5598-6396-6

Ⅰ. ①中… Ⅱ. ①彭… Ⅲ. ①經學—研究—中國 Ⅳ. ①Z126

中國國家版本館 CIP 數據核字（2023）第 177505 號

廣西師範大學出版社出版發行
（廣西桂林市五里店路 9 號　郵政編碼：541004
　網址：http://www.bbtpress.com）
出版人：黄軒莊
全國新華書店經銷
廣西昭泰子隆彩印有限責任公司印刷
（南寧市友愛南路 39 號　郵政編碼：530001）
開本：787 mm ×1 092 mm　1/16
印張：15　　字數：250 千
2023 年 8 月第 1 版　2023 年 8 月第 1 次印刷
印數：0 001～1 200 册　定價：88.00 圓
如發現印裝質量問題，影響閱讀，請與出版社發行部門聯繫調换。

編委會（按姓氏筆劃排列）

Robert L. Chard	古勝隆一
池田秀三	何志華
林慶彰	夏長樸
徐興無	郭鵬飛
陳鴻森	野間文史
張　勇	葉國良
單周堯	喬秀岩
楊　華	虞萬里
趙伯雄	鄧國光

■主　編：彭　林
■副主編：張煥君

目　録

■ 經學義理

王船山的易圖學建構及其哲學意義　　　　　　　　　　1　　谷繼明
方法的"力量"：《論語義疏》中的科段説與言意之辨　　19　　鄺其立
五禮、異代與尊卑：漢唐禮學體系建構的一些視角　　　31　　王　赫

■ 經學歷史

鄭玄的感生説與聖人有父説新探
　　——兼論鄭玄對感生受命、三統五德的整合　　　　47　　劉　斌
感生説與鄭玄的始祖觀念
　　——與華喆先生商榷　　　　　　　　　　　　　69　　林　鵠
杜佑《通典》通經致用考：以"郊天"爲例　　　　　　75　　劉　璐
清末政治與經學教科書的誕生：從梁啓超到王舟瑶　　　103　　毛朝暉
《五德終始説下的政治和歷史》與近代今文經學譜系的重塑　125　　郭宇懷

■ 經學文獻

《詩經》"楨榦"比喻新證
　　——《詩經》"比興"研究之一　　　　　　　　141　　童　超
董逌《廣川詩故》引漢唐佚籍考論　　　　　　　　　157　　朱學博
内野本《古文尚書》旁注《經典釋文》考論　　　　　179　　吴揚廣
《國語·周語》王引之《經義述聞》商兑　　　　　　199　　郭鵬飛
夏敬觀《毛詩序駁議》價值平議　　　　　　　　　　213　　虞思徵

■ 札記

《國語·周語上》校證二則　　　　　　　　　　　18、68　　熊少聰

編後記　　　　　　　　　　　　　　　　　　　　　225　　彭　林

Contents

Wang Chuanshan's Construction of the I-Images and its Philosophical Significance
  GU Jiming

The "Power" of Interpretation Method: A Study on the Theory of "Keduan" and "Discrimination of Words and Meaning" in *Lunyu Yishu* KUANG Qili

Typology, Diachrony, and Hierarchy: Perspectives of the Systematism in Han-Tang Ritual Studies WANG He

A New Research on Zheng Xuan's Theory of "Born From Heaven" and Theory of "Sage's Father": Zheng Xuan's Integration of Theory of "Born From Heaven" and "Three Determinants and Five Elements" LIU Bin

Heaven-Inducing Birth Theory and Zheng Xuan's Idea of Progenitor: A Discussion with Dr. Hua Zhe LIN Hu

Research on Offering Sacrifices to Heaven in Du You's *Tong Dian* on the Application of Classics: "Jiao Tian" as an Example LIU Lu

The Birth of Textbooks on Politics and Classics in the Late Qing Dynasty: From Liang Qichao to Wang Zhouyao MAO Zhaohui

Politics and History Under "the Cycle of Five Elements" and the Reshaping of the Genealogy of the New Text Confucian Study in Modern Times GUO Yuhuai

New Proof of the Metaphor of "Zhen-Gan" in *the Book of Songs* TONG Chao

A Study on the Reference to the Lost Books of Han and Tang Dynasties in Dong You's *Guangchuan Shigu* ZHU Xuebo

A Research on *Jingdian Shiwen* that is Attached to the Uchino Edition of *Gu-Wen Shangshu* WU Yangguang

Discussion on *Discourses of the States, Discourses of Zhou* in Wang Yinzhi's *Jingyishuwen* GUO Pengfei

Reappraisal of *Maoshixuboyi* Authored by Xia Jingguan YU Sizheng

王船山的易圖學建構及其哲學意義

谷繼明

內容摘要 在明清之際的"易圖批判"風潮中,王夫之顯得不合時宜。他雖然竭力攻駁邵雍先天之學,却以《太極圖》爲哲學建立之基礎,又對《河圖》之義有新的詮釋。王夫之要反對邵雍—朱熹的先天學,即須斬斷《河圖》成卦與"加一倍法"之間的關係。在他看來,聖人效法《河圖》畫卦,其"畫"應該是實際而非抽象意義上的畫,即根據《河圖》數字的奇偶來確定陰陽爻畫。此種成卦方法與渾天取象密切相關。王夫之對《太極圖》和《河圖》的理解皆取象於渾天。五層《太極圖》是對渾天成物的動態呈現,那麼《河圖》即是對渾天的結構性描述。在這種取象中,"兩端一致"的生成之源也被圖像化地表達出來。

關鍵詞 河圖洛書　象數學批判　王船山　清代學術

如學界所知,明末清初的學界產生了"易圖批判"的風潮,給當時的思想界帶來了巨大衝擊。所謂易圖之學,就其廣義而言指宋代以來的易學圖像和象數系統。據朱震《漢上易傳》譜系,此學主要有三支、三個門類,即:(1)劉牧《圖》《書》之學,(2)邵雍先天之學,(3)周敦頤《太極圖》之學。此三支表現在朱熹易學那裏,即:(1)《周易本義》卷首《河圖》《洛書》及《易學啟蒙》之《本圖書》;(2)《周易本義》卷首先天卦橫圖、圓圖諸圖,及《易學啟蒙》之《原卦畫》等篇;(3)朱熹《太極圖説解》。在元明時代,諸家對於易圖的演繹愈加繁冗。明清之際對於易圖學的批判,也主要集中在這三個方面。

易圖批判的學術和思想史意義,梁啓超、林慶彰等學者都研究過。如林慶彰指出:

> 易圖的《先》《後天圖》和《太極圖》,都是宋人建立宇宙論和心性論的根據,清初學者指出《先》《後天圖》出於道家,《太極圖》出於佛道二家,其非儒家所本有已昭然若揭。至此,宋人用來建立其理論的根據也全部崩潰,自己既失立場,更

---

* 本文係國家社科基金重大項目"中國經典詮釋學基本文獻整理與基本問題研究"(項目編號:21&ZD055)成果之一。

留給當時論敵攻擊的口實。所謂宋學傳統也必然崩潰。從思想史的角度來看,清初這九十多年,正是由宋明理學轉向清代考證學的關鍵。①

但這個判斷猶嫌粗略,其實清初的易圖批判學者並非鐵板一塊,其觀點、立場各異,陳峴對此已有檢討。② 進一步説,人們提起明末的易圖學,往往想到持批判態度的黃宗羲、黃宗炎、毛奇齡、胡渭等人,但同爲明末大儒的方以智、王夫之的易圖研究,往往爲專門研究方以智或王夫之的學術團體所關注,而較少被放在整個明清易圖學研究中。究其源本,除了因二家没有專門易圖批判的著作,還因他們的易圖研究不太符合明清之際"易圖批判"的叙事。以王夫之爲例,他雖然竭力攻駁邵雍先天之學,却以《太極圖》爲哲學建立之基礎,又對《河圖》之義有新的詮釋。今即對此稍做考辨申發。

一 王夫之對《圖》《書》的總體判斷

劉牧以方圖五十五點爲《洛書》,圓圖四十五點爲《河圖》;朱子以方圖爲《河圖》,圓圖爲《洛書》。③ 王夫之從朱熹説。《繫辭傳》説"河出《圖》,洛出《書》,聖人則之",是聖人則《河圖》以作《易》,法《洛書》而叙《疇》。但朱熹又服膺邵雍先天八卦之序,以爲伏羲畫卦依此"加一倍法"而成立,似不必效法《河圖》。《易學啓蒙》最初只有《原卦畫》《明蓍策》兩篇,後來加入《本圖書》爲第一,《考變占》爲第四。谷繼明曾指出:"《河圖》《洛書》與邵雍先天之學是兩個系統,朱子皆把它們看做畫卦的根據,這可以看出朱子欲整齊百家的努力。"④朱熹爲使《河圖》的易理與邵雍"加一倍法"相配合,提出以下方案:

> 《河圖》之虚五與十者,太極也。奇數二十,偶數二十者,兩儀也。以一二三四爲六七八九者,四象也。析四方之合以爲乾坤離坎,補四隅之空以爲兑震巽艮者,八卦也。⑤

朱熹又從理論上彌合二者,指出:"《大傳》又言包犧畫卦所取如此,則《易》非獨以《河圖》而作也。蓋盈天地之間莫非太極陰陽之妙,聖人於此仰觀俯察,遠求近取,固有以

---

① 林慶彰:《清初的群經辨僞學》,上海:華東師範大學出版社,2011年,第122頁。
② 陳峴:《試論圖書易學在清初的一個變化》,《周易研究》2016年第2期,第22—31頁。
③ 詳參林忠軍《象數易學發展史》(第二卷),濟南:齊魯書社,1998年,第324—329頁。
④ 谷繼明:《易學啓蒙通釋點校説明》,載《易學啓蒙通釋》,北京:中華書局,2015年,第5頁。
⑤ 參胡方平《易學啓蒙通釋》,北京:中華書局,2015年,第63頁。

超然而默契於其心矣。"①在他看來,《河圖》先有虛中,即爲太極;而後有數之奇偶,即是一分爲二;而後有一六、二七、三八、四九,即是"二分爲四"之四象;八個數字分散到八方,即是"四分爲八"之八卦。最後《河圖》作《易》之法要成就邵雍的先天八卦。

王夫之要反對邵雍—朱熹的先天學,即須斬斷《河圖》成卦與"加一倍法"之間的關係。在他看來,聖人效法《河圖》畫卦,其"畫"應該是實際而非抽象意義上的畫,即根據《河圖》數字的奇偶來確定陰陽爻畫。這樣《河圖》與先天八卦次序就無關了。具體方法詳見下節分析。

就《河圖》與《洛書》關係而言,王夫之主張聖人則《河圖》作《易》,效法《洛書》演九疇。《思問録・外篇》説:

> 《河圖》明列八卦之象,而無當于《洪範》;《洛書》順布九疇之叙,而無肖于《易》。劉牧托陳摶之説而倒易之,其妄明甚。牧以書爲圖者,其意以謂《河圖》先天之理,《洛書》後天之事;而玄家所云"東三南二還成五,北一西方四共之",正用《洛書》之象而以後天爲嫌,因易之爲《河圖》以自旌其先天爾。狂愚不可瘳哉!②

王夫之此説,是爲了建立《河圖》與易卦的聯繫,而切斷《洛書》的關聯。在他看來,《河圖》與《易》關乎天道,而《洪範》與《洛書》言乎人事,不可混同。"河出《圖》,洛出《書》,聖人則之",王夫之以爲這是講聖人則《河圖》畫八卦,《洛書》不過是順帶提到的:"《洛書》于《易》無取。上兼言蓍龜,《洛書》本龜背之文,古者龜卜或法之以爲兆,而今不傳。説者欲曲相附會于《周易》,則誣矣。"③這裏雖然沒有點名批評朱子,其實就是針對的《啓蒙》,朱子曾説:"《洛書》固可以爲《易》,而《河圖》亦可以爲《範》矣。"④王夫之則嚴格區分二者,他説:

> 《易》先象而後數,《疇》先數而後象。易,變也,變無心而成化,天也。天垂象以示人,而人得以數測之也。疇,事也,事有爲而作則,人也。人備數以合天,而天之象以合也。故《疇》者先數而後象也。夫既先數而後象,則固先用而後體,先人事而後天道。《易》可筮,而《疇》不可占。⑤

《河圖》先象後數,從天道降至人事,故人可以據數而測天,亦即可以用來占筮。《洛書》則從數到象,本身就是人對天道的繼承,不必更通過占筮去體會天道。王夫之據

---

① 參胡方平《易學啓蒙通釋》,第 67 頁。
② 王夫之:《思問録》,見《船山全書》第 12 册,長沙:嶽麓書社,2011 年,第 437 頁。
③ 王夫之:《周易内傳》,見《船山全書》第 1 册,第 564 頁。
④ 參胡方平《易學啓蒙通釋》,第 66 頁。
⑤ 王夫之:《尚書引義》,見《船山全書》第 2 册,第 338 頁。

此激烈地批評了蔡沈試圖以九疇數、《洛書》數爲基礎進行占算的方法,可參見谷繼明的研究。①

二 則《河圖》以畫卦

《繫辭》"天一地二"一段天地之數五十五,與《河圖》相合。正是在這一段的詮釋中,王夫之表達了他有關《河圖》成卦的説法。在討論《河圖》如何與卦相配之前,他要解釋一下這自一至十的數的意義:

> 陽曰天,陰曰地。奇數,陽也;耦數,陰也。……以陰陽之本體而言之,一、二而已矣。專而直者,可命爲一;翕而辟者,可命爲二。陽盈而陰虚,陽一函三,而陰得其二。虚者清而得境全,濁者凝而得境約,此法象之昭然可見者也。成變化而行鬼神者,其用也,用則散矣。陽即散,而必專直以行乎陰之中,故陰散而爲四、六、八、十,而陽恒彌縫其中虚,以爲三、五、七、九。一非少也,十非多也,聚之甚則一、二,散之甚則九、十也。②

在説明了《河圖》數字來源之後,王夫之便具體地考察如何則《河圖》而畫卦:

> 天垂象於《河圖》,人乃見其數之有五十有五:陽二十五而陰三十,各以類聚而分五位。聖人乃以知陰陽聚散之用,雖無心於斟酌,而分合之妙,必定於五位之類聚,不溢不缺以不亂;遂於其相得而有合者,以類相從,以幾相應,而知其爲天、地、雷、水、火、山、澤之象,則八卦之畫興焉。③

船山以爲,"天一地二"一段實際表達了陽奇陰偶的原則,而由此而成的《河圖》亦是表達了這個原則,而且使他們"以類相從",亦即各歸其陰陽之類。由是,船山看《河圖》時引入了一種非常有意思的視角:忽略其具體數字,只關注其陰陽性質——换句話説,船山以陰陽爻畫代替河圖的數字,再加以組合,便可得出八卦,具體説來:

> 因七、五、一而畫乾,因六、十、二而畫坤。天道下施,爲五、爲七以行於地中;地道上行,爲十、爲六以交乎天位。乾止於一,不至於極北;坤止於二,不至於極南;上下之分,所謂"天地定位"也。陽盛散佈於上,至下而聚,所謂"其動也直"也;陰氣聚于上,方與陽交於中而極其散,所謂"其動也辟"也。因左八、三、十而

---

① 谷繼明:《論王船山對〈潛虚〉與〈洪範數〉的批判》,《周易研究》2019 年第 1 期,第 46—52 頁。
② 王夫之:《周易内傳》,見《船山全書》第 1 册,第 544 頁。
③ 王夫之:《周易内傳》,見《船山全書》第 1 册,第 545 頁。

畫坎，因右九、四、五而畫離。離位乎東，不至乎西；坎位乎西，不至於東；五與十相函以止，而不相逾，所謂"水火不相射"也。因一、三、二而畫爲兌，因二、四、一而畫爲艮。一、二互用，參三、四而成艮、兌，所謂"山澤通氣"也。山澤者，於天地之中最爲聚而見少者也。少者，少也，甫散而非其氣之周布者也。少者在内，雷、風、水、火之所保也。因九、六、八而畫爲震，因八、七、九而畫爲巽。八、九互用，參六、七而成震、巽，所謂"雷風相薄"也，馳逐於外也。雷風者，陰陽之氣，動極而欲散者也，故因其散而見多也。多者，老也，氣之不復聚而且散以無餘者也。老者居外，以周營於天地之間也。八卦畫而六十四卦皆繇此以配合焉。①

這段文字有幾處啓人疑竇。第一，"天道下施，爲五、爲七以行於地中；地道上行，爲十、爲六以交乎天位"，觀察《河圖》上爲天、下爲地，七在天上，如何説是"爲五、爲七以行於地中"？是不是要改作"天道下施，爲五、爲一以行於地中；地道上行，爲十、爲二以交乎天位"？因爲一正好在下放爲六、十所夾，二正好在上爲七、五所夾。第二，"離位乎東，不至乎西；坎位乎西，不至於東"，則似東西顛倒：離應在西，坎應在東。由船山文中"乾止於一，不至於極北；坤止於二，不至於極南"，可知船山所採取正是傳統上南下北、左東右西之方位，即與傳統《河圖》相同。見下圖：

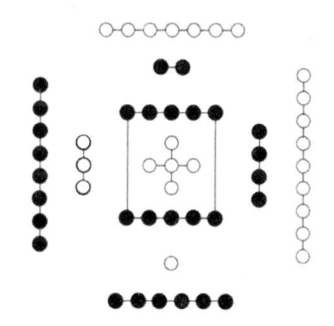

關於第一個問題，可以這樣來理解，即河圖整個是天地相交之象，是一個立體的天地氤氳相與之場域。如後文所討論，此即渾天之象。從天地相交視域來看，雖然七在最上、最南，木必與下相交，但七、五、一是天氣之整體，故亦可謂"爲五、爲七以行於地中，止於一"，其本文亦不必改。

真正成問題的是上面第二個疑問，即坎離東西的視角問題。《思問録·外篇》也有類似的一段與此相互發明：

　　上下，乾坤也。一、五、七，乾也。六、十、二，坤也。乾盡乎極南而不至乎極

---

① 王夫之：《周易内傳》，見《船山全書》第 1 册，第 545—546 頁。

北,《坤》生乎極北而不底乎極南;乾皆上而坤皆下也。故曰"天地定位",上下莫也。

左右,坎離也。八、三、十,坎也,位乎右不至乎左。九、四、五,離也,位乎左不至乎右。中五與十互相函焉,以止而不相逾,故曰"水火不相射"。

一、三、二,兑也。二、四、一,艮也。一、二互用,参三、四而成艮兑,故曰"山澤通氣"。兑(生)[成]乎二,故位南東。艮成乎(二)[一],故位(南)[北]西。艮兑在中,少者處內也,而數極乎少,少則少也。

九、六、八,震也。八、七、九,巽也。八、九互用,参六、七而震巽成。震自西而北而東,巽自東而南而西,有相追逐之象焉,故曰"雷風相薄"。震成乎八,故位東北。巽成乎九,故位西南。震、巽在外,長者處外也,而數極乎多,多則長也。①

以坎離爲例,此二處文字的區別如下:

數字	八三十:坎	九四五:離
周易内傳	左/西	右/東
思問錄	右	左

將這些文本的差異看作源自文本傳鈔刊刻的訛誤,無疑是比較省力氣的做法。但王夫之的著作並不存在《周易注疏》那樣足以壓倒明清刻本的宋本,且其理論爲自己新發明,也無法用舊文獻來校訂,所以直接歸爲文本錯誤應該慎之又慎。王夫之于《太極圖》的"觀法"對解決此問題是有益的:

> 立之于前而視其面,在吾之左者,彼之右也,彼自有定方,與吾相反。太極圖位陰靜於吾之右,彼之左也;陽動于吾之左,彼之右也。初不得其解,以實求之,圖有五重,從上而下。今以此圖首北趾南,順而懸之,從下窺之,則陽東陰西,其位不易矣。②

在王夫之看來,離東坎西與天文學上的日東月西相關,不當改動。而《太極圖》第二圖坎離相交,右邊爲坎、爲陰靜,左邊爲離、爲陽動,似不合理。但王夫之認爲:這是從我們的視角來定位左右和東西而已;如果站在畫圖者的立場,或者說站在太極圖的"後面",朝向讀者,則上南下北、左東右西,坎在西,離在東。

王夫之觀看《太極圖》的方法,也當是他看《河圖》的方法。由此就能理解前引《河

---

① 王夫之:《思問錄》,見《船山全書》第12册,第436—437頁。
② 王夫之:《思問錄》,見《船山全書》第12册,第430頁。

圖》一段爲何以坎在左、在西,離在右、在東。前引《周易內傳》"左八、三、十而畫坎,因右九、四、五而畫離",這個左右方位是從讀者的視角看;但下面說"離位乎東,不至乎西;坎位乎西,不至於東",則強調離東坎西之方位不能變。換句話說,左、右可以隨着人(視圖者)的視角而變換,但東西之位不變。故前引《思問錄》即云"坎也,位乎右不至乎左。……離也,位乎左不至乎右",是如其看《太極圖》那樣,將《河圖》背面對着視圖者的臉來看。

但《思問錄》這段仍存在問題,就整體八卦方位而言:南、兌南東、離東、震東北、坤北、艮北西、坎西、巽西南。這分明是邵雍—朱熹的先天八卦方位。他還說:"朱子曰'析四方之合以爲乾坤坎離,補四隅之空以爲兌巽震艮',亦此謂與!"①這是《易學啓蒙》中的話,胡方平解釋道:

> 析二七之合,則七居南爲乾,而二補東南隅之空以爲兌;析三八之合,則八居東爲離,而三補東北隅之空以爲震;析四九之合,則九居西爲坎,而四補西南隅之空以爲巽;析一六之合,則六居北爲坤,而一補西北隅之空以爲艮者。此則之以成八卦也。②

王夫之的引用,對《思問錄外篇》時期的《河圖》成卦說做了說明,又試圖去彌縫先天圖。這顯然不是王夫之最後的定見,而只是他研究中的一次嘗試而已。我們還有幾處相關文本支持此判斷,比如《周易稗疏》:

> 位"各有合"者,越其位而合三爲一卦也。一、五、七合而爲乾,二、十、六合而爲坤,三、十、八合而爲坎,四、五、九合而爲離,一、三、二合而爲兌,二、四、一合而爲艮,九、六、八合而爲震,八、七、九合而爲巽。③

又《周易內傳》解《說卦傳》"天地定位"一章曰:

> 乾坤、坎離,對待而相錯也。震巽、艮兌,交營而相錯也。天高地下,水左行而火右行,雷風動於外,山澤成于中,自然之體也。……此言天地定位,雖據《河圖》之七、五、一、六、十、二上下之位而言,實則一、三、五、七、九皆天之數,二、四、八、十皆地之數,則以交相參而相錯成乎八卦,而五位之一奇一偶相配而不亂。④

以上兩處材料,皆未談及八卦方位,而是代之以如下的空間結構:天地定位,水火爲軸,

---

① 王夫之:《思問錄》,見《船山全書》第12冊,第437頁。
② 胡方平:《易學啓蒙通釋》,第64頁。
③ 王夫之:《周易稗疏》,見《船山全書》第1冊,第785頁。
④ 王夫之:《周易內傳》,見《船山全書》第1冊,第623頁。

艮兑在内,震巽在外。這完全是按照自然空間概念來取象,雷風屬於在上之氣故居外,山澤屬於在下之物故居内;而天地爲最大之法象,包覆承載,故是最首出的結構;水火則發揮功用、彌縫其間。這提示我們,船山的河圖成卦説其實是效法宇宙結構的,質言之即渾天取象。

三　渾天取象

王夫之謂莊子:"嘗探得其所自悟,蓋得之於渾天。"①鄧聯合指出:"船山認爲莊子之學的全部内容最終皆收攝于'以大宗爲師','大宗'即本體論或宇宙論意義上的'渾天'。……我們對其莊學思想的解析就應從'渾天'入手。"②其實王夫之渾天之説與其易學亦有關聯,如楊儒賓謂:

> 渾天即大的太極。"渾天"是《易經》、張載與王夫之形上學的根喻,所謂"太極者,混淪皆備,不可析也,不可聚也。以其成天下之聚,不可析也;以其入天下之析,不可聚也""《周易》者,順太極之渾淪而擬其動静之條理者也。"類此之言充塞王夫之的主要著作。去除掉渾天的比喻,王夫之的易學思想即不可解。③

楊儒賓以渾天視域與船山的乾坤並建説相發明,無疑十分有見地。但本文需要指出的是:第一,"渾天"首先是一個實際天文學意義的概念,故不僅僅是"根喻",而是有天文學的内容;第二,"渾天"在船山那裏又不僅僅是天文學的概念,而是利用天文學"渾天"之象,以説明其對於存在之整體的看法,但"取象"又不可用西方文學理論的"隱喻"來代替。故本文稱之爲"渾天取象"。

就天文學意義的渾天而言,王夫之對古渾天説並不是全然照搬。張衡以爲"渾天如雞子,地如蛋中黄",陳美東嘗作示意圖如下:④

---

① 王夫之:《莊子解》,見《船山全書》第13册,第473頁。
② 鄧聯合:《王夫之莊學思想通論》,北京:北京大學出版社,2020年,第86頁。
③ 楊儒賓:《儒門别傳:明末清初莊易同流的思想史意義》,載鍾彩鈞主編:《明清文學與思想中之主體意識與社會·學術思想篇》,臺北:"中央研究院"中國文哲研究所,2004年,第276—277頁。
④ 陳美東:《中國古代天文學思想》,北京:中國科學技術出版社,2013年,第133頁。

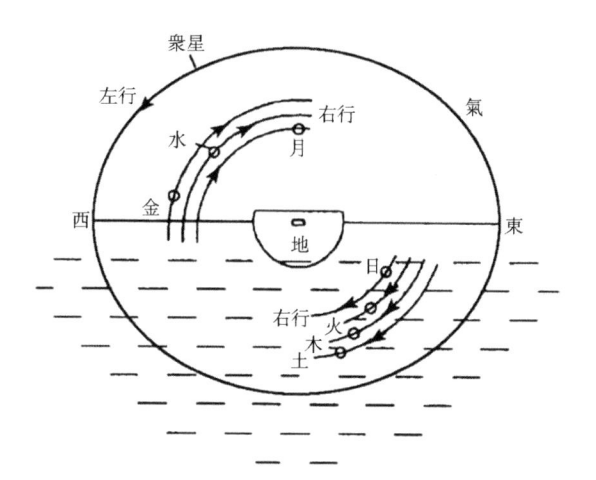

王夫之則説:"渾天家言天地如雞卵,地處天中猶卵黄。黄雖重濁,白雖輕清,而白能涵黄使不墜於一隅爾,非謂地之果肖卵黄而圓如彈丸也。利瑪竇至中國而聞其説,執滯而不得其語外之意,遂謂地形之果如彈丸,因以其小慧附會之,而爲地球之象。"①此處可知王夫之的渾天説從天文學來説即是天包地外、亦入地中;天是圓的,但地是不平坦的方形而非球形;大地不是浮在水上而後與天相連,地之上皆是天,所以是天之氣維持大地不墜。王夫之又説:

> 渾天者自其全者而言之也,蓋天者自其半者而言之也。要皆但以三垣二十八宿之天言天,則亦言天者畫一之理。經星以上,人無可得而見焉。北極以北,人無得而紀焉。無象可指,無動可徵,而近之言天者於其上加以宗動天之名,爲蛇足而已矣。②

傳教士如羅明堅、利瑪竇皆介紹過西方的九重天或十一重天等説,③似與中國固有的渾天説相發明。方以智所載九重天説謂"宗動天一日一周,所謂静天,以定算而名。所謂大造之主,則於穆不已之天乎",而後評價説:"彼詳於質測而不善言通幾,往往意以語閡愚者斷之如此。"④王夫之的理解或來自方以智,他們對"宗動天"之反對是一致的。天因天象而見,在日月五星以及恒星天之外,更無從見别的天,故不必再畫蛇添足安置一虚假的"宗動天"。但問題是,經星天之外,有没有天呢?王夫之其實並未否定

---

① 王夫之:《思問録》,見《船山全書》第 12 册,第 459 頁。
② 王夫之:《思問録》,見《船山全書》第 12 册,第 458 頁。
③ 詳參孫承晟《明末傳華的水晶球宇宙體系及其影響》,《自然科學史研究》2011 年第 2 期,第 170—187 頁。
④ 方以智:《物理小識》,上海:商務印書館,1937 年,第 19 頁。

"天"的無限性,在他看來,整個存在是太虛,太虛即無限的氣,如陳贇所指出的:

> 船山以渾天名義指向的東西其實類似於船山本人所謂的"天之天",在那裏,並沒有上下左右的空間秩序,也没有春夏秋冬、子丑寅卯的時間秩序,空間秩序與時間秩序乃是對人而顯發的秩序。①

陳贇特別注重船山哲學中"天之天"與"人之天"的區分,可以度量的是"人之天",而"人之天"之外則是無限無爲的"天之天"。田豐也指出,王夫之的體爲氣之全體,而"全體背後並無一不變本體爲之主宰。人能對全體有所領會,却不能徹底把握"。② 傳統的渾天説,天是"有體"的,特別是"球形"的形象使人不免以爲它是有限的。王夫之認爲天的運轉軌跡雖然可以通過日月五星和經星來體現,是球形之象——但這僅僅是天所示人之象,而非"天之天"。經星天之外不必有一宗動天,却具有無限性。因之王夫之的渾天觀念其實與宣夜説相通。

但王夫之的"渾天"超越了物理意義上的天文學,而是以"渾天"取象,作爲存在的結構。其"渾"之基本意象有二:一者渾圓球體;二者渾淪不分。關於球形之象,《思問録》謂:

> 繪太極圖,無已而繪一圓圈爾,非有匡郭也。如繪珠之與繪環無以異,實則珠環懸殊矣。珠無中邊之别,太極雖虛而理氣充凝,亦無内外虛實之異。從來説者,竟作圓圈,圍二殊五行於中;悖矣。此理氣遇方則方,遇圓則圓,或大或小,絪緼變化,初無定質;無已而以圓寫之者,取其不滯而已。③

王夫之以渾天爲太極,而太極圖的圓形不僅不可以作平面圓形來看,即是理解成球體,也是不得已爲之,其實"遇圓則圓,或大或小,絪緼變化,初無定質"。又《周易内傳》解"易有太極"曰:

> "太"者,極其大而無尚之辭。"極",至也。語道至此而盡也。其實陰陽之渾合者而已,而不可名之爲陰陽,則但贊其極至無以加,曰太極。太極者,無有不極也,無有一極也。惟無有一極,則無所不極。故周子又從而贊之曰:"無極而太極"。陰陽之本體,絪緼相得,合同而化,充塞於兩間,此所謂太極也。張子謂之"太和"。中也,和也,誠也,則就人之德言之,其實一也。在《易》則乾坤並建,六位交函,而六十四卦之爻象該而存焉。蓍運其間,而方聽乎圓,圓不失方,交相成

---

① 陳贇:《自然與天道:船山哲學中的"終極無爲宇宙觀"》,《哲學與文化》2021年第9期。
② 田豐:《王船山體用思想研究》,北京:中國人民大學出版社,2020年,第197頁。
③ 王夫之:《思問録》,見《船山全書》第12册,第430頁。

以任其摩盪,静以攝動,無不浹焉。①

此處將太極界定爲"陰陽之混合",且以爲張載的"太和"與此所指一致。其注"太和"謂:

> 太和,和之至也。道者,天地人物之通理,即所謂太極也。陰陽異撰,而其絪縕於太虚之中,合同而不相悖害,渾淪無間,和之至矣。未有形器之先,本無不和;既有形器之後,其和不失,故曰太和。②

太和即太極,説明太極渾天之内既非純粹的虚無,亦非均質同一性,而是"陰陽之渾合",易言之,即"衝漠無朕,萬象森然已具"。據此觀之,《太極圖》的層級是對存在之構形的過程性描述。第一圖是説明太極本然之渾淪狀態,第二圖的陽動陰静,第三圖的四時五行等等,皆是對太極渾天的描述,並非關涉不同的對象。

如果説五層《太極圖》是對渾天成物的動態呈現,那麽《河圖》即是對渾天的結構性描述。《河圖》是數與位的統一,故其對渾天之取象亦體現在兩個方面。首先《河圖》的"天一地二……"十個數字,即是太極之展開。在《周易外傳》中,王夫之通過幾何圖形的方式來説明《河圖》自一至十數的生成。具體説來,立一綫段爲徑爲1,而兩條徑相交則爲2,因爲"徑一圍三"故其圓爲3,而相交作爲對角綫所得正方形爲4,分所得圓爲二,則上弦下弦相加爲5,正方形四邊加對角綫則爲6,以圓函方爲7(4+3),在此基礎上加直徑則爲8,在此基礎上加對角綫則爲9,既加對角綫又加直徑則爲完滿之10。③ 此種理解若以嚴格的幾何學來推求是無法成立的,比如直徑爲一,得到的圓並非準確的三;又比如以一爲對角綫,得到的正方形邊長並非爲四。從渾天之運的取象視角,才可以理解這種數字比例的構成,是知《河圖》之數字即來自渾天。其次,河圖數字排列之結構亦即渾天之結構,其《周易内傳發例》謂:

> 《河圖》中外之象凡三重焉:七、八、九、六,天也;五、十,地也;一、二、三、四,人也。七、九,陽也;八、六,陰也。立天之道,陰與陽俱焉者也,至於天而陰陽之數備矣。天包地外,地半於天者也,故其象二而得數十五,猶未歉也。人成位於大地之中,合受天地之理數,故均於天而有四象,然而得數僅十,視地爲歉矣。④

《周易内傳發例》爲《周易内傳》撰寫完成之後所作,于時間爲最晚,可視爲王夫之最終

---
① 王夫之:《周易内傳》,見《船山全書》第1册,第561頁。
② 王夫之:《張子正蒙注》,見《船山全書》第12册,第15頁。
③ 王夫之:《周易外傳》,見《船山全書》第1册,第1016—1017頁。
④ 王夫之:《周易内傳發例》,見《船山全書》第1册,第657頁。

定見。他在此處用一種新的視角看《河圖》：最裏面的五、十爲地，外面圍城一圈的六七八九爲天，中間的一二三四爲人。内核地之數相加爲十五，外圈天之數相加爲三十，所謂"地半于天"；中間人之數相加得十，從位置上與天四位相對應，但總數比地還要少。其圖可如下所示：

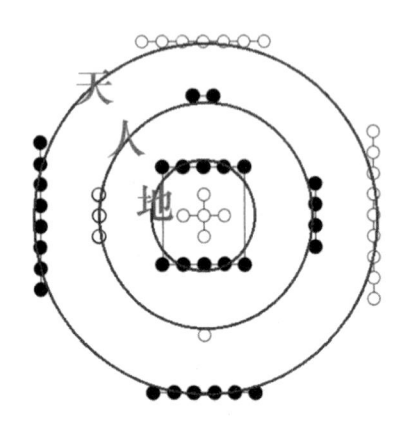

總體而言，這就是渾天取象。但裏面還有一個非常值得注意的視角，即三才學説，這也關係到則《河圖》畫卦説的真實意圖。

四　三才與生成

三才之道是《周易》最基本的思想，也是歷代易學家皆肯認者，此處提出王夫之的三才之説，乃因他確實對此問題有獨特的看法。不少學者皆已指出王夫之天人學説的獨特之處，如劉梁劍認爲，在王夫之的哲學中，"天人之際（天人共同體）是最源始的經驗現象。由具體而言，天人之際有天、人、際三個環節"。[1] 王林偉謂："天人回環、交盡的整體視野即船山思想的核心視野。"[2]

此種視域結合其渾天説會得到更切實、充分的理解。《張子正蒙注》謂：

> 天無體，太和絪緼之氣，爲萬物所資始，屈伸變化，無跡而不可測，萬物之神所資也。聚而爲物，地其最大者爾。逾，謂越此而别有也。地不能越天之神而自爲物，成地者天，而天且淪浹於地之中，本不可以相配。但人之生也資地以生，有形乃以載神；則就人言之，地之德可以配天爾。知此，則抗方澤之祀於圜丘，伸母斬

---

[1] 劉梁劍：《王船山哲學研究》，上海：上海人民出版社，2016年，第9頁。
[2] 王林偉：《天人回環：論船山思想的核心視野》，武漢：武漢大學出版社，2019年，第61頁。

衰之服以齊于父,徇形重養而不恤義,後世所以淪乎幽而成乎亂也。①

"渾天"之義既取"渾",亦取"天"。以"渾天"爲宗,表明天在王夫之那裏是最根本的存在。雖然兩儀爲天地,三才爲天地人,但地究其本原亦來自天,而後天地交通以生人物,所謂"成地者天,而天且淪浹於地之中"。自天而言,無所謂成地、成人;自人觀之,則天地並舉爲兩儀。

三才之道在《河圖》中有充分體現:天,天所成之地,以及天地交通生成之人(物)。先秦兩漢的易學認爲八經卦三畫爲三才之表征。王夫之既然給《河圖》以三才的結構,故亦從《河圖》陰陽和位置的角度來理解畫卦過程。王夫之對《太極圖》的解讀亦取三才之説:

> 周子《太極》第一圖,太極之本體;第二圖,陰陽二氣,天之蘊也;第三圖,五行順布,地之撰也。第二圖陰陽分左右,而中有太極,陰陽分體太極,而太極自不雜,在天之極也;第三圖位土于中,周行水、火、木、金而别無太極,明土爲在地之極也。土不待水火而生,而水火依土;木金、土之華實,非土外之有木金。②

前文曾指出,王夫之認爲《太極圖》雖分多層,其實是對渾天之象的不同角度描述。此處則又從三才的角度來理解。第一圖"太極之本體",即突出太極——太和渾淪無間而無窮的樣態。第二圖"陽動陰静"是從天之氣化角度來説,因爲陰陽二氣中間有能動而交之性,故稱爲"天之蘊",蘊是動機之含藏,也就是使"一陰一陽"的主持分劑者。第三圖五行運轉,質具于地,故爲"地之撰","撰"古訓爲"具",有"凝成而具有"之義。太極是無所不在的,王夫之將第二圖陽動陰静坎離中心的圓稱爲"在天之極",也就是太極在天之蘊;將第三圖的土稱爲"在地之極",其實土-地就是太極在地之體現。此段雖未言第四圖以下事,但二、三圖既然分屬天地,則"乾道成男、坤道成女"一圖以及"萬物化生"一圖,必然是言天地生物之事。關於此點,唐文明曾變朱熹之説而做分析:

> 太極圖的第一層圈表徵超越的太極本體,第二層圈表徵宇宙的開端,即氣化,人與萬物通過精氣凝合而成,而理被賦予其中,第三層圈表徵宇宙的形成,即形化,人與萬物以氣質之身不斷演化,第四層圈表徵人類文明的開端與確立,即肇始於伏羲而完成于孔子的人文挺立過程,第五層圈表徵一個可能被人文力量所轉化

---

① 王夫之:《張子正蒙注》,見《船山全書》第12册,第15頁。
② 王夫之:《張子正蒙注》,見《船山全書》第12册,第63頁。

的宇宙,一個盛德之下才可能有的大業。①

唐文明以三才之道來理解《太極圖》與王夫之頗爲一致,不過第四圖到底是通説人物,抑或單獨據人而言,則頗有爭議:朱熹以爲通説人物,唐文明主張專門説人。王夫之雖未作明確指認,但他既以三才説《太極圖》,則亦偏向於人而言。蓋天地所生人物衆多,而人爲萬物之靈,故人可以作爲物之代表。故王夫之説:"蓋嘗論之,天以神禦氣,地以氣成形,形成而後五行各著其體用。故在天唯有五星之象,在地乃有五行之形。五氣布者,就地而言。……人生於天地之際,資地以成形而得天以爲性,性麗於形而仁、義、禮、智著焉,斯盡人道之所必察也。"②

觀察《河圖》與《太極圖》還須注意一點,即它們不是一静止的結構。《河圖》的天、地及其生物,是無時無刻不在進行的。"渾天"之"渾"一者爲渾淪,即無大不包、無微不入;二者爲渾圓,即一直在運動之中。這意味着天地之生物,特别是生人,即無時不在對人的灌注充盈之中。王夫之的"日生日成"説在此視域下,才能獲得完整和根本的呈現。《河圖》成卦與《太極圖》,即此日生日成的圖式化表達。在日生日成之中,人與天地發生氣的交换,"全歸"亦須在此視域下獲得其整全的理解。

此一不斷生成的結構必須有其動機,這就要求三才之"三"與太極之"徑一圍三"是同構性的。太極渾天之象,即是"三"的結構。卦畫陽爻雖畫一,其實亦是三;天之三包地之二,陰爻中間斷開的部分,就是相較於整全的陽爻横畫的缺乏。此圖像意味着:在天(太極)之中凝結出地,天又與地交通而生萬物、生人,所有這一切都是在"太極"的結構中展現出來的。陳來謂:"絪緼的確是陰陽二氣的絪緼相得,合同而化。但絪緼的陰陽二氣不是一般的陰陽二氣,是陰陽二氣的本體"。③太極並非完全等同於現實中的陰陽二氣,但陰陽二氣之動機實在太極之中。太極並非純粹的無,亦非死寂的質料或潔净空曠的理,而是絪緼之動機,是一而三,三而一者。這與方以智圓∴的思路頗有一致之處,如方氏謂:"上一點爲無對待、不落四句之太極,下二點爲相對待、交輪太極之兩儀。……無對待在對待中。"其具體討論可見廖璨璨的研究。④ 我們此處並非探究王夫之與方以智到底誰影響誰,而是認爲他們共同繼承了自漢至宋明以來關於生成之本的哲學思考資源。

---

① 唐文明:《氣化、形化與德化——周敦頤太極圖再論》,《清華大學學報》2021年第4期,第155頁。
② 王夫之:《張子正蒙注》,見《船山全書》第12册,第63頁。
③ 陳來:《詮釋與重建:王船山的哲學精神》,北京:生活·讀書·新知三聯書店,2010年,第454頁。
④ 廖璨璨:《易學哲學視野下的方以智圓∴思想探析》,《中國哲學史》2016年第4期,第30—36頁。

五　王夫之的易圖學批判與其他諸家的比較

以上介紹的王夫之的易圖學詮釋，側重於他對易圖的正面闡發。事實上，王夫之對易圖學也是有批判的。朱伯崑先生已指出："王夫之的河圖八卦說，同《易學啓蒙》相比，其不同者有二：一是不以五行相生和方位說解釋'五位相得而各有合'，二是不以四方之數和邵雍的先天卦位說解釋八卦之象。"①五行之說來自漢人，用來解釋河圖之數；先天方位之說來自邵雍，用來說明《河圖》所配之卦。《啓蒙》把這兩種系統都安排入《河圖》之中，船山則對此皆加以反對，因此亦可以說是他對整個漢、宋易學有關《河圖》解釋的反對。此外他對京房、虞翻、司馬光、蔡沈都有批評，特別是對於邵雍先天之學的批判不遺餘力。

類似於毛奇齡等人的思路，王夫之有時也通過判其學爲道家的方法加以批判，如其謂："先天者，黃冠祖禰之說也。故其圖乾順坤逆，而相遇於姤、復，一不越於龍虎交媾之術，而邵子之藏見矣。"②又謂：

> 至宋之中葉，忽於杳不知歲年之後，無所授受，而有所謂先天之學者。或曰："邵堯夫得之江休復之家。"休復好奇之文士，歐陽永叔嘗稱其人，要亦小智而有所窺者爾。或曰："陳摶以授穆修，修以授李之才，之才以授堯夫。"則爲摶取魏伯陽《參同契》之說附會其還丹之術也。亡疑所謂"先天"者，鍾離權、呂嵒之說也。嗚呼！使摶與堯夫有見於道，則何弗自立一說，即不盡合於天，猶可如揚雄之所爲，奚必假伏羲之名於文字不傳之邃古哉？③

此處將邵雍之學歸於道教，而胡渭亦云："邵子之學，源出希夷，實老莊之宗派。"④但我們需要注意，文獻譜系學的考察在毛奇齡、胡渭那裏是根本性的方法，而在王夫之這裏只是一個工具。比如他在論《太極圖》時說：

> 太極第二圖，東有坎，西有離，頗與玄家畢月烏、房日兔、龍吞虎髓、虎吸龍精之說相類，所謂"互藏其宅"也。世傳周子得之于陳圖南，愚意陳所傳者此一圖，而上下四圖，則周子以其心得者益之，非陳所及也。

---

① 朱伯崑：《易學哲學史》第4冊，第72頁。
② 王夫之：《周易內傳發例》，見《船山全書》第1冊，第669頁。
③ 王夫之：《周易內傳發例》，見《船山全書》第1冊，第651頁。
④ 胡渭撰，劉保貞導讀：《易圖明辨導讀》，濟南：齊魯書社，2004年，第308頁。

《太極圖》的陽動陰静一圖,毛奇齡以爲就是道教的"坎離匡廓圖",但文獻學上仍有存疑。王夫之從理論上意識到它可能來源於道教,但並未否定其價值,而且認爲"周子以其心得者益之,非陳所及也"。亦即通過周敦頤的改造,此圖已經脱胎换骨,獲得了根本不同的意義。這意味着,是否來自道教的文獻譜系學問題是第二位的,最重要的是圖像的意義問題。王夫之以渾天取象和三才之説重新賦予《河圖》《太極圖》以哲學意義,乃是爲人類的"盛德大業"辟出一個豐富無限的空間;這個系統與邵雍的先天之學以及《潛虛》《洪範》之學是不相容的。故他説:

> 其經營砌列爲方圓圖者,明與孔子"不可爲典要"之語相背。而推其意之所主,將以爲何如?方圓圖方位次序之飽飣鋪排者,可以崇德邪?可以廣業邪?可以爲師保父母,使人懼邪?可以通志成務,不疾而速、不行而至邪?不過曰天地萬物生殺興廢有一定之象數,莫能踰於大方至圓之體。充其説,則君可以不仁,臣可以不忠,子可以不盡養,父可以不盡教,端坐以俟福之至。①

在王夫之看來,邵雍的先天卦序和歷史圖式是一種機械決定論,完全抹殺了人的能動性。② 王夫之的建設與此相反,如張學智所指出:"在這樣的思維格局中,個體不是被框定和拘限的死物,不是平面地組成本體的一個静態的部分,而是能動的主體。個體有能動性,因而宇宙整體是一個活動的大流行,這個大流行中個體的陽陽平衡,保證了整體的和諧與平衡,不有畸陽畸陰輕重失調之虞。"③

要言之,在明末清初易圖學批判中,黃宗炎、毛奇齡、胡渭側重於文獻譜系學的澄清;黃宗羲融批判與研究爲一體,呈現出了對數術研究的糾結與曖昧。④ 王夫之則直承宋代圖書學而加以檢討,其去取申發,主要以其哲學義理爲根據,其學可以視爲象數哲學的推進者,而非考辨之學所能範圍。

---

① 王夫之:《周易内傳發例》,見《船山全書》第1册,第651頁。
② 邵雍本人當然未必是機械的決定論。如他的詩謂"一物其來有一身,一身還有一乾坤。能知萬物備於我,肯把三才别立根",便可見其順應天地而轉移天地之化的氣魄。但其數理流傳至元明,發展出的各種歷史和人生預測學,已經有"定數化"的傾向。故王夫之對邵雍的批判,如同他對陽明的批判一樣,不可執定來理解。
③ 張學智:《王夫之"陰陽嚮背"説的本體意義》,《周易研究》2012年第3期,第19頁。
④ 黃宗羲的《易學象數論》又是一部非常複雜的巨著,其深刻亦遠超胡渭《易圖明辨》。張克賓認爲:"易學以象數爲本,象數以詮顯人事爲旨歸,而義理就體現於象數與人事的意義架構之中,由此實現象數義理會歸於一,這可以説是黃宗羲易學之總綱。"(張克賓:《黃宗羲〈易學象數論〉意旨發覆》,《周易研究》2020年第4期,第10頁)我們認爲,除了有對象數的深刻觀照,黃宗羲對於數術的批判是一種探究性的批判,或許帶有某種"寓保存於批判"的意圖。

作者簡介：

　　谷繼明,男,1986 生,山東濟南人,同濟大學人文學院教授。主要研究領域爲易學哲學、經學史,近年代表性論著有《鄭玄易學中的天道與政教》(《哲學研究》2020 年第 11 期)、《易象與周禮》(《哲學與文化》2020 年第 9 期)。

《國語·周語上》校證二則

熊少聰

《國語·周語上》"虢文公諫宣王不籍千畝"章曰："及籍，后稷監之，膳夫農正陳籍禮，太史贊王，王敬從之。王耕一墢，班三之，庶民終于千畝。其后稷省功，太史監之，司徒省民，太師監之。畢，宰夫陳饗，膳宰監之，膳夫贊王，王歆太牢，班嘗之，庶人終食。是日也，瞽師音官以風土。廩于籍東南，鍾而藏之，而時布之于農。稷則徧誡百姓，紀農協功，曰：'陰陽分布，震雷出滯。'"（《四部備要》本，上海：中華書局，1936年，第6頁。下引《國語》不言版本者皆同。）此段有訛誤兩處，今做校證。

1."后稷監之"當在"膳夫農正陳籍禮"後，諸本《國語》兩句誤倒。下文言"其后稷省功，太史監之，司徒省民，太師監之"，俱先舉其事，後言監之。又曰"畢，宰夫陳饗，膳宰監之，膳夫贊王，王歆太牢，班嘗之，庶人終食"，與上文"陳籍禮""后稷監之""贊王""王耕""班三之""庶民終于千畝"一一合轍，可證"膳夫農正陳籍禮"本在"后稷監之"前。明鈔本《冊府元龜·帝王部·籍田》、《宰輔部·諫諍》並引作"膳夫農正陳籍禮，后稷監之"（凡引明鈔本《冊府元龜》皆參用中國國家圖書館本，書號：19531；台灣"國家圖書館"藏本，書號：07831、07832。），明鈔本《北堂書鈔·禮儀部·籍田》"王耕一發"四字注引《國語》作"農正陳籍禮，后稷監之"（凡引明鈔本《北堂書鈔》皆參用國家圖書館藏明鈔本，書號：12858；台灣"國家圖書館"藏明鈔本，書號：07772、07773；《中華再造善本》影印國圖藏本，北京：國家圖書館出版社，2013年）。俱今本誤倒之切證。句作"及籍，膳夫農正陳籍禮，后稷監之"，疑"膳夫農正陳籍禮"涉上文"及籍"脫漏，校者以"及籍"下接"膳夫農正陳籍禮"辭意重復，而接"后稷監之"，則可曰此語就"及籍"整個過程而言，"膳夫農正陳籍禮"與"太史贊王"等同爲后稷所監，故誤補"膳夫農正陳藉禮"在"后稷監之"下。明鈔本《北堂書鈔·禮儀部·籍田》"終于千畝"四字注又引《國語》作"及籍，后稷監之，太史贊王，王敬從之"，省言"膳夫農正陳籍禮"者，若非脫漏，便是類書鈔撮，覺上下語復，約其文而用"及籍"括其事，可爲致誤緣由之證。今既乙正，則知后稷所監爲"膳夫農正陳籍禮"，不含"太史贊王"等，前人楊寬等申釋籍禮精詳，而未達一間者在此（《古史新探》，北京：中華書局，1965年，第219頁）。

2."陰陽分布，震雷出滯"，諸本《國語》兩句無異文，韋昭注曰："陰陽分布，日夜同也。滯，蟄蟲也。《明堂月令》曰：'日夜分，雷乃發聲，始震雷，蟄蟲咸動，啓户而出也。'"循注辭義，白文、注文當本無"布"字而作"陰陽分"。注言"日夜同"，釋"分"爲"同"。"分"此義

（下轉第68頁）

方法的"力量":《論語義疏》中的科段説與"言意之辨"*

鄺其立

内容摘要 科段説與"言意之辨",爲貫通《論語義疏》全書的解經方法。二者並非中性的解經方法,毋寧是由於藴涵了思想預設而具有引導性、傾向性的方法。它甚至將影響經師的運思,進而推導出與之相應的詮釋效果或結果。譬如,預設了文本具有邏輯性和完整性的科段説,將促成一種結構緊凑、"首末相次"的《論語》學。又如,在《莊子》文本的原初語境中,言意之辨與本跡二分、隨時應變的至人境界相關。而隨着詮釋的開展,這些相互勾連的思想觀念也將呈現出來,於是而有本跡二分、隨時應變的孔子形象。此外,言意之辨所内藴的崇本抑末之傾向,也降低了夫子言教的價值。皇疏遂以六經爲無關於"魚兔"的"筌蹄",進而助推了經學式微的趨勢。方法的力量,於此可見。

關 鍵 詞 《論語義疏》 科段説 言意之辨 六朝經學

經世致用,爲經師之職志。通過詮釋的推陳出新,經師促成了經典與歷史的互動與交融。正因如此,經典與現實兩端,成爲塑成經師思想的主要因素。一方面,懷有尊經信念而向經典敞開的經師,將受到經典本有邏輯與觀念的潛移默化影響;另一方面,解經不僅是在書齋與先聖的精神默會,歷史現實始終日應當是經典解釋的客觀基礎與指向。不過,經典的解讀或經師的思想,無法被簡單化約爲歷史與經典二元互動的結果。因爲經師的詮釋,自有其創造和發揮的餘地。這首先表現在,每一代學人乃至每一位經師,都可以憑藉獨特的解經方法,生發出不盡相同的演繹。職是之故,推動、滲入詮釋活動的方法之維,尤爲值得深入考究。

本文將以皇侃《論語義疏》爲例,考察經典解釋中的方法論問題。《論語義疏》,是

---

* 本文係國家社會科學基金青年項目"《論語義疏》中的聖人觀研究"(23CZX022)的階段性成果。

皇侃經學作品的碩果僅存者,也是六朝《論語》學的集大成之作,集中展現了彼時經學之風格——運用科段説與"言意之辨",皇侃建構起一種兼綜儒玄的《論語》學。通過考察貫穿於《論語義疏》的科段説與言意之辨,可以彰顯方法在經典詮釋中所展現的力量,並由此揭示一個道理:藴涵着思想預設的方法,並非純然中性的"工具"。内含傾向性與"能動性"的方法,將會在一定程度上影響經師解經的思路。

一　科段説的"思想引力"

六朝興行的義疏學,爲彼時經學研究之標識。牟潤孫先生曾指出:"義疏之爲書,自其文體上言,儒釋亦顯有類似之點,所可論者,蓋有二事焉。一爲其書之分章段,二爲其書中之有問答。"①蓋因義疏學起於講習,多於請益、應答之際闡發義理。所以筆録成書之時,仍留有問答的痕跡。所謂"分章段",是指劃分段落並澄清前後關聯的科段説。此解經之法,著見於皇疏。喬秀岩先生認爲:"皇疏全書中,頻見科段之説,可以視爲皇侃苦心經營之結果。解經作科段,此法固非皇侃所創。但前人講《論語》,尚無科段,皇侃始作,且爲之綦詳。"②此言誠是。皇疏《學而》之題解即云:"侃昔受業,自《學而》至於《堯曰》凡二十篇,首末相次無別科。"③因此,若以《論語義疏》爲切入點,俾能管窺科段説之特色。

《論語義疏》中的科段,表現在三方面:其一,爲各篇之間尋找上下相承的關聯。如,皇疏論述《學而》《爲政》《八佾》前三章篇次之由云:

> 以《學而》最先者,言降聖以下皆須學成,故《學記》云:"玉不琢不成器,人不學不知道。"是明人必須學乃成。此書既遍該衆典,以教一切,故以《學而》爲先也。
>
> 爲政者,明人君爲風俗政之法也。謂之"爲政"者,後卷云:"政者,正也。子率而正,孰敢不正?"又鄭注《周禮・司馬》云:"政,正也。政所以正不正也。"所以次前者,《學記》云"君子如欲化民成俗,其必由學乎",是明先學,後乃可爲政化民。故以爲《爲政》次於《學而》也。
>
> 此篇明季氏是諸侯之臣,而僭行天子之樂也。所以次前者,言政之所裁,裁於

---

① 牟潤孫:《注史齋叢稿》,北京:中華書局,1987年,第294頁。
② 喬秀岩:《義疏學衰亡史》,北京:生活・讀書・新知三聯書店,2017年,第17頁。
③ 皇侃:《論語義疏》,北京:中華書局,2013年,第1頁。

斯濫,故《八佾》次《爲政》。①

皇疏解題,先述本篇主旨,後明篇次關係。《學而》第一,故先論以"學而"爲首有何深意。《爲政》第二,是因爲"先學,後乃可以爲政化民"。《八佾》篇記述季氏三家僭越之事,正當以政裁之,所以次於《爲政》。於此可見,皇侃預設《論語》存在嚴謹的篇章設計。所以解經之要務,在於澄清二十篇之間的相承關係,並將經典的系統性、邏輯性呈現出來。而預設與目標二者,往往聯動。當皇侃預設經典具有完整性與邏輯性,便會在疏解過程中,有意尋找其間的聯繫。由此將預想中的層次感"解釋"出來。

其二,皇侃疏經,首先提煉篇旨。這說明,他認爲每篇之內存在一個"模糊"的主旨。之所以說是"模糊"的,因爲《論語》的篇、章設計,未必有如皇疏題解那般清晰明瞭。所以皇侃也無法對每章內容,都強行做出關聯性的解讀。但這並不妨礙他在"力所能及"的範圍内,揭示篇内諸章之間的聯繫。仍以《爲政》《八佾》爲例:

《爲政》以"爲政"爲主旨,爲緊扣主題,皇疏第二章"詩三百,一言以蔽之,曰:'思無邪。'"句云:"此章舉詩證'爲政以德'之事也。"②又釋第三章"道之以政"句云:"此章證'爲政以德'所以勝也。"③

又,《八佾》首章記孔子譏季氏僭禮,故皇疏次章"三家者以雍徹"云:"又譏其失也。"④疏解第三章"人而不仁,如禮何?人而不仁,如樂何"云:"此章亦爲季氏出也。"⑤釋第五章"夷狄之有君,不如諸夏之亡也"云:"刺時季氏有君無禮也。"⑥又釋第六章"季氏旅於泰山"云:"又譏季氏僭也。"⑦

顯然,《論語》篇内諸章之間,到底能否提取出一貫主旨,又是否能以之通貫全篇,仍付諸闕疑。皇疏也只能在一定限度之内,盡量讓乍看來有些零散的"語錄",顯得更緊湊些。

其三,皇侃還在更"微觀"的層面,運用科段之法。嘗試將一章之内諸句之間的層次與結構予以揭示。譬如,皇疏"學而時習之"句云:

就此一章,分爲三段。自此至"不亦說乎"爲第一,明學者幼少之時也。學從幼起,故以幼爲先也。又從"有朋"至"不亦樂乎"爲第二,明學業稍成,能招朋聚

---

① 皇侃:《論語義疏》,第2、22、47頁。
② 皇侃:《論語義疏》,第23頁。
③ 皇侃:《論語義疏》,第24頁。
④ 皇侃:《論語義疏》,第49頁。
⑤ 皇侃:《論語義疏》,第51頁。
⑥ 皇侃:《論語義疏》,第52頁。
⑦ 皇侃:《論語義疏》,第53頁。

友之由也。既學已經時,故能招友爲次也……又從"人不知"訖"不亦君子乎"爲第三,明學業已成,能爲師爲君之法也。①

皇侃解讀首章的"學而時習之""有朋自遠方來""人不知而不愠"三句時,首先澄清句間的關聯。他認爲,三句之間呈現歷時性的遞進關係:先是"幼少之時"的學童,次爲"學業稍成"之學友,終至於"學業已成"的師或君。如果不依據科段之説解經,便不必預設經文三句之間存在環環相扣的遞進關係,也不一定會將"不亦君子乎"的"君子",如此具體地落實爲"學業已成"之君師。這意味着,科段説自帶的預設,自有其"力量"與傾向,並會影響注疏家的解讀思路。方法中的"思想引力",不可小覷。

皇侃煞費苦心地在篇、章、句之間尋求聯繫。於是經由科段之分層別章,整部《論語》具備了相對緊湊的結構,並呈現出秩然之感。至於皇疏之科段,到底是呈現了《論語》隱然難見的本有結構,抑或是強行賦予的規整形式,則殊難論定。一方面,《論語》本就頗顯零散,以至於皇侃也無法貫徹科段之法。但另一方面,該書確也呈現出一定的規律性:譬如,《爲政》篇連續出現四章"問孝"的內容,似爲編者有意安排,以便於讀者領會夫子應答各異之用心。又如《八佾》篇共 26 章,全與禮樂相關,且大部分涉及君臣關係或僭越違禮的問題,故邢昺謂"此篇論禮樂得失",頗中肯綮。②《里仁》篇前七章內容,皆爲夫子論仁。《公冶長》篇圍繞人物點評的主題而展開,《微子》則多涉孔門與隱者故事等等,不一而足。篇與篇、章與章之間與每章之內,時或展現不易把捉的模糊聯繫。

不過,這一"似有若無"的關係,恰是科段説與《論語》"相適"的關鍵。所謂"相適",是雙向的契合。《論語》中看似零星散佈的"點"之間,是否存在聯繫,又有着怎樣的關聯,皆有待科段説澄清。如果《論語》的編排,完全雜亂無章,便無辨析之必要。若內在關聯或邏輯顯而易見,則亦無科段説的"用武之地"。比如,具備史書形式的《春秋》經文,即是歷史事件的前後排布,其中並無編排的用意,所以亦無解析的餘地。故精於義疏學的徐彦,亦罕用科段釋經。相較而言,《禮記》與《論語》更爲相似,全篇主旨與經文邏輯,皆在疑似之間,亟待釐清。因於此,以皇侃《禮記義疏》爲主要參考的《禮記正義》,常留有判分科段的痕跡。深於科段之法的皇侃,選擇疏解《論語》《禮記》等書,並非偶然,其中應有基於方法論的考量與導向。從更爲宏觀的角度言之,科段説在六朝時期逐漸流行的同時,也伴隨着《論語》學研究的趨熱。兩種現象的同時

---

① 皇侃:《論語義疏》,第 2 頁。
② 何晏注,邢昺疏:《論語注疏》,北京:中國致公出版社,2007 年,第 29 頁。

並現,暗示科段説與《論語》二者之相關與"相適"。① 一言以蔽之,科段説"選擇"了《論語》。

二 道化與本跡:言意之辨所關聯的諸觀念

湯用彤認爲,言意之辨是"玄學家所發現之新眼光新方法"。所以這種詮釋方法爲六朝學人所熟諳,也常見於涉玄的《論語義疏》中。

在六朝玄士中,王弼最早形成了區分言、意的理論自覺,並將其發展爲一種解經的方法。王弼在《周易略例·明象》中用"蹄者所以在兔,得兔而忘蹄;筌者所以在魚,得魚而忘筌"的譬喻來闡明"得象而忘言""得意而忘象"的道理。② 筌蹄之喻,出於《莊子·外物》,其文云:"筌者所以在魚,得魚而忘筌;蹄者所以在兔,得兔而忘蹄;言者所以在意,得意而忘言。"③若將這段話語置於文脈之中,細檢上下文,便能尋見言意之辨的思想端倪及其最終旨歸。

筌蹄之喻,出自惠施與莊子的一段對話。惠施譏莊周曰:"子言無用。"莊子不以爲意,說道:"知無用而始可與言用矣。"④如同四兩撥千斤一般,莊子用一句話,消解了惠施的譏諷。在莊生看來,"用"總是針對某事某物的用途,其針對性意味其局限性。謂"子言無用",即是肯定其言不定於一隅,遂能無所不用,這正是莊子所謂的"無用之爲用"⑤。而莊生之言之所以無所不用,正因其未執着於言語。因爲他知道,言語所指向的"意",如不斷隨時流轉的"道",無法被總是具有某種確定性、規定性的有限之言所一勞永逸地概括。

爾後,莊子談及至人"遊於世"的妙境:"唯至人乃能遊於世而不僻,順人而不失己。"⑥從無用之言到至人之遊的話題變化,看似迂曲,實則一貫。這意味着,言所指向之"意",其實揭示了一種至人的境界或道的流變狀態,而非某種有着固定外延的内

---

① 焦桂美指出:"三禮、《論語》、《孝經》之於南北朝皆爲顯學。"鑒於南北朝的《論語》注疏類成果之豐富,可以佐證這一判斷。故焦氏又云:"從注疏數量來看,該時期《易》《禮》《論》《孝》諸經注者最多。綜合考察《隋書·經籍志》《經義考》《補南北史藝文志》等書的著錄情況,去其重複,無撰人姓名者不計,則南北朝時期産生的《周易》《孝經》類注疏各有五十餘家,《論語》類三十餘家,數量較他經爲多。"焦桂美:《南北朝經學史》,上海:上海古籍出版社,2009年,第158頁。
② 樓宇烈:《王弼集校釋》,北京:中華書局,2016年,第609頁。
③ 郭慶藩:《莊子集釋》,北京:中華書局,2013年,第828頁。
④ 郭慶藩:《莊子集釋》,第822頁。
⑤ 郭慶藩:《莊子集釋》,第822頁。
⑥ 郭慶藩:《莊子集釋》,第823頁。

涵。所謂言不盡意，實則爲言不能盡"道"。莊子爲闡明此理，更舉例明之云："演門有親死者，以善毀爵爲官師，其黨人毀而死者半。"①自宋君嘉獎孝子以後，鄉黨之人誤以爲矯情哀哭，便能加爵命卿。在莊生看來，如此執着於"跡"而不明"所以跡"，不能靈活變通的人所在多有。賢如孔子，也不能例外。《莊子·天運》記云：孔子自謂通曉六經，欲以先王之道治世，却一無所用。夫子倍感困惑，所以求教於老子。老子説道："夫六經，先王之陳跡也，豈其所以跡哉！今子之所言，猶跡也。夫跡，履之所出，而跡豈履哉！"②六經如三代聖王的治世之跡，但"所以跡"之道却是變動不居，時時不同的。若時過境遷，便不該固守先代陳跡，而應以"自然爲履，六經爲跡"③。

綜上可見，在原初的思想語境中，言意之辨與諸多觀念勾連在一起。首先，言不盡意，實際意指言不盡道，於是和"大化流行"的道論相關聯。其次，基於變動不居之道論，遂有至人隨時、因物變遷的逍遥遊境，並產生流變的"所以跡"及其所衍生的"跡"的區分。所以，言意之辨總是潛在地與奠基於道論的本跡之分與隨時應變諸觀念交織在一起。這些觀念，也成爲此種方法所蘊涵的思想内容，將隨着詮釋活動的推進而顯露出來。從《論語義疏》所呈現的孔子形象中，我們可以清晰地看到這一點。

言意之辨的另一種表述，即"寄言出意"。在《論語義疏》中，經常出現"寄"字。這意味着，六朝經師認爲夫子的話語不能被表面地理解，背後尚有隱而未發的深意亟待挖掘。在《序言》中，皇侃謂孔子"歎發吾衰，悲因逝水，託夢兩楹，寄歌頹壞"，意即，夫子通過"寄歌""託夢"的方式表露心跡。換言之，經師用"寄"或"託"的方式去理解夫子之言，因此認爲孔子不必真有此夢或真的需要通過歌唱來抒情。他們心目中的孔子，並無思慮夢想，更不會有鬱結憤懣的心緒波動。這是受到了"聖人體無"④之論的影響，所以會斷定孔子爲如如不動、與道同體之至人。通過言意之辨的解讀方法，皇侃等六朝學人可以闡發出豐富而切己的解讀。如，《述而》篇有云：

子曰："甚矣，吾衰也久矣！吾不復夢見周公。"

僞孔安國注云："孔子衰老，不復夢見周公也，明盛時夢見周公，欲行其道也。"⑤孔注點出一個關鍵：夫子所謂"不復夢見周公"，其實意味着，年盛之時的孔子常常夢見周公。

---

① 郭慶藩：《莊子集釋》，第828頁。
② 郭慶藩：《莊子集釋》，第473、474頁。
③ 郭慶藩：《莊子集釋》，第474頁。
④ 聖人體無的說法，源自王弼。參見余嘉錫：《世説新語箋疏》，北京：中華書局，2011年，第174頁。這種説法爲皇侃所接受，其云："然聖人懸照，本無俟夢想"，又云："聖人忘知，故無知意也。"又對主張體無論的注家多所稱引。皇侃：《論語義疏》，第156、214、272頁。
⑤ 皇侃：《論語義疏》，第156頁。

言外之意,孔子早年有周公之志,欲效仿周公行制作之事。可惜時不我與,於是感慨。皇侃的關注點則有所不同,他解釋道:

> 夫聖人行教既須德位兼併,若不爲人主,則必爲佐相。聖而君相者,周公是也。雖不九五而得制禮作樂,道化流行。孔子乃不敢期於天位,亦猶願放乎周公,故年少之日恒存慕發夢,及至年齒衰朽,非唯道教不行,抑亦不復夢見,所以知己德衰,而發"衰久矣",即歎不夢之征也。然聖人懸照,本無俟夢想,而云夢者,同物而示衰故也。①

這段疏文,讀來頗有割裂之感。其中大部分内容,是對孔注的更詳細闡釋。但在文末却不無突兀地點出"同物而示衰",徹底否定了前論的"真實性"。他認爲,聖人有如日月之高明,通於道化之流行,不應做夢,更不會有執著的妄想。以無夢無想爲至人境界的觀念,源自《莊子》。《大宗師》有云:"古之真人,其寢不夢,其覺無憂,其食不甘,其息深深。"成玄英疏曰:"夢者,情意妄想也。而真人無情慮,絶思想,故雖寢寐,寂泊而不夢,以至覺悟,常適而無憂也。"②夢與想相伴生,而"想"是欲望、執著的表現,完滿的聖人自然不會有這份"情意妄想"。③ 正因如此,皇侃才會斷定孔子所說的"夢見周公"是聖人隱藏本相的有爲而發,並非實情。李充亦以"寄言"的方式來理解夫子之語,其云:"聖人無想,何夢之有?蓋傷周德之日衰,哀道教之不行。故寄慨於不夢,發歎於鳳鳥也。"④

皇侃與李充將經文理解爲"寄言",便虚化了夫子言語及其情感之真實性,並由此塑成了無思、無夢乃至無喜怒哀樂之情的體無聖人。從這種聖人的形象中,隱然可見至人的身影。皇侃等經師的詮釋活動的實質,是運用言意之辨的理解方式,來越過孔子言行的表跡,並通過這種彈性框架所創造的詮釋空間,收攝了玄學思想,從而塑造出聖人的兩重面向——教化之跡與體無之本。

基於與言意之辨相呼應的本跡之分,將塑成一尊因時處順、靈活圓轉的聖人形象。在《自序》中,皇侃如此說道:

> 夫聖人應世,事蹟多端,隨感而起,故爲教不一。或負扆御衆,服龍袞於廟堂

---

① 皇侃:《論語義疏》,第156頁。
② 郭慶藩:《莊子集釋》,第209頁。
③ 谷繼明認爲:"如果考慮到魏晉玄學的背景,'想'作爲執着之念和定向的欲求,與'系客'聯繫在一起。王弼《老子指略》說'若温也則不能涼矣,宫也則不能商矣。形必有所分,聲必有所屬。'如果系於某種具體的屬性,便不能佔據於普遍的位置和境界中。"谷繼明:《同物示衰:南朝〈論語〉注中的聖人形象》,《人文雜誌》2018年第1期。
④ 皇侃:《論語義疏》,第156頁。

之上；或南面聚徒，衣縫掖於黌校之中。①

聖人，既可以如堯舜禹那般高居九五之尊，也可能成爲南面聚徒的夫子。至於是爲君抑或爲師，則視乎、順乎時運而已。這意味着，爲君抑或爲師的生平之跡，已經不是聖人成其所是的終極根據。這是因爲，藉由言意之辨所收攝的體無之本體面向，解除了對於聖人的想像限制。如果體無之境是聖人之爲聖人的所以然，那麽不管有何際遇、作爲，都不會影響體無者的聖性。正因如此，"黌校之中"的夫子才足以和"廟堂之上"的三代聖王相侔。

換言之，皇侃眼中的聖人，安時而處順，"無可無不可"。若身處德位合一的理想時代（三代），便"負扆御衆"、風化天下；若陷入德位分離的現實世界，即南面聚徒、周遊行教。聖人之所爲，並不影響其所是。能遊刃有餘地圓轉於人世間，才是聖人境界的體現。無疑，皇侃之聖人觀已因涉玄而至人化了。

因此，運用言意之辨解經，會將此同質且相關的諸觀念——如本跡二分、隨時應變等思想——滲入此《論語》學中。其結果之一，便呈現爲一種頗爲獨特的孔子形象。言與意之辨，和聖人之跡與本相呼應。

三 經學的衰與變：言意之辨的詮釋效果

以言意之辨解經的實質，是用莊子的思路來融通儒道二家。若回溯莊子原文，可以掘出更多理解言意之辨的綫索，以深化對其詮釋效果的認識。

不妨重檢《天運》篇中的孔老對話：孔子欲以承載了先王之道的六經涉政，却屢屢碰壁。老子反倒認爲這是天下之幸，因爲六經僅爲先王陳跡，而非適時的治世方案。老子的話語中，有兩個值得關注的地方：

首先，老子或莊子其實並不反對聖王之道的意義，只是認爲我們理解、運用聖王之道的方式有誤——執著於跡而不得其本，執着於言而不及其意。亦即以僵固的思維，嘗試一勞永逸地執守其道，爲害甚大。可見儒、道之共識，即在於流轉之天道和"與天地准"的聖人。《周易》謂聖人"仰則觀象於天，俯以察於地理"，又云："子曰：'書不盡言，言不盡意。'然則聖人之意，其不可見乎？子曰：'聖人立象以盡意，設卦以盡情僞，繫辭焉以盡其言'"②云云，聖人如天道之明鏡，所謂"聖人之意"，即是天道之本然。而其所作之象，即是天道之呈現。所以，聖人之所以爲聖人，正在於其能體於天道。這

---

① 皇侃：《論語義疏》，第1頁。
② 王弼：《周易注》，北京：中華書局，2020年，第288、285頁。

種看法,同爲莊子所許。他亦認爲,跡後之"本",即是道體。言所不能盡之"意",即是領會了道體的聖人之意。《易》與莊子思想的互通,體現在二者對於道體之流變與順時而動的行動原則的強調上。也正因爲儒、道二家在根本層面的相通,運用言意之辨的思路解經,才不至於淪爲單純的附會,或變成老莊之道對儒家思想的單方面異化與蠶食。

其次,雖然儒、道在根本處互通,但莊子思想與儒學之間的齟齬,却也不可忽視。這就表現在,莊子借老子之口否定了六經的價值和意義,謂之爲無甚可觀的"先王之陳跡"。因此,運用莊學的思路來融通儒道,難免遭致經學萎縮的後果。首先,六朝時期的儒玄兼修之士的湧現,已然反映出經學不再獨尊的現實處境,這也是玄風驟起的先決條件。而言意之辨的廣泛運用及其所收攝的玄理,更助推了經學式微的趨勢。因爲言意之辨的理解方式,牽連着言不盡意、得意忘言等觀念。其實質,是以本、末來分判意與言,當中内藴了崇本抑末、重本輕跡的傾向。於是在《論語義疏》中,可以看到諸家對於夫子教化之跡的意義持保留態度。先從《憲問》篇中一則耐人尋味的故事説起:

> 子擊磬於衛,有荷蕢而過孔氏之門者,曰:"有心哉,擊磬乎?"既而曰:"鄙哉,硜硜乎。莫己知也,斯已而已矣。深則厲,淺則揭。"子曰:"果哉,末之難矣。"

孔子擊磬奏樂,一位隱者路過,聞樂而歎:世道已不可挽救,汲汲於行教,無異杯水車薪。荷蕢者此言,意在勸告夫子歸隱。孔子聽罷感慨:"果哉,末之難矣。"夫子所歎爲何,殊難論定。皇侃疏之云:

> 孔子聞荷蕢譏己,而發此言也。果者,敢也。末,無也。言彼未解我意,而便譏我,此則爲果敢之甚也,故云"果哉"。但我道之深遠,彼是中人,豈能知我?若就彼中人求無譏者,則爲難矣。①

皇疏的解讀有兩層内涵,既貶斥荷蕢者不解聖人之意,却又認爲其誤解在所難免。首先,孔子訓責荷蕢者無非一介中人,"未解我意"便妄爲譏諷。其次,皇侃認爲不必對荷蕢者的誤解感到意外。雖然聖人本身或經文所指向的道理堪稱完滿,但言語畢竟是"有缺陷的工具"。所以,後人無法執定言教之跡去揣度聖人本意。皇疏進而言之曰:

> 案文索義,全近則泥矣,其將遠則通理。嘗試論之,武王從天應民,而夷齊叩馬,謂之殺君。夫子疾固勤誨,而荷蕢之聽以爲硜硜。言其未達耶,則彼皆賢也。

---

① 皇侃:《論語義疏》,第385頁。

達之先於衆矣。殆以聖人作而萬物都睹,非聖人,則無以應萬方之求,救天下之弊。然救弊之跡,弊之所緣。勤誨之累,則焚書坑儒之禍起。革命之弊,則王莽、趙高之釁成。不格擊其跡,則無振希聲之極致。①

讀經,旨在追尋言外之理,切忌"案文索義"。但追尋玄遠之理,談何容易?一如孔子汲汲於救世,却被荷蕢者斥爲鄙陋。武王應天命、順人心的革命,伯夷、叔齊反謂之弑君,且被後世的居心叵測之流用作借事生端的藉口。賢如伯夷、叔齊尚且有此謬誤,何況其餘?可見,聖人救弊的言行,極易在"案文索義"所招致的誤解中釀成新的禍端,於是皇侃有"救弊之跡,弊之所緣"的慨歎。因此,與王弼、郭象等玄士所主張的"忘言得意"説一致,皇氏將經文貶爲與真旨相去甚遠,甚至亟待警惕的陳"跡"。言意之辨的預設,似已註定了聖人之教會被誤解的宿命。循此邏輯向前推演,皇侃將言意之辨所内含的張力徹底展現出來,因而有"不格擊其跡,則無振希聲之極致"的論斷。在這一意義上,言教甚且是有害的。從言、意之辨出發,終將演變成本與跡的割裂。如果易於衰朽的言説之"跡",不僅難以達意,且無關乎聖人之"本"。那麼,隨着本、跡的分離,夫子之言教難免會陷入"意義危機"。故皇疏"子絶四:毋意、毋必、毋固、毋我"句云:

> 或問曰:"孔子或拒孺悲,或'天生德於予',何得云無我乎?"答曰:"聖人作教應機,不可一準。今爲其跡涉兹地,爲物所嫌,恐心實如此,故正明絶此四以見本地也。"②

以孔子誨人不倦的生平行跡而論,似不能謂之"無我"。爲消解這一質疑,皇侃循本、跡二分的思路,對聖人的言行之"跡"與其"本地"做了徹底的切割。於是,孔子的行跡便與其"本地"毫不相干。這也意味着,我們無法通過孔子的言行來把握聖人的本然面貌。於是,不能達意之言教或經文被貶爲"弊跡"。故皇疏《公冶長》"性與天道"章有云:"六籍是聖人之筌蹄,亦無關於魚兔矣。"③簡言之,以言意之辨解經的邏輯後果,便是經文或經學之權威的下降。

除了内含重本輕跡的傾向,言意之辨也與隨時應變的觀念相關聯。此靈活圓轉的聖人形象,其實與經學之政教影響力的式微一體相關。因爲,聖人觀爲儒學之風向標,也在一定程度上是儒者之生存狀況的反映。强調孔子隨時應變的一面,其實意味着儒生可以且應當在合適的時候抽離於政治場,一如皇侃在序言中所描述的孔子那樣,不

---

① 皇侃:《論語義疏》,第385頁。
② 皇侃:《論語義疏》,第209、210頁。
③ 皇侃:《論語義疏》,第110頁。

爲君而爲師。進而言之,如果聖人以及經典——聖人之跡——應該根據境況、時運的不同而調整自身,那麼後人便不應執守舊經,經典詮釋反倒應當根據現實情況的需要而予以變通。譬如,魏晉時期的禮議異常活躍,其原因之一,就在於隨玄風興起而高揚的自然人情,衝擊了傳統禮法的框限。因此,彼時的禮學家常常援引"緣情制禮"的説法,作爲修改經制的依據。① 這一特徵,表現在經典解釋學上,即是言意之辨的風行。要言之,強調聖人與經典的因循爲用、與時俱進,旨在凸顯這樣一個道理——經學不應過於強勢地去把控、規範萬物,同時也反映了這樣一個現實——經學規範現實的力量已遠不如從前(經學極盛的漢代)。不過,經由言意之辨的彈性框架所攝入的玄理,軟化了經制與經義的框限。這爲儒學完成適時的轉型,提供了充分的準備。

不過,方法雖有其力量,但經典也自有其詮釋邊界,所以會在長時段的歷史過程中,摒除過度發揮的經解,以完成維持"本意"的調適。所以,因援用言意之辨而深度涉玄的《論語義疏》,被後來者斥爲荒誕。於是"邢疏出而皇疏廢",②《論語義疏》逐漸銷聲於後來的學術史中。

四 結語

科段説與言意之辨,是《論語義疏》中所常見的兩種解經方法。"科段説"預設《論語》爲首末相次的統一體,即是認爲這部經過了孔子"印可"③的經典,具有前後相續的結構性、邏輯性以及諸多聖人的言外之意。但在我們的一般認識中,《論語》是一部結構鬆散的記録。篇章之間的聯繫,若無言意之辨所引發的可能解釋,恐怕難以被建構起來。在這個意義上,這兩種方法是相輔相成的。相互搭配的科段説與言意之辨,共同塑成了一種獨特的《論語》學。而這種《論語》學之獨特性,很大程度上蘊生於兩種解經思路所自有的獨特內涵。畢竟,任何學説都難免會受其方法論的影響,這對建基於文本解釋的經學而言,尤其如此。故而,檢視方法所自有的思想內容——諸如科段説所預設的文本系統性,言意之辨所關聯的諸玄理——將能對經師的解讀、思想之所

---

① 張焕君的《情禮交融——喪服制度與魏晉南北朝社會》和高二旺的《魏晉南北朝喪禮與社會》兩本書中,較爲完備地説明了緣情制禮在魏晉南北朝時期的主要表現。參見張焕君:《情禮交融——喪服制度與魏晉南北朝社會》,北京:商務印書館,2020年,第34—38頁;高二旺:《魏晉南北朝喪禮與社會》,上海:上海古籍出版社,2017年,第302—304頁。
② 皇侃:《論語義疏》,第532頁。
③ 皇疏"子曰"云:"然此一書,或是弟子之言,或有時俗之語,雖非悉孔子之語,而當時皆被孔子印可也。"皇侃:《論語義疏》,第1頁。

由來,獲致更爲清晰的認識。

將詮釋的方法比作經師用以解經的稱手工具,可算是再尋常不過的理解。但這一譬喻並不嚴謹,且可能會遮蔽經師與方法之間的雙向互動關係。猶如我們所慣常認爲的,工具爲使用者所支配,其功能與意義爲人所決定。相應地,我們會在經典解釋中,更強調經師之於方法的單向選擇和運用。而方法之維所發揮的反向影響力,却往往被忽略。

作者簡介:

鄺其立,男,1992 生,廣東惠州人,重慶大學哲學系講師。主要研究領域爲儒家哲學、魏晉玄學,近年代表性論著有《論一種涉佛的儒學——以皇侃〈論語義疏〉爲中心》(《哲學研究》2023 年第 2 期)、《"六經皆史"兩種:"以經爲史"與"夷經爲史"——兼論古文經學的實質》(《孔子研究》2023 年第 3 期)、《實事求是之學及其問題——以〈論語正義〉爲中心》(《人文雜誌》2022 年第 6 期)、《從〈王制箋〉看皮錫瑞的經學觀》(《原道》第 42 輯)、《論理解〈論語〉的兩種方式——從管仲形象説起》(《北京社會科學》2022 年第 4 期)。

五禮、異代與尊卑：漢唐禮學體系建構的一些視角

王　赫

內容摘要　本文討論漢唐禮學中一以貫之的體系建構，關注"五禮"分類體系、"異代禮"體系與"尊卑異等"體系三種重要的觀念與方法。它們並非都發源於漢唐，但是在以"鄭學"學者爲代表的漢唐《禮》學家注解《三禮》的實踐中得到發揚、推廣和固化，最終形成了可以運用於禮之全體的三套體系，它們組成了一個三維坐標系，形成了討論《禮》學文獻和"禮"的概念的底層邏輯。《通典·禮》的言説體系，即可看作漢唐禮學體系建構成果的體現。

關鍵詞　漢唐禮學　禮學體系　五禮　異代禮　尊卑

前　言

中國經學至宋大變，已是經學史上之公論；驗之各經亦昭然，《三禮》之學也不例外。自唐初孔穎達《禮記正義》屢揭"禮是鄭學"之旨，古今學界就有這樣的共識：漢唐《三禮》之學以"鄭學"爲淵源有一脈相承的觀念和方法。如皮錫瑞所言，自後漢鄭玄奠定"《三禮》"體系後，雖有王肅等學者挑戰，然而此後的主流是"南北學分，而三《禮》皆從鄭注"，[1]直至宋代，爲《三禮》之學者方"務反漢人之説"。[2]

然而，説到漢唐《三禮》之學的連續性時，如果僅以尊鄭注一點而籠統言之，則似太簡。在文獻尚足徵的範圍内，有必要進一步探討從後漢的鄭玄到初唐的孔穎達、賈公彦，他們的《三禮》之學中有哪些一脈相承甚或變本加厲的觀念和方法；另外，或可探討這些觀念和方法在《三禮》文獻之外的更廣義的"禮"學中的影響。而本文所採取的角度是《禮》學與禮學體系的構建。

---

[1]　皮錫瑞：《經學通論》，北京：中華書局，1954年，第1、4頁；皮錫瑞著，周予同注釋：《經學歷史》，北京：中華書局，1959年，第256頁。
[2]　皮錫瑞著，周予同注釋：《經學歷史》，第257頁。

在當下學界,能持宏觀的視野而鑽研具體的文本以探討漢唐禮學體系構建的研究中,論鄭玄體系而立説堅實者,有刁小龍立足鄭玄《三禮注》的具體文本,以"《周禮》爲綱,調和三禮"概括鄭氏《禮》學體系,可謂坐實了這個前人多視作常識,論述却往往籠統的觀點;①而視野能够貫通漢唐禮學的學者中,馬楠以"比經推例"概括漢唐經學方法,並對《三禮》注疏的解經方法進行了非常詳細的歸納,其"調和三禮"一節,也涉及到鄭學"三禮"體系的建構;②喬秀岩和華喆同樣立足於經學文本的細讀,但其研究揭示的多是自漢至唐《禮》學解釋學的内部差異和變化,特别是王肅與鄭玄、皇侃與受二劉影響的孔穎達之異,而於宏觀觀念方法的繼承與發展方面則尚留有探討的空間。③ 而本文主要探討從鄭玄到孔穎達、賈公彦在建構《禮》學之體系時共同的觀念與方法,並嘗試探討其與更廣義的"禮"的觀念之關係。選取的三個視角分别是"五禮""異代禮",以及"尊卑異等"三個觀念與方法,這三個觀念在漢唐禮學體系構建中都至關重要。

一 "五禮"觀念與漢唐禮學體系建構

首先,鄭玄奠定的"吉凶賓軍嘉"即"五禮"的分類體系在漢唐延續不絶。後世經師對鄭玄創造的這一體系不僅有繼承和補充,更將其固定爲《禮》學的底層邏輯,甚至因推廣這種體系而超出了"鄭學"原本的範圍。

(一)鄭玄以《周禮》之"五禮"統攝《儀禮》《禮記》

《周禮·春官·大宗伯》將王禮分爲五類:"以吉禮事邦國之鬼神示","以凶禮哀邦國之憂","以賓禮親邦國","以軍禮同邦國","以嘉禮親萬民"。而這"五禮"系統成爲鄭玄統攝《三禮》的基礎架構,這在鄭玄《三禮目録》中體現得最爲明顯:首先是將《儀禮》十七篇及《禮記·奔喪》篇分屬此五禮,如《士冠禮》目録云"冠禮於五禮屬嘉禮",《士相見禮》目録云"士相見於五禮屬賓禮",《奔喪》目録云"奔喪禮屬凶禮也";其次,因爲鄭玄以爲"《曲禮》"即"《儀禮》"舊名,故將《禮記·曲禮》篇駁雜的内容也

---

① 刁小龍:《鄭玄禮學及其時代》,清華大學博士學位論文,2008 年,第 49—73 頁。
② 馬楠:《比經推例》,北京:新世界出版社,2012 年,第 75—181 頁。
③ 喬秀岩:《論鄭王禮學異同》,載《北京讀經説記》,臺北:萬卷樓,2013 年,第 157—174 頁;喬秀岩:《義疏學衰亡史論》,臺北:萬卷樓,2013 年,第 101—140、153—189 頁;華喆:《禮是鄭學:漢唐間經典詮釋變遷史論稿》,北京:生活·讀書·新知三聯書店,2018 年,第 26—52、89—149、194—23、341—384 頁。

分屬五禮。① 此是學人熟知者,不待多言。

而尚有一義今人殆揭之未盡,即鄭玄的《儀禮》十七篇次序也體現出對"五禮"的重視。《三禮目錄》記載大戴本、小戴本與劉向《別錄》所載禮經十七篇次序各異,而鄭玄注本之篇次則一用《別錄》。《儀禮疏》言鄭玄用《別錄》本乃因其"尊卑吉凶次第倫叙",而不像二戴本"尊卑吉凶雜亂"。② 若僅就"吉凶"即"五禮"順序而言,《別錄》之《儀禮》篇序除《士相見》與《公食大夫》二篇與前後不類外,基本呈現出"嘉—賓—凶—吉"的次序,與《大宗伯》所述"吉—凶—賓—軍—嘉"之次序除無軍禮外恰好是倒序關係。鄭玄很重視這一關係,故於《禮序》解釋《大宗伯》"五禮"和《儀禮》的次序:"二者或施而上,或施而下"。因爲鄭玄認爲"禮者,體也,履也","體之謂聖,履之謂賢",而《周禮》是"體",是"經文",《儀禮》是"履",是"威儀",有輕重本末之分,故二者所載"五禮"的次序一爲順序,一爲倒序,相反而相成。(見表1)③ 從這種近似穿鑿的解釋中,正可見鄭玄以《儀禮》比附《周禮》的苦心。

表1 《禮記正義》引鄭玄《禮序》所釋《周禮》《儀禮》對應關係

今名	《周禮》	《儀禮》
又名(據《禮器》)	經禮	曲禮
性質	經文 統之於心曰體: 體之謂聖	威儀 踐而行之曰履: 履之爲賢
五禮次序	施而上: 吉、凶、賓、軍、嘉	施而下: 嘉、(軍、)賓、凶、吉

(二)魏晉南朝諸儒對"五禮"體系的延續與補充

《晉書·禮志》云晉文帝命荀顗"因魏代前事,撰爲新禮,參考今古,更其節文,羊祜、任愷、庾峻、應貞並共刊定,成百六十五篇",而其成果則題爲《五禮》,從摯虞討論增損之言可知,晉代所制此"五禮"就是吉凶軍賓嘉。④《南齊書·禮志》又云永明二

---

① 阮元校刻:《十三經注疏·儀禮注疏》,北京:中華書局,2009年,影印清嘉慶刊本,第2037、2105頁;《十三經注疏·禮記正義》,第2660、3588頁。
② 阮元校刻:《十三經注疏·儀禮注疏》,第2037頁;參見張宗品:《論〈三禮目錄〉》,載《古典文獻研究》第十輯,南京:鳳凰出版社,2007年,第349—351頁。
③ 阮元校刻:《十三經注疏·禮記正義》,第2659—2660頁。
④ 房玄齡:《晉書》,北京:中華書局,1974年,第581頁。

年王儉"制定新禮,……因集前代,撰治五禮,吉、凶、賓、軍、嘉也"。① 總之,鄭玄殁後,"五禮"之體系在現實制度中正式成爲經國大典,這就是鄭學的影響。後來隋文帝、唐太宗制禮,亦皆分五禮,史皆有之,此不贅述。

而《三禮》文獻之學亦如此。王應麟《困學紀聞》引崔靈恩《三禮義宗》云:"《儀禮》十七篇,吉禮三,凶禮四,賓禮三,嘉禮七,軍禮皆亡。"②這總括了《三禮目錄》的説法。崔氏乃梁代大儒,《三禮義宗》是南朝時期重要的集大成式的《禮》學著作,據此可見鄭玄奠定的"五禮"系統與文獻層面上的"三禮"系統在南朝同樣深入人心,成爲《禮》學研究的基礎觀念。

而鄭玄《三禮目錄》將《儀禮》《禮記》的篇目劃歸"五禮"體系的實踐也被南朝諸儒延續和補充:《禮記》之《奔喪》《投壺》二篇,鄭玄《目錄》皆謂之"《曲禮》(即《儀禮》)之正篇",但於《奔喪》言其屬凶禮,於《投壺》却不言其歸屬,因此南朝諸儒自然補苴罅漏。《投壺》篇《釋文》引皇侃云:"與射爲類,宜屬嘉禮。或云宜屬賓禮也。"③據此一例可見,南朝經師多對鄭玄的"五禮"具體篇目有所討論和補充。

南朝經師諸説今多僅存吉光片羽,但上述二例涉及的學者都是梁代《禮》學最著之經師,故他們對"五禮"體系的繼承有代表性。然而,若僅如上述諸儒所爲,則不過是對鄭學的延續;但是在孔穎達所作《禮記正義》中,則可見對鄭氏"五禮"體系的固化與推廣,這種推衍甚至反過來修改和曲解了"鄭學"本身。

(三)唐代對"五禮"體系的固化和推廣

喬秀岩曾總結道:"《二禮疏》等義疏鄭學之主要特點,在於固執鄭注説及義疏學常説。其意在討論鄭注,使其成爲通論,通於他經,諸經鄭注互相發明。"④喬氏此言主要就具體的訓詁與義例而發,而本文所論"五禮"之體系亦有類似的特點。喬氏又云義疏家因過於依賴現成的義例與訓詁,從而造成學術的簡單化;而孔穎達《禮記正義》對"五禮"體系的推而廣之,却非但能够在鄭學的基礎上踵事增華,而且更反過來修正了鄭學的面貌。

鄭玄從《周禮》中抽取的"五禮"體系,本乃專就周代而言:觀《周禮·春官·序

---

① 蕭子顯:《南齊書》,北京:中華書局,2017年,第128頁。又按,魏、宋等代雖無明文,而荀顗等乃"因魏代前事",六朝禮制又多因襲,故禮分爲"五禮"者可能不止晉、齊二代。
② 王應麟著,翁元圻輯注:《困學紀聞注》,北京:中華書局,2016年,第619頁。
③ 陸德明:《經典釋文》,北京:中華書局,1983年,第214頁。《禮記正義·投壺》篇亦用皇説,但没其名。
④ 喬秀岩:《義疏學衰亡史論》,第188頁。

官》賈疏引鄭玄《禮論》云"唐虞有三禮,至周分爲五禮",則其義焯然。① 而所謂"三禮"即《尚書·舜典》所謂"典朕三禮",彼馬融注云"天神、地祇、人鬼之禮",鄭玄則云"天事、地事、人事之禮"。② 可見,唐虞只有天、地、人"三禮",周代方分吉、凶、賓、軍、嘉"五禮",故唐初作《隋書·禮儀志》開篇述此義云:"唐、虞之時,祭天之屬爲天禮,祭地之屬爲地禮,祭宗廟之屬爲人禮。……殷因於夏,有所損益,……商辛無道,雅章湮滅。周公救亂,弘制斯文,以吉禮敬鬼神,以凶禮哀邦國,以賓禮親賓客,以軍禮誅不虔,以嘉禮合姻好,謂之五禮。"③可見,鄭學本謂"五禮"乃周公聖人之制作。

然而,如前所述,自鄭玄以至崔靈恩、皇侃,吉凶賓軍嘉"五禮"之體系已深入人心;而在晉唐政治中,"五禮"體系更成爲制定國禮的准則。因此對孔穎達來說,"五禮"的體系已經成爲《禮》學乃至"禮"的觀念的一種底層邏輯。故《禮記正義》於首卷開篇通論"礼"的起源时云:

> 譙周《古史考》云:"……乃至伏犧,制嫁娶,以儷皮爲禮,作琴瑟以爲樂。"……以此言之,則嫁娶嘉禮始於伏犧也。……《(帝王)世紀》又云:"神農始教天下種穀,故人號曰神農。"案《禮運》云:"夫禮之初,始諸飲食,燔黍捭豚,蕢桴而土鼓。"……既云"始諸飲食",致敬鬼神,則祭祀吉禮起於神農也。……又《史記》云"黄帝與蚩尤戰於涿鹿",則有軍禮也;《易·繫辭》黄帝九事章云"古者葬諸中野",則有凶禮也;又《論語撰考》云"軒知地利,九牧倡教",既有九州之牧,當有朝聘,是賓禮也。若然,自伏犧以後至黄帝,吉、凶、賓、軍、嘉五禮始具。④

這段論述體現的意義就在於,"五禮"這一分類體系在孔穎達的觀念中已經不僅是周公太平制作之產物,而是理解"禮"這一概念的基本觀念,是一種可以運用於任何時代,包括周公之前代的話語實踐。這樣,孔穎達就把"五禮"的形成追溯到了黄帝時期。

然而如前所述,鄭玄明言"唐虞有三禮,至周分爲五禮","三禮"即《舜典》"典朕三禮"鄭注所謂"天事、地事、人事之禮";故孔穎達爲了牽合二說,強調舜禮的內容已經五禮俱全,則"三禮"與"五禮"只是相同內容的不同分類方法,可以並行不悖:

> 《舜典》云"類于上帝",則吉禮也;"百姓如喪考妣",則凶禮也;"群后四朝",

---

① 阮元校刻:《十三經注疏·周禮注疏》,第1622頁。
② 孫星衍:《尚書今古文注疏》,北京:中華書局,2004年,第68頁。而《尚書》同篇還有"修五禮、五玉",鄭注則以此"五禮"爲"公侯伯子男朝聘之禮",與"五玉"相類,見同書第45頁。
③ 魏徵:《隋書》,北京:中華書局,2019年,第119頁。
④ 阮元校刻:《十三經注疏·禮記正義》,第2659頁。

則賓禮也;舜征有苗,則軍禮也;嬪于虞,則嘉禮也。是舜時五禮具備。直云"典朕三禮"者,據事天地與人爲三禮,其實事天地唯吉禮也,其餘四禮並人事兼之也。①

賈公彥《周禮疏》亦持此説。② 而中間夏、商二代尚無著落,孔穎達就只好強爲之説:"夏、商亦有五禮,唯云'唐虞有三禮,至周分爲五禮',不言夏、商者,但書篇散亡,夏、商之禮絶滅,無文以言,故據周禮有文者而言耳。"這段話也很重要,因爲它體現出:即使認爲"唐虞三禮"和"至周五禮"只是相同内容的不同分類方法,作爲分類方法的"五禮"也已經在夏、商存在了,只是鄭玄選擇從周代開始説罷了! 若然,在"五禮"方面,周公的創造性還能體現在哪裏呢?

鄭玄以"五禮"統攝《三禮》,本爲推尊《周禮》與周禮而爲之,其根本思想在於推尊周公之太平制禮作樂;然而到了唐初,孔穎達就這樣將"五禮"分類體系推衍到周代之外,特别是周公之前,以之衡量任何時空的禮制,使"五禮"體系徹底成爲《禮》學底層邏輯的同時,也終於突破和修正了鄭學,淡化了周公製作的獨特性。

而發揚這種精神,徹底將"五禮"分類體系推衍到全體時間的,當屬此後中唐杜佑所撰大著《通典》。《通典·禮》一百卷,分爲"沿革"與"開元禮纂類"二類,而完全以"吉、嘉、賓、軍、凶"五禮統攝之。其"沿革"部分,於"五禮"大類下分爲小類,而每小類根據"遂皇、伏犧、黄帝、顓頊、唐、虞、夏、殷、周、秦、漢、後漢、魏、晉、東晉、宋、齊、梁、陳、後魏、東魏、北齊、後周、隋"以及"大唐"的順序條分縷析,排比材料、考鏡源流。在形式上,這就是上述孔穎達《禮記正義》卷首篇首之論的擴展,標誌着"五禮"的概念最終成爲認識任何時空中任何禮儀制度所需的坐標。

二 "異代禮"觀念與漢唐禮學體系建構

上述孔穎達《正義》與杜佑《通典》之例,實則是"五禮"分類體系與"異代禮"體系兩者的産物,已經很典型地體現了"異代禮"觀念在漢唐《禮》學中的發展。本章於此繼續略做分析:在鄭玄《三禮注》中,這種觀念還主要是解決經文矛盾的權宜之計,所以鄭玄描繪出了"四代異禮"的架構,但這一體系遠非和諧完美;如何在"鄭學"的範圍内彌縫、完善這個體系,就成爲義疏家們的任務;這個任務很難完成,但也並非全無成效。

---

① 阮元校刻:《十三經注疏·禮記正義》,第2659頁。
② 阮元校刻:《十三經注疏·周禮注疏》,第1622頁。

(一) 鄭玄的"異代禮"觀念

《論語》記載孔子言"夏禮""殷禮",故夏商周"三代"或並虞"四代"異禮的觀念本爲先秦前漢所固有。在形式上構擬四代異禮的最典型文獻即《禮記·明堂位》,除此之外《儀禮》《禮記》中體現四代異禮觀念甚多,茲不必贅述。這種"三代(或四代)異禮"思想在先秦前漢的起源、發展與變異,是一個有價值的問題;而本文所關注的則是這種系統性的觀念與方法在鄭玄以來的《禮》學解釋學中的發展。

鄭玄以異代異禮的觀念注《三禮》,特別是内容駁雜的《禮記》,對此學者已有具體詳盡的説明;①楊天宇、刁小龍還特别指出鄭玄的異代禮觀念—以《周禮》爲本,凡見《儀禮》《禮記》有與《周禮》不合者,即以夏殷之禮調和之。此類典型之例見《禮記》之《曲禮》《王制》等注,諸家已反復分析,茲不必贅述。而本文將視野擴展到整個漢唐經學體系構建中,提出的問題是:鄭玄牽合《三禮》所依據的"異代異禮"觀念,在後世爲"鄭學"者的《三禮》解釋學中有怎樣的展開?

最直觀的一點是,鄭學後人非常熟練地掌握了這種調和經注彼此不合處的方法,孔穎達《禮記正義》引焦氏(當出自《鄭記》)、庾蔚之、皇侃、熊安生等説,都運用此法,而且顯示出簡單套用的趨勢:有時遇到二説不同處,僅以"異代禮也"之類套話敷衍了事。所以孔穎達作《正義》,已經開始對先儒之異代禮説有駁正:如《玉藻》言不同爵位者之稱謂,與《曲禮》多異,皇氏皆以爲殷、周之異,而孔疏非之,以爲乃自稱與擯者傳命之異。② 對此可以理解爲,孔穎達有意修正先儒對"異代禮"調和方法的濫用。然而,關於"異代禮"觀念更值得注意的是,南北朝至初唐的義疏家對已有的"鄭學"資源内異代禮體系的梳理與整合。

(二) 義疏家彌縫鄭玄"異代禮"體系的困難

鄭玄彌縫《三禮》,爲調和彼此經文之不齊,以異代異禮觀念調和之處甚多。然而鄭玄注經卷帙過多,隨文牽合,苟且彌縫,分觀各處經注則可,若將《三禮》鄭注以及《鄭志》《駁五經異義》等禮説綜合排比,縱觀"鄭學",則齟齬之處往往而是。而義疏家遇此等處,就需要進一步分析調和之,在"疏不破注"的要求下彌縫"鄭學"内部之不

---

① 李雲光:《三禮鄭氏學發凡》,上海:華東師範大學出版社,2012年,第712—727頁;楊天宇:《鄭玄三禮注研究》,天津:天津人民出版社,2007年,第189—191頁;刁小龍:《鄭玄禮學及其時代》,第53—56頁。

② 阮元校刻:《十三經注疏·禮記正義》,第3218頁。

齊。然而,這談何容易?此處舉一例,展示義疏家在整合鄭學之異代禮體系時的困難。①

以夏商周三代天子畿内之諸侯采地廣狹爲例。首先,鄭注《周禮》時就沒有完善此體系:《大司徒》注引《王制》云天子畿内採地有"百里""七十里""五十里"三等,認爲"此蓋夏時采地之數,周未聞矣";而《小司徒》注則根據經文所言土地制度言畿内采地有三等,即"百里""五十里"與"二十五里"之國。任何讀者都不禁要問:既然認爲《王制》的三等采地是夏制,那麼將《小司徒》注所言三等采地看作周制,豈不合理,爲何前言周制"未聞"?然而再看《王制》鄭注,其説就更混亂了。《王制》云:"公、侯田方百里,伯七十里,子、男五十里。"鄭注云:"此地,殷所因夏爵三等之制也。……周公攝政致大平,斥大九州之界……封王者之後爲公及有功之諸侯,大者地方五百里,其次侯四百里……唯天子畿内不增。"此云"不增",即謂周之畿内采地仍然沿襲了殷代的百里、七十里、五十里三等,不僅與《大司徒》注所謂"周未聞"矛盾,更與《小司徒》注提出的百里、五十里、二十五里三等之説矛盾。問題還没結束:前引《大司徒》注、《王制》注及《王制》下文"天子之縣内"一節鄭注均言百里、七十里、五十里之三等是夏制,然而《左傳》云"禹會諸侯於塗山,執玉帛者萬國",鄭注《皋陶謨》爲證成此説,認爲"每州千二百國,八州九千六百國,其餘四百國在畿内"。於是,鄭玄最好問的弟子趙商就已經提出了質疑:禹之邦畿千里即使寸土不留,分爲四百國也只能平均五十里,怎麽可能存在百里和七十里之國?鄭玄於此則隨口强答,其説連孔疏都無法認可,不煩録於此。②

可見,關於夏商周畿内三等采地之制,鄭玄《三禮注》本身就是糊塗賬,在"疏不破注"的前提下根本無法彌縫;而後代義疏家意欲彌縫時,更因被鄭玄諸説迷惑而不見其全貌,往往只取一端,結果必然顧此失彼。如賈公彦疏即修正鄭玄《大司徒》注"周制未聞"之説,然而却不以下文《小司徒》之三等當周制,而以鄭玄《洛誥傳》注當之,認爲周畿内采地有"九十三國",則與《王制》注之説同,採用三代畿内采地制度相同之説,這就與下文《小司徒》注疏不合。孔穎達正義於《王制》"天子之田方千里"一節,據《尚書》鄭注修正此注"殷所因夏爵"之説,認爲夏畿内四百國,殷畿内九十三國,夏、殷其實不同;而於下"天子之縣内"一節,就反而不信畿内四百國之説。前人多怪孔賈

---

① 《禮記正義》雖署孔氏之名,然以南朝皇侃疏爲本,又多參北朝熊安生説,此孔氏自言者;賈公彦《周禮疏》亦多用舊説,自清以來學者多有言之者。故本文内所引諸義疏之説,除非明標所出,不必定究其源,視之爲南北朝隋唐義疏家之説即可。

② 阮元校刻:《十三經注疏·禮記正義》,第2861—2862頁;《十三經注疏·周禮注疏》,第1519、1532、1561頁。

義疏前後割裂,彼此齟齬;而就此例而言,孔賈疏文之迷惑直接的原因雖可能是成於衆手,然而根本的原因在於疏家欲闡述和完善"鄭學"中的"三代異禮"體系,而不知不破鄭學則不可能完善之。

(三)義疏家完善鄭玄"四代異禮"體系的成果

然而,只要"鄭學"中自相矛盾的程度在可控範圍内,則整合鄭説,梳理和完善其"異代禮"體系亦非無可能。於此仍舉《王制》正義中成功之例。

《王制》:"諸侯之於天子也,比年一小聘,三年一大聘,五年一朝。"鄭注云:"此大聘與朝,晉文霸時所制也。虞、夏之制,諸侯歲朝。周之制,侯、甸、男、採、衛、要服六者各以其服數來朝。"①《正義》於此節經注,則梳理朝聘巡守之"四代異禮"體系有條不紊。首先是梳理鄭注所依據之文:謂此《王制》乃文襄霸制,乃據《左傳·文公三年》及西漢《公羊》家説;謂虞夏諸侯歲朝,與《堯典》鄭注同;言周之制,當然乃據《周禮》。疏通至此,經注已然釋訖;但孔穎達並未止步於此,而是要補充鄭注所不言的殷制,從而梳理出完善的四代朝天子禮系統。所以孔穎達發現《左傳·文公十五年》又有"諸侯五年再相朝,以修王命,古之制也"一句,而《鄭志》記載鄭玄答孫皓問,則以之爲"夏、殷之時"制度。這樣,"鄭學"於此一話題的内部矛盾只有夏代朝天子究竟是如《王制》注所言上同於虞,還是如《鄭志》所言下同於殷?這僅有的小矛盾容易解決,故孔疏云:"群后四朝,文在《堯典》,《堯典》是虞夏之書,故連言夏,其實虞也。"以《鄭志》小修此《王制》注,這樣就把四代朝天子之禮制彌縫完畢。

同樣值得注意的是孔疏所駁熊安生説。熊安生同樣欲疏通鄭學體系;孔穎達批評熊氏處理《王制》所言制度時"或以此爲虞夏法,或以爲殷法,文義雜亂,不復相當,曲爲解説"。可見熊氏在處理這段經注時,同樣有意補充"四代異禮"體系中尚缺的殷制一環;只不過可能顧此失彼,條理雜亂,故爲孔穎達所不取。熊氏還認爲《王制》注所謂"此大聘與朝,晉文霸時所制"以及"虞、夏之制,諸侯歲朝"其實相同,都指四方諸侯每歲一方來朝,第五年天子巡守,以《孝經注》作爲依據。而孔氏非之,至於《孝經注》則認爲"多與鄭義乖違,儒者疑非鄭注,今所不取"。(孔氏此論並非完全的權宜之計:自南朝至唐,當時流傳的《孝經鄭注》一直被懷疑。)總而言之,孔疏在參考和批判南北朝先儒之説的基礎上,通過圈定"鄭學"文獻的範圍,彌縫"鄭學"内部的小矛盾,從而建構起了完整的虞夏商周四代朝天子禮體系。

而與上章所論"五禮"體系分類一樣,唐代義疏家對"異代禮"觀念的接受不僅體現在具體制度的梳理上,還體現在將"異代禮"這一時間序列的體系固化爲"禮"的概

---

① 阮元校刻:《十三經注疏·禮記正義》,第2874頁。

念的底層邏輯。上章已論及孔穎達將"五禮"體系推衍到周公以前的上古;而同時人賈公彥亦如此,《周禮正義序》中也以《周禮》六官制度爲參考,從三皇時期溯源"官號沿革"。①

(四)時間性成爲"禮"的本質屬性

在《三禮》文獻範圍之外,還可以從正史的《禮志》類文獻看到時間性如何成爲"禮"這一概念的基本因素:這類文獻均會於篇首總體闡發"禮"的大義。《史記》《漢書》雖於《封禪書》《郊祀志》之行文頗按時代順序排比材料,但於《禮書》《禮樂志》篇首總論"禮"的概念時,並不特別突出時代觀念。《禮書》篇首先闡述"緣人情而制禮,依人性而作儀"的思想,《禮樂志》篇首先闡述"象天、地而制禮、樂"的原則,之後才按時代順序叙述禮樂沿革。可見,漢儒討論"禮"之大義時,其觀念中"禮"的時代性尚未特別突出。然而,北齊人撰《魏書·禮志》篇首即提及"禮"的時代性,指出禮的特點是"損益相仍,隨時作範";梁人所撰《宋書·禮樂志》篇首更僅論"歷代損益,每有不同"的"隨時之宜",完全不論其他。唐人撰《晉書·禮志》也從"太一初分"開始叙述禮的起源,闡明禮的"隨時之義",而不像《史記·禮書》以周禮作爲叙述沿革的起點。②

自然應當考慮到,先秦以來的"異代禮"觀念的延續,以及漢代以來制禮作樂實踐的積累;都能夠促使"禮"的觀念越來越重視時代因素;但是前述《禮》學家們在解經和處理文獻的層面對"異代禮"觀念的不斷强調,對具體的"三代(四代)異禮"體系的不斷建構,也能夠促進時間性成爲"禮"這一概念的本質屬性。所以,上章已經提到的《隋書·禮儀志》完全用"鄭學"中有關"四代異禮"的叙述開篇,只是相比孔穎達《禮記正義》,尚未將"五禮"追溯至周公之前。而五代人所作《舊唐書·禮樂志》,就已全同孔穎達《正義》之説:

> 五帝之時,斯爲治本。類帝禋宗,吉禮也;遏音陶瓦,凶禮也;班瑞肆覲,賓禮也;誅苗殛鯀,軍禮也;釐降嬪虞,嘉禮也。故曰,修五禮五玉,堯、舜之事也。時代猶淳,節文尚簡。及周公相成王,制五禮六樂,各有典司,其儀大備。③

這些都體現出經學家的《禮》學體系建構對整個"禮"的觀念的影響。

而最終可以代表"異代禮"體系在禮學中的影響力的,依然是上章末提到的杜佑

---

① 阮元校刻:《十三經注疏·周禮注疏》,第1365—1368頁。
② 司馬遷:《史記》,北京:中華書局,2014年,第1371—1372頁(按:此處採瀧川資言説,以《禮書》"禮由人起"以前爲司馬遷自作,見瀧川資言《史記會注考證》,北京:新世界出版社,第1612頁);班固:《漢書》,中華書局,1962年,第1027—1029頁;魏收:《魏書》,北京:中華書局,2017年,第2985頁;沈約:《宋書》,北京:中華書局,2018年,第355—356頁;房玄齡:《晉書》,第579頁。
③ 劉昫:《舊唐書》,北京:中華書局,1975年,第815頁。

《通典》,它的《禮》類將"五禮"體系與"異代禮"體系都發揮到了極致,其論述禮之"沿革"上到"遂皇",下到"大唐",五禮分類與歷代沿革成爲認識宇宙中的"禮"的兩個坐標軸。

三 尊卑異等觀念與漢唐禮學體系建構

如果説"異代禮"觀念在鄭玄《禮》學中還主要是調和經傳不齊的工具,那麽"尊卑異等"觀念從一開始就絶非只有單純的工具性。鄭玄《三禮注》已經有意整合經傳文獻而構建完整的尊卑異等之禮的體系;而這種觀念和方法被南朝義疏家發揮到了極致。

"禮"的概念的起源,就包含着《左傳》中"人有十等"、《論語》中"君君臣臣父父子子"這類尊卑等級的觀念,即《樂記》所謂"禮義立,則貴賤等矣"。而《禮》類文獻的研究中,尊卑等級的觀念與排列方法也起源甚早,沈文倬即指出在西漢初期《禮》書殘缺,"獨有士禮"的情況下,儒者有一種普遍的"推士禮而致天子"的實踐。① 鄭玄注《三禮》同樣如此。李雲光曾舉例詳析鄭玄於"禮文差異而未詳其别"者以異等之禮調和之方法;②然而鄭玄言及尊卑異禮,其實在"調和"之外更有"補充"和"推致"的情況,有意識地建構尊卑異禮的體系。

(一)鄭玄構建尊卑異等體系的實踐

《周禮》中尊卑禮體系的框架,是《春官》所言"九儀"。其義有二,首先是《大宗伯》:"以九儀之命正邦國之位,一命受職,二命受服……九命作伯。"此以命數而言。其次是《大行人》:"以九儀辨諸侯之命,等諸臣之爵,以同邦國之禮而待其賓客。"鄭注據下文云:"九儀,謂命者五,公、侯、伯、子、男也;爵者四,孤、卿、大夫、士也。"此以爵位而言。在鄭注《三禮》構建尊卑異等體系的實踐中,以後一觀念爲主。當然在此之上還有天子一等,在此之下還有庶人一等,所以鄭玄别有"天子、諸侯、卿、大夫、士、庶人六等"之説,③所以"自天子以至於庶人"都在他所構建的尊卑異禮體系之内。

典型之例如《儀禮·喪服》記:"朋友,麻。"鄭注云:"其服弔服也。《周禮》曰:'凡弔,當事則弁絰服。'弁絰者,如爵弁而素,加環絰也。其服有三:錫衰也、緦衰也、疑衰也。王爲三公六卿錫衰,爲諸侯緦衰,爲大夫士疑衰;諸侯、卿及大夫亦以錫衰爲弔服,

---

① 沈文倬:《從漢初今文經的形成説到兩漢今文〈禮〉的傳授》,載《宗周禮樂文明考論》,杭州:浙江大學出版社,1999 年,第 214—217 頁。
② 李雲光:《三禮鄭氏學發凡》,第 703—712 頁。
③ 阮元校刻:《十三經注疏·禮記正義》,第 3438 頁。

當事乃弁絰,否則皮弁,辟天子也;士以總衰爲喪服,其弔服則疑衰也。……朋友之相爲服,即士弔服疑衰素裳。庶人不爵弁,則其弔服素冠委貌。"①此注文繁,乃因不滿足於解此一文,而意在就此經文引申開去,補充梳理自天子以至庶人的整個弔服體系。其中,言王之弔服據《周禮·司服》,言諸侯、卿大夫之弔服據《禮記·服問》,而上引文所略一段乃據《論語》駁"舊説"而定士弔服之制。於此例即可見,鄭玄有意整合《三禮》乃至群經文獻中的記載,構建一個包含所有尊卑等級的弔服體系。鄭玄注《三禮》,諸如此例實多,其尊卑等級的觀念絶不僅是調和的工具,而且是自覺構建體系的方法。

(二)南北朝初唐經師補充鄭玄之尊卑異等體系

既然鄭玄注《三禮》,已有構建完整的尊卑異等體系的嘗試,那麽這種方法在南北朝至初唐義疏家處變本加厲,也是自然。

於此先舉宗廟祭禮之獻數一例,以見義疏家各有構建體系之嘗試,而結論可能各異。《儀禮》之《特牲》《少牢》饋食禮有主人酳尸、主婦亞獻、賓三獻,故鄭注《特牲》云:"大夫士三獻而禮成,多之爲加也。"《周禮·司尊彝》言王四時祭宗廟有祼、朝踐、饋獻、朝獻、再獻等禮節,鄭注排列組合之,概括爲"此凡九酳,王及后各四,諸臣一,祭之正也"。②鄭玄言及宗廟獻數唯此二文:僅言士大夫三獻、天子九獻,並未在此基礎上補充構建完整的尊卑異禮體系。所以,在此基礎上補充五等諸侯獻數就成爲後來義疏家的任務。根據"降殺以兩"的原則,《儀禮》賈疏所補之體系爲:"天子大祫十有二獻,四時與禘唯有九獻,上公亦九獻,侯伯七獻,子男五獻。"《周禮》賈疏説同。而《禮運》孔疏引崔靈恩《三禮義宗》則與之微異:崔氏以天子禘祫與四時常祭皆九獻。至於五等諸侯分爲九獻、七獻、五獻三等則同賈疏,但崔氏之體系則更加具體,因爲他補充了侯伯、子男相比天子、上公所少的獻數到底少在什麽環節,結論是侯伯於朝踐、饋獻二節夫人獻而君不獻,故於九獻少二;子男則在此基礎上,君酳尸後夫人與賓不再獻,故於七獻又少二。而孔疏引崔氏此疏後,又提出質疑:若如崔氏所言,則子男祭宗廟酳尸後只有主人一獻,主婦與賓皆不獻,則不得尸酢,尚不如卿大夫少牢禮得備酳尸三獻。故孔穎達將崔氏的體系調整爲子男五獻乃祼鬯二獻加酳尸三獻。③三家之説見表2。

---

① 阮元校刻:《十三經注疏·儀禮注疏》,第2432頁。
② 阮元校刻:《十三經注疏·儀禮注疏》,第2571頁;《十三經注疏·周禮注疏》,第1668頁。
③ 阮元校刻:《十三經注疏·儀禮注疏》,第2571頁;《十三經注疏·周禮注疏》,第1669頁;《十三經注疏·禮記正義》,第3067—3068頁。

表2 三家經師所構建之天子諸侯獻數體系

	天子		上公	侯伯	子男
賈公彦二《禮》疏	祫 十二獻	其他 九獻	九獻	七獻	五獻
崔靈恩《三禮義宗》	九獻		九獻	七獻： 君朝踐不獻 君饋熟不獻	五獻： 君朝踐不獻 君饋熟不獻 夫人不亞獻 賓不獻
孔穎達《禮記正義》	九獻		九獻	七獻： 君朝踐不獻 君饋熟不獻	五獻： 君朝踐不獻 夫人朝踐不獻 君饋熟不獻 夫人饋熟不獻

經師們構建的尊卑異等體系的彼此不同之處，並非僅此一例，今日往往能窺見其遺文，如《大戴禮·公冠》言諸侯冠禮四加冠，《冠義》孔疏即據以推天子冠禮當五加冠，《士冠禮》賈疏則約天子冠禮亦四加冠；又如關於諸侯之臣之大都、中都、小都三等采地制度，南北朝大儒皇侃與熊安生構擬的系統也有區別。① 凡此諸例，皆證明對南北朝隋唐義疏家來說，在疏解具體經文之外補充構建尊卑異等體系是很普遍而自覺的實踐。

上文所詳舉之例中，諸家補充尊卑異等體系主要是在天子九獻與士三獻之間以"降殺以兩"法推之，方法較簡；然而於不易推之之處，則亦與上章所論構建異代禮體系相似，需要綜合排比《三禮》經注，以構建體系。其中，孔穎達《禮記正義》完整引用北朝熊安生的一例構建過程，最爲典型。《禮記·禮運》："天子之席五重，諸侯之席三重，大夫再重。"體系自明，但不知席所用場合，故孔疏云："熊氏於此明筵之例，既是禮之通義，今略載焉。"熊氏綜合《三禮》經注，以尊卑等級爲主軸構建了複雜繁瑣的體系，見表3。②

---

① 阮元校刻：《十三經注疏·禮記正義》，第3397—3398、3513、3647頁；《十三經注疏·儀禮注疏》，第2037頁。
② 阮元校刻：《十三經注疏·禮記正義》，第3100—3102頁。

表3 熊安生梳理尊卑席制之重數①

	祫	禘	時祭	其他祭祀
天子	五重（《禮運》）	四重（推約而得）	三重（《司几筵》）	一重（《郊特牲》）（《司几筵》）
諸侯	二重（《司几筵》）			一重
大夫士	一重（《特牲》）（《少牢》）			

	朝	饗	燕	寢臥
天子	三重（《司几筵》）（約《燕禮》）			二重（《詩·斯干》）
諸侯	二重	三重（《禮運》）（《郊特牲》）	二重（《燕禮》）	

	天子饗	天子燕	饗食聘賓	饗食己臣	燕己臣	大射
諸侯	二重（約《公食大夫》及注）		二重			
公/孤卿大夫		一重（約《燕禮》）	一重（《聘禮》）（《公食大夫》）	二重（約《大射》）	一重（《燕禮》）	二重（《大射》）

熊安生這種以尊卑等級爲框架，綜合排比《三禮》經注的繁瑣的體系建構，並不是個例。觀《玉藻》"朔月少牢，五俎四簋"，鄭注云"朔月四簋，則日食粱、稻各一簋而已"，孔疏首先綜合《三禮》文獻補充了天子與大夫士各種用飯之制，又云："熊氏更説卿大夫以下日食及朔食牲牢及敦數多少上下差別，並無明據，今皆略而不言也。"②可見其前文乃刪熊氏舊疏而成，而熊氏舊疏於食物之禮的"上下差別"極盡推衍之能事，其構建的尊卑異禮體系不僅包括經注所言簋數，更包括敦數乃至牲牢，極盡繁瑣而可能溢出了有具體證據的範圍。同時，這種"窮其枝葉"的體系構建也絕非"北學"的專利：如

---

① 熊氏所云"一重"即爲一席。
② 阮元校刻：《十三經注疏·禮記正義》，第3194頁。

上文僅提及崔靈恩《三禮義宗》補充五等諸侯獻尸之數,其實崔氏於彼文亦梳理了天子、五等諸侯與卿大夫祭宗廟所用五齊三酒之物,文亦極繁。其實,在孔穎達《禮記正義》中這種構建體系的段落俯拾即是,這些疏文顯然超出了疏通具體經注的需要,而是有意就不同主題各自建構完整的尊卑異禮體系。其中廣徵博引者,如《曲禮下》疏梳理天子與五等諸侯的執玉之法,《王制》疏梳理周禮天子至士各類衣服之制,《郊特牲》疏梳理天子至大夫以下社稷之制,《射義》疏梳理天子至士禮射之制,都篇幅很長,實乃專題討論之體例。① 凡此皆不自顯其説所承,但無論是沿用舊疏還是孔氏自爲之説,都是義疏家有意構建尊卑異禮體系的成果。

綜上,以尊卑異等説禮的方法由來甚久;而從鄭玄到南北朝隋唐的義疏家,在《三禮》範圍内梳理、完善和建構尊卑等級體系的實踐一脈相承,而且體現出踵事增華之勢。尤其是如上所述,諸家分主題闡述"禮之通義"時,多以尊卑等級爲框架,這足以證明漢唐諸儒構建"禮"之尊卑等級體系的努力。徵之杜佑《通典》,亦見其對尊卑等級體系的運用:《禮》類前六十五卷"沿革",在以前述"五禮"與"異代禮"兩個坐標系統籌的前提下,也體現了"尊卑異禮"的坐標系。如卷七至八在"天子宗廟、后妃廟、皇太子及皇子宗廟"之後即續以"諸侯大夫士宗廟",並附"庶人祭寢";在"天子皇后及諸侯神主"之後即續以"卿大夫士神主及題板";卷十六於"天子加元服、皇太子冠"後續以"諸侯大夫士冠";卷三十五論"天子上公及諸侯卿大夫士等贄",卷四十三論"天子諸侯大夫士弔哭議"。而觀其引蜀漢譙周、南朝崔靈恩等人討論尊卑異禮之論,可知其整合禮之尊卑次第系統亦得益於經學家的構建之功。②

結　語

以上所分析三種《禮》學體系建構的觀念與方法,至少"異代禮"和"尊卑異等"這兩種觀念顯然起源於漢唐之前;然而,它們與"五禮"分類一樣,是在以"鄭學"學者爲代表的漢唐《禮》學家對《三禮》的注解中才得到漸次深入的實踐,最終固化成爲"禮"之概念的三個本質屬性,也就成爲討論《禮》和"禮"的三個重要坐標軸。在此,不妨以圖1的三維坐標系表示:

---

① 阮元校刻:《十三經注疏・禮記正義》,第2720、2871—2873、3139—3140、3666—3667頁。
② 杜佑:《通典》,北京:中華書局,1988年,第1337—1338、2256頁。

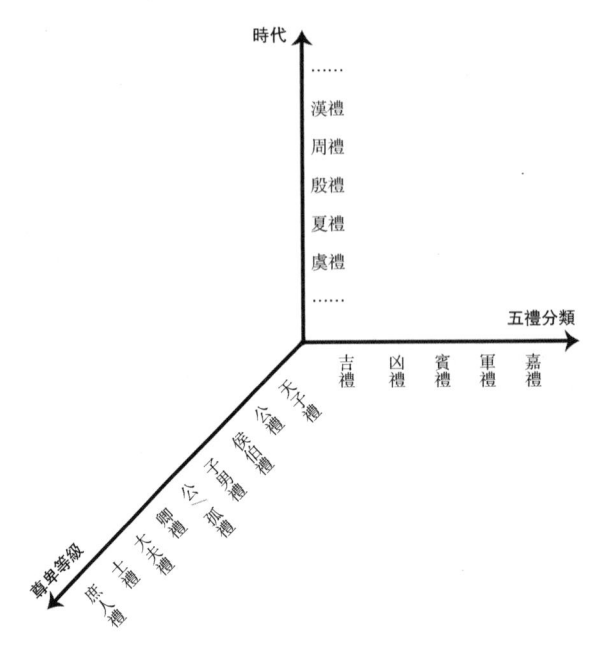

图1　漢唐《禮》學建構的三維坐標系

這個三維坐標系提取自《三禮》文本本身,但它成爲適用於禮之全體的准則,成爲"禮"的概念的底層邏輯,絶不是天然的,而是如本文所討論的那樣,是以"鄭學"爲代表的漢唐《禮》學家們建構出來的。

這個坐標系建立起來以後,任何具體的《三禮》文獻和禮儀制度都能够且需要確定其三維坐標;而通論《禮》學與禮學也就等同於將這個坐標系盡量填滿——上文所述《通典·禮》的言説體系就是顯例。不妨比較從《白虎通》到《通典》,其通論"禮"時言説體系的變化,就是本文所論漢唐禮學建構的成果。

作者簡介:

王赫,男,1993年生,山東安丘人,南京大學文學院特任助理研究員。主要研究領域爲中國經學史、明清思想文化史,近年代表性論著有《從〈四書大全〉的刊刻看明代經學、科擧、出版與社會》(《"中央研究院"歷史語言研究所集刊》第九十四本第一分,2023年3月)。

鄭玄的感生説與聖人有父説新探
——兼論鄭玄對感生受命、三統五德的整合

劉　斌

内容摘要　漢儒有關感生、聖人有父無父的爭論,是漢儒解釋經義和論證漢朝合法性時面對的重要問題。鄭玄的感生説以讖緯的感生記載和《詩經》的感生四篇爲基礎,指向南郊祀天禮的建構,與他的六天説結合而將"祖之所自出"釋爲始祖之感生帝。鄭玄的聖人有父説既含有讖緯的聖王非以身相及之説,又暗合《世本》《帝繫》《史記》等書的聖王同祖的譜系,還考慮到"嚴父配天"的祀天禮義的需要。鄭玄由此提出聖人有父、感天而生之説,是對經緯傳記和漢儒經説的兼綜,具有更高的合理性。感生説與受命説、三統五德説關係密切,而讖緯中的感生、受命與三統、五德之間的關係尚未明晰。鄭玄通過重建南郊、明堂等祀天禮,明確了感生與三統、受命與五德的關聯,使得祀天禮的體系更爲完備。

關 鍵 詞　鄭玄　感生　聖人有父　祀天

感生説是經學史上聚訟紛紜的問題,與之相關的還有聖人有父無父的問題,它們涉及六天説、祀天禮的建構等重要問題。鄭玄作爲漢代經學殿軍,其感生説可以視爲對漢儒感生説的總結,後世關於感生説的爭論也往往以鄭玄之説爲基礎而發。本文在已有研究的基礎上,以漢儒的感生説、聖人有父無父説爲背景,重新探究鄭玄的感生説及聖人有父説,發掘其中的賸義。鄭玄的感生説與受命説、三統五德説緊密相關,它們是鄭玄重建祀天禮的重要内容,故本文進一步探究鄭玄對感生受命、三統五德的整合。

一　鄭玄的感生説

(一) 讖緯與感生説

鄭玄尊信讖緯,其感生説的主要依據是讖緯。檢案諸緯,參考諸家成果,可將讖緯

中涉及帝王、聖人感生的記載列表於下。

表一　讖緯中帝王、聖人感生的記載①

帝王/聖人	感生方式	出處
伏羲	雷澤出大跡,華胥履之,生伏羲。	《詩含神霧》《孝經鈎命決》《河圖稽命徵》
女媧	（未見）	（未見）
神農	少典妃安登游于華陽,有神龍首感之于常羊,生神農。②	《春秋元命包》《河圖稽命徵》
帝魁	任巳感龍,生帝魁。③	《孝經鈎命決》
黄帝	大電光繞北斗樞星,照郊野,感附寶而生黄帝。	《詩含神霧》《孝經鈎命決》《河圖始開圖》《河圖稽命徵》《河圖帝命驗》《河圖握矩記》
朱宣（帝宣）	大星如虹,下流華渚,女節夢接,意感而生白帝朱宣。	《春秋元命包》《河圖稽命徵》
顓頊	瑶光如蜺貫月,正白,感女樞,生顓頊。④	《詩含神霧》《春秋元名包》《河圖稽命徵》《河圖著命》
顓頊	帝乾荒娶淖子,淖子感摇光於幽防,而生顓頊於若水。	《河圖握矩記》《河圖稽命徵》
帝嚳	（未見）⑤	（未見）
堯	奄然陰風雨,赤龍與慶都合婚,有妊,龍消不見。	《詩含神霧》《尚書中候握河紀》《春秋元命包》《春秋合誠圖》《孝經援神契》《河圖稽命徵》《河圖》
舜	握登見大虹,意感而生帝舜。	《詩含神霧》《尚書中候考河命》《河圖稽命徵》《河圖》
舜	姚氏縱華感樞。⑥	《尚書帝命驗》

---

① 本表據安居香山、中村璋八輯《緯書集成》而製。
② 此是《春秋元命包》所載,見安居香山、中村璋八輯:《緯書集成》,石家莊:河北人民出版社,1994年,第589頁。此認爲神農是少典之子,與《史記·五帝本紀》不同。
③ "任巳"或作"佳姒","帝魁"或作"帝蒐魁"。鄭玄曰:"任巳,帝魁之母也。魁,神農名。巳,或作似也。"見安居香山、中村璋八輯:《緯書集成》,第1005頁;趙在翰輯,鍾肇鵬、蕭文郁點校:《七緯（附論語讖）》,北京:中華書局,2012年,第731頁。
④ "正白"說明顓頊的五德之運是金德,《易是類謀》有"白顓頊帝"之文,亦是以顓頊爲金德,參見楊權:《新五德理論與兩漢政治——"堯後火德"說考論》,北京:中華書局,2006年,第139頁。
⑤ 今存讖緯中無帝嚳感生的記載。東漢王符《潛夫論》列舉歷代帝王感生之事,獨缺帝嚳,見顧頡剛:《中國上古史研究講義》,載氏撰:《顧頡剛古史論文集》卷三,北京:中華書局,2011年,第431頁。可知讖緯中原本就無帝嚳感生之事,而非後世散佚所致。參見楊建軍:《遠古帝王及三王感生神話考》,《西北民族研究》2000年第2期,第184頁。
⑥ 鄭玄注云:"舜母感樞星之精而生舜重華。"《春秋運斗樞》曰:"樞星散爲……虹蜺。"則感樞星與感大虹是一致的。參見楊建軍:《遠古帝王及三王感生神話考》,第181頁。

续表

帝王/聖人	感生方式	出處
皋陶	扶始升高丘,睹白虎,上有雲,感己生皋陶。	《春秋元命包》
禹	修紀山行見流星,意感栗然,生如戎文禹,一名文命。	《尚書帝命驗》《春秋元命包》《河圖稽命徵》《河圖》
	命星貫昴,修紀夢接,生禹。	《孝經鈎命決》
	修己吞薏苡以生禹,因姓姒氏。	《禮緯》《禮含文嘉》《尚書刑德放》
	修己剖背而生禹于石紐。①	《尚書中候考河命》
契	簡狄浴於玄邱之水,吞玄鳥卵。	《尚書刑德放》《尚書中候考河命》《尚書中候契握》《尚書中候苗興》《尚書中候》《詩含神霧》《詩推度災》《禮緯》《春秋元命包》《河圖》
湯	主癸之妃曰扶都,見白氣貫月,感黑帝以乙日生湯,號天乙。	《詩含神霧》《尚書中候契握》《春秋元命包》《河圖稽命徵》《河圖著命》《河圖》
后稷	姜嫄游閟宫,履大人跡。	《詩含神霧》《尚書刑德放》《尚書中候考河命》《尚書中候苗興》《尚書中候稷起》《尚書中候》《春秋元命包》《春秋命歷序》《河圖》
文王	太任夢長人感己,生文王。	《詩含神霧》《尚書中候考河命》《尚書中候》《春秋元命包》《春秋感精符》《河圖稽命徵》《河圖著命》《河圖》《洛書靈準聽》
孔子	徵在與黑帝夢交,覺則若感。	《春秋演孔圖》
	叔梁紇與徵在禱尼丘山,感黑龍之精。	《論語譔考讖》
	—	《易通卦驗》《春秋演孔圖》《春秋感精符》
漢高祖	劉媪夢赤鳥如龍,戲己,生執嘉。執嘉妻含始吞赤珠,生漢皇。	《春秋握誠圖》《詩含神霧》
	含始吞赤珠,後赤龍感女媪	《詩含神霧》
	—	《尚書考靈曜》《春秋文曜鈎》《春秋感精符》《春秋演孔圖》

---

① 吕宗力認爲這是讖緯由《天問》《山海經》中禹生於其父之背的神話改造而來,見吕宗力:《感生神話與漢代皇權正當性的論證》,載中國秦漢史研究會:《秦漢史論叢》第 8 輯,昆明:雲南大學出版社,2001年,第 432 頁;又載氏著:《漢代的謠言》,杭州:浙江大學出版社,2011年,第 301 頁。

可以發現,感生之徵象有星辰如北斗樞星、瑤光、大星、流星,有動物如龍、赤鳥、燕,有植物如薏苡,有自然現象如大電、虹、白氣,有人物如長人、大人跡,有器物如赤珠,等等;①所感生者爲帝王、帝王之始祖、聖人。

今存讖緯中未見燧人、女媧、帝嚳感生的記載,無燧人、女媧的原因是"讖緯的作者們並沒有想過要炮製他們的感生神話,因爲他們不在《世經》的古史系統中",②而漢代讖緯原本就漏了帝嚳的感生記載。③ 須指出,秦始皇雖統一天下,然並非感生的聖王。《尚書考靈曜》:

> 秦失金鏡,魚目入珠。
>
> 宋均注:金鏡,喻明道也。魚目入珠,言僞亂真也。莊襄王納不韋之妻,生始皇也。④

秦始皇是呂不韋之子,這是漢儒的普遍説法,則秦始皇自然不具有感生的神聖性。

讖緯認爲,不僅聖王、聖人來自感生,聖王之賢臣、聖人之弟子也來自感生。《論語讖》曰:"子路感雷精而生。"⑤"顔回有角額,似月形。淵,水也。月是水精,故名淵。"⑥《春秋佐助期》曰:"蕭何禀昴精而生。"⑦《易通卦驗》"代者赤兑姓……黄佐命,蒼輔術",鄭玄注:"此赤兑者,謂漢高帝也。代周蒼,故爲赤。赤,火色也。黄者火之子,故佐命,張良是也。蒼,火之母,故輔術也。"⑧子路感雷精而生,顔回感月精而生,蕭何感昴精而生,皆是較五精帝卑微的神祇。讖緯、鄭注未言張良感何而生,應當也非感五精帝而生。然則聖王、聖人感五精帝而生,其輔佐、弟子感其他神祇而生。

讖緯認爲聖王、聖人感天而生,這勢必造成的後果是被感生者不知其姓,因此聖王、聖人多"吹律以定姓"。《孝經援神契》云:"聖王吹律有姓。"⑨《樂緯》云:"孔子曰:丘吹律定姓。"⑩《易是類謀》"以吹律卜名",鄭玄注曰:"吹律以定其名。"馬驌《繹史》

---

① 陳明恩將感生自玄鳥、大跡、龍等的稱爲"神物感生",將感生自樞星、大星、瑤光等的稱爲"星象感生",見氏撰:《東漢讖緯學研究》,新北:花木蘭文化事業有限公司,2018年,第270頁。
② 楊權:《新五德理論與兩漢政治——"堯後火德"説考論》,第355頁、第357頁脚注。
③ 參見楊建軍:《遠古帝王及三王感生神話考》,第181頁。
④ 安居香山、中村璋八輯:《緯書集成》,第356頁。
⑤ 安居香山、中村璋八輯:《緯書集成》,第1083頁。
⑥ 安居香山、中村璋八輯:《緯書集成》,第1069頁。
⑦ 安居香山、中村璋八輯:《緯書集成》,第819頁。
⑧ 安居香山、中村璋八輯:《緯書集成》,第194—195頁。
⑨ 趙在翰:《七緯(附論語讖)》卷三六,第696頁。
⑩ 趙在翰:《七緯(附論語讖)》補遺一六,第360頁。

引《是類謀》云:"聖人興起不知其姓,當吹律聽聲以別其姓,黃帝吹律以定姓是也。"①由此可知,吹律定姓與感生說密切相關。

(二)《詩經》與感生說

鄭玄的感生說的另一個主要依據是經書,主要是《詩經》所記載的契、后稷無父而生之事。鄭玄將讖緯所言感生事跡與經書所言帝王降生事跡相結合,以感生說注經。契的感生見於《詩經·玄鳥》《長發》。

《玄鳥》"天命玄鳥,降而生商",鄭玄箋:"天使鳦下而生商者,謂鳦遺卵,娀氏之女簡狄吞之而生契,爲堯司徒,有功,封商。堯知其後將興,又錫其姓焉。"②

《月令》鄭玄注:"高辛氏之出,玄鳥遺卵,娀簡吞之而生契。"③

《長發》"有娀方將,帝立子生商",鄭玄箋:"帝,黑帝也。有女簡狄,吞鳦卵而生契,堯封之於商,後湯王因以爲天下號,故云'帝立子生商'。"

《長發》"玄王桓撥",鄭玄箋:"承黑帝而立子,故謂契爲玄王。"④

商的五德之帝是黑帝汁光紀,鄭玄唯在此處《詩經》箋中指出"帝"是五色帝,既因爲鄭玄有六天帝的系統,又因爲經文有"玄王"一詞。后稷的感生見於《詩經·生民》《閟宫》。

《生民》:履帝武敏歆,攸介攸止。載震載夙,載生載育,時維后稷。

毛傳:履,踐也。帝,高辛氏之帝也。武,跡。敏,疾也。

鄭玄箋:帝,上帝也。敏,拇也。介,左右也。夙之言肅也。祀郊禖之時,時則有大神之跡,姜嫄履之,足不能滿。履其拇指之處,心體歆歆然。其左右所止住,如有人道感己者也。⑤

《閟宫》:赫赫姜嫄,其德不回。上帝是依,無災無害。彌月不遲,是生后稷。

鄭玄箋:依,依其身也。赫赫乎顯著姜嫄也,其德貞正不回邪,天用是馮依而降精氣,其任之又無災害,不坼不副,終人道十月而生子,不遲晚。⑥

鄭玄將《生民》"帝武敏"釋爲上帝踇趾之印跡,而非如毛傳所云高辛氏之足跡,是與《閟宫》所言"上帝"相應,"履帝武敏歆,攸介攸止"正是對"上帝是依"的詳細解釋,可

---

① 趙在翰:《七緯(附論語讖)》卷七,第169—170頁。
② 毛亨傳,鄭玄箋,孔穎達疏:《毛詩注疏》卷二〇,上海:上海古籍出版社,2013年,第2125頁。
③ 鄭玄注,孔穎達疏:《禮記正義》卷一五,北京:北京大學出版社,2000年,第554頁上欄。
④ 毛亨傳,鄭玄箋,孔穎達疏:《毛詩注疏》卷二〇,第2140、2141頁。
⑤ 毛亨傳,鄭玄箋,孔穎達疏:《毛詩注疏》卷一七,第1523頁。
⑥ 毛亨傳,鄭玄箋,孔穎達疏:《毛詩注疏》卷二〇,第2079頁。

知鄭箋更符合經文的邏輯。鄭箋所云"大神之跡",與讖緯所云伏羲感生之"大跡"、后稷感生之"大人跡"相同,讖緯的"大跡""大人跡"應是從《生民》"帝武"而來。① 鄭箋云"天用是馮依而降精氣",可知后稷感生是通過天降精氣於姜嫄而實現。就周而言,除了始祖后稷和文王之外,太姒、武王亦是感天而生。

《大明》"天監在下,有命既集,文王初載,天作之合",鄭玄箋:"天監視善惡於下,其命將有所依就,則豫福助之,於文王生適有所識,則爲之生配於氣勢之處,使必有賢才,爲生大姒,篤生武王。"②

《大明》"篤生武王",鄭玄箋:"天降氣於大姒,厚生聖子武王。"③

鄭玄將天感生出帝王的過程稱爲"天降氣",說明氣是感生的媒介,這是漢代氣論的表現。《尚書帝命驗》注云"天有五帝,集居太微,降精以生聖人",④即是此義。孔穎達云:"厚生,謂聖性感氣之厚,故言天降氣於大姒也。聖人雖則有父,而聖性受之於天,故言天降氣也。"⑤孔穎達深化了鄭玄之說,認爲鄭玄所言的天所降之氣爲聖性,可知帝王之性是來自天所降之氣。須指出,《詩經》所言契、后稷等人無父而生之事與感生說並不完全相同,《詩經》原本並未將此無父而生之事與五精帝降精氣相關聯,這是漢儒逐步添加入經義的。此外,三家《詩》認爲簡狄、姜嫄皆未婚而孕,⑥與司馬遷、褚少孫、鄭玄所言有夫而孕不同。

不僅讖緯,而且經傳中也有賢臣感生的內容。《孔子閒居》:

> 清明在躬,氣志如神。嗜欲將至,有開必先。天降時雨,山川出雲。其在《詩》曰:"嵩高惟岳,峻極于天。惟岳降神,生甫及申。惟申及甫,惟周之翰。四國于蕃,四方于宣。"此文、武之德也。

> 鄭玄注:清明在躬,氣志如神,謂聖人也。嗜欲將至,謂其王天下之期將至也,神有以開之,必先爲之生賢知之輔佐,若天將降時雨,山川爲之先出雲矣。峻,高大也。翰,幹也。言周道將興,五嶽爲之生賢輔佐仲山甫及申伯,爲周之幹臣,天下之蕃衛,宣德於四方,以成其王功。⑦

---

① 楊建軍:《遠古帝王及三王感生神話考》,第183頁。
② 毛亨傳,鄭玄箋,孔穎達疏:《毛詩注疏》卷一六,第1392頁。
③ 毛亨傳,鄭玄箋,孔穎達疏:《毛詩注疏》卷一六,第1397頁。
④ 安居香山、中村璋八輯:《緯書集成》,第367頁。未知此注是否鄭玄所作。
⑤ 毛亨傳,鄭玄箋,孔穎達疏:《毛詩注疏》卷一六,第1398頁。
⑥ 吳飛:《聖人無父——〈詩經〉感生四篇的詮釋之爭》,載干春松、陳壁生主編:《經學研究》第2輯《經學與建國》,北京:中國人民大學出版社,2013年,第112頁。
⑦ 鄭玄注,孔穎達疏:《禮記正義》卷五一,第1632頁。

可知鄭玄認爲五天帝感生帝王,五嶽感生輔佐,①這與讖緯所云聖王、聖人感天而生,聖王之輔佐、聖人之子弟感其他神祇而生相對應。

(三) 祀天禮與感生説

鄭玄的感生説與六天説、祀天禮密切相關:

> 《喪服傳》:"天子及其始祖之所自出。"鄭玄注:"始祖者,感神靈而生,若稷、契也。"②

> 《喪服小記》:"王者禘其祖之所自出,以其祖配之。"鄭玄注:"始祖感天神靈而生,祭天則以祖配之。"③

> 《大傳》:"王者禘其祖之所自出,以其祖配之。"鄭玄注:"自,由也。大祭其先祖所由生,謂郊祀天也。王者之先祖皆感大微五帝之精以生,蒼則靈威仰,赤則赤熛怒,黄則含樞紐,白則白招拒,黑則汁光紀,皆用正歲之正月郊祭之,蓋特尊焉。《孝經》曰'郊祀后稷以配天',配靈威仰也。"④

"祖"即感天而生的始祖,"祖之所自出"即感生始祖的五天帝之一,可稱此天帝爲"感生帝"。王者之始祖皆感五天帝之精氣而生,例如周之始祖后稷感蒼帝靈威仰而生。夏曆正月於南郊祭祀感生帝而以始祖配祀的祀天禮是溝通感生帝與始祖的主要典禮,對王朝的合法性建設具有重要意義,感生因而成爲祀天禮的題中之意。實際上感生的對象不僅限於王者之始祖,始受命王也是感五天帝之精而生。孔穎達云:

> 云"王者之先祖皆感太微五帝之精以生"者,案師説引《河圖》云:"慶都感赤龍而生堯。"又云:"堯赤精,舜黄,禹白,湯黑,文王蒼。"又《元命包》云:"夏,白帝之子。殷,黑帝之子。周,蒼帝之子。"是其王者皆感大微五帝之精而生。⑤

賈公彦亦云:"其實帝王皆有所感而生也。"⑥孔穎達引《河圖》《春秋元命包》證堯、舜、禹、湯、文王皆感五天帝之精而生,實則三皇五帝三王皆然,孔穎達只言堯舜以後之王,蓋因《祭法》首章所言禘、郊、祖、宗的對象是有虞氏以下的帝王。

---

① 然而《毛詩·崧高》箋採用毛傳、《國語》之説,認爲"甫"指仲山甫而非甫侯,而且不認爲申侯、甫侯等是感生,與《孔子閒居》注不同。孔穎達認爲這是由於"注《禮》在先,未得《毛詩傳》"(鄭玄注,孔穎達疏:《禮記正義》卷五一,第1633頁上欄),"注《禮》之時,未詳詩意"(毛亨傳,鄭玄箋,孔穎達疏:《毛詩注疏》卷一八,第1771頁)。
② 鄭玄注,賈公彦疏:《儀禮注疏》卷三〇,上海:上海古籍出版社,2008年,第917頁。
③ 鄭玄注,孔穎達疏:《禮記正義》卷三二,第1121頁下欄。
④ 鄭玄注,孔穎達疏:《禮記正義》卷三四,第1162頁上欄。
⑤ 鄭玄注,孔穎達疏:《禮記正義》卷三四,第1162頁下欄—1163頁上欄。
⑥ 鄭玄注,賈公彦疏:《儀禮注疏》卷三〇,第919頁。

然而《詩經》未與五天帝相結合，鄭玄將《詩經》的帝王降生事跡與五天帝說、五德更王說結合，而提出感生說。上揭鄭注認爲王者感一天帝而生，而以下記載認爲天子含五天帝之精：

> 《春秋演孔圖》：天子皆五帝精。①
> 《春秋保乾圖》：天子至尊也，神精與天地通，血氣含五帝精，天愛之子之也。②
> 《尚書璇璣鈐》：天子之尊也，神精與天地通，血氣與日月總，含五帝精，天之愛子也。③

然則感生雖由一天帝主導，但不能離開其他四天帝，聖王、聖人雖由一天帝所感生，而實含五天帝之精。《孝經援神契》曰："帝，象上可承五精之神。五精之神，實在太微，在辰爲巳。"④是將人間帝王與五天帝相聯繫，人間帝王來自於五天帝之精。但須指出的是，昊天上帝並不參與感生。孔穎達云："以冬至爲祭乃是天皇大帝，神之最尊者也，爲萬物之所宗，人神之所主，非於別代異姓曲有感助。"⑤"於別代異姓曲有感助"即感生出每一朝代的得姓始祖。鄭玄的天帝觀認爲昊天上帝無言無爲，⑥則必然不參與感生。

二　鄭玄的聖人有父説

鄭玄認爲聖人有父，主要根據以下幾點。一是根據讖緯如《春秋命歷序》所載聖王各傳數世之説；一是《世本》《大戴禮記》《史記》所載帝王世系，這涉及聖王同祖説；一是聖人有父直接關係到祀天禮"嚴父配天"之義的成立。以下分別論述之。

（一）"高辛氏世妃"：聖王非以身相及

《詩經》中的契、后稷感生的問題涉及聖人有父無父的問題，以及姜嫄、簡狄是否帝嚳之妃的問題。關於姜嫄、簡狄是否帝嚳之妃，《鄭志》：

> 趙商問：此箋云："帝，上帝。"又云："當堯之時，姜嫄爲高辛氏世妃。"意以爲

---

① 安居香山、中村璋八輯：《緯書集成》，第581頁。
② 安居香山、中村璋八輯：《緯書集成》，第806頁。
③ 安居香山、中村璋八輯：《緯書集成》，第374頁。
④ 安居香山、中村璋八輯：《緯書集成》，第967頁。
⑤ 毛亨傳，鄭玄箋，孔穎達疏：《毛詩注疏》卷二〇，第2138頁。
⑥ 參見拙文《鄭玄六天説析論》，《中國典籍與文化論叢》第24輯，南京：鳳凰出版社，2021年，第31頁。

非帝嚳之妃。《史記》"嚳以姜嫄爲妃,是生后稷",明文皎然。又毛亦云"高辛氏帝"。苟信先籍,未覺其偏隱,是以敢問易毛之義。

答曰:即姜嫄誠帝嚳之妃,履大人之跡而歆歆然,是非真意矣,乃<u>有神氣</u>故意歆歆然。天下之事,以前驗後,其不合者,何可悉信?是故悉信亦非,不信亦非。稷稚於堯,堯見爲天子,高辛與堯並在天子位乎?①

鄭玄據《春秋命歷序》所言帝王多傳數世之説,②將帝嚳與高辛氏做了區分,帝嚳和他的子孫即位爲帝者皆是高辛氏。《世本》《帝繫》首創姜嫄、簡狄是帝嚳之妃的説法,③其背後是聖王同祖説,《史記》因仍之。讖緯未言姜嫄是帝嚳之妃。鄭玄認爲"姜嫄爲高辛氏世妃"是説姜嫄是帝嚳子孫之妃,而非帝嚳本人之妃,也就是説姜嫄有夫,這是在《世本》《帝繫》《史記》的基礎上結合《春秋命歷序》而做的改造,這是鄭玄暗合聖王同祖説的一個佐證;鄭玄又結合《詩經》所載姜嫄履大人跡而生后稷的記載,而認爲后稷雖感生,但仍然有父,高辛氏是其父,與《駁五經異義》相符。

孔穎達引張融之言而論曰:

張融云:"稷、契年稚於堯,堯不與嚳並處帝位,則稷、契焉得爲嚳子乎?若使稷、契必嚳子,如《史記》是堯之兄弟也。堯有賢弟七十,不用須舜與之,此不然明矣。《詩》之雅、頌,姜嫄履跡而生,爲周始祖;有娀以玄鳥生商,而契爲玄王。即如《毛傳》《史記》之説,嚳爲稷、契之父,帝嚳聖夫,姜嫄正妃,配合生子,人之常道,則《詩》何故但歎其母,不美其父,而云'赫赫姜嫄,其德不回。上帝是依,是生后稷'?周、魯何殊特立姜嫄之廟乎?"融之此言,蓋得鄭旨,但以姜嫄爲世妃,則於《左傳》"世濟"之文復協,故易傳,不以爲高辛之妃也。④

《生民》毛傳云"后稷之母配高辛氏帝焉",是認爲經文"履帝武敏歆"之"帝"是高辛氏,經文"克禋克祀"是姜嫄"從於帝而見於天"。因毛公採信史書,採聖人有父説,不信感生説,故有此説。孔穎達指出毛説是據《大戴禮記》《孔子家語》《世本》。⑤而鄭玄以姜嫄爲高辛氏之世妃,而非帝嚳本人之妃,認爲"履帝武敏歆"之"帝"是上帝,云:"祀郊禖之時,時則有大神之跡,姜嫄履之。"⑥鄭玄不採史書,據《詩》所載后稷、契感

---

① 皮錫瑞:《鄭志疏證》卷三,吴仰湘編:《皮錫瑞全集》第3册,北京:中華書局,2015年,第250頁。
② 參見安居香山、中村璋八輯:《緯書集成》,第881—882頁。
③ 顧頡剛:《中國上古史研究講義》,第343頁。《世本》之説見茆泮林輯:《世本》,第11頁,載宋衷注,秦嘉謨等輯:《世本八種》,北京:中華書局,2008年。
④ 毛亨傳,鄭玄箋,孔穎達疏:《毛詩注疏》卷一七,第1525頁。
⑤ 毛亨傳,鄭玄箋,孔穎達疏:《毛詩注疏》卷一七,第1524頁。
⑥ 毛亨傳,鄭玄箋,孔穎達疏:《毛詩注疏》卷一七,第1523頁。

生之事,以及讖緯的記載,結合《帝繫》《史記》,加以合理推斷,而提出聖人有父而感生、姜嫄爲高辛氏之世妃的説法。孔穎達指出鄭説之據:

> 鄭信讖緯,以《命歷序》云"少昊傳八世,顓頊傳九世,帝嚳傳十世",則堯非嚳子,稷年又小於堯,則姜嫄不得爲帝嚳之妃,故云"當堯之時,爲高辛氏之世妃",謂爲其後世子孫之妃也。……其《大戴禮》《史記》諸書,皆鄭所不信。①

由上文論述可知,孔穎達認爲鄭玄全然不信《大戴禮記》《史記》,其説欠妥,可參見下文。既然姜嫄是高辛氏之世妃,則簡狄亦應是高辛氏之世妃,她們皆非帝嚳本人之妃,如孔穎達所云:"鄭義稷、契當堯時,按《命歷序》云'帝嚳傳十世',則稷、契不得爲帝嚳之子,是帝嚳後世子孫之子,故鄭注《生民》云'姜嫄,高辛氏之世妃',則簡狄亦高辛氏之後世之妃。"②孔穎達又引馬融、王肅、王基、孫毓之説,以爲馬融、王肅皆宗毛,不信后稷、契感生之説,王基、孫毓駁之。③ 除《春秋命歷序》的因素之外,鄭玄主張"高辛氏世妃"説的因素還有《祭法》首章的"周人禘嚳"之文。④

(二)聖王同祖:聖人有父説的延伸

聖人有父説必然邏輯地導致聖王同祖説,後者也是古文經學比較一貫的主張。⑤ 關於聖人有父無父,今古文經學有針鋒相對的説法:

> 《異義》:《詩》齊、魯、韓,《春秋公羊》説:聖人皆無父,感天而生。《左氏》説:聖人皆有父。
>
> 謹案:《堯典》"以親九族",即堯母慶都感赤龍而生堯,堯安得九族而親之?《禮讖》云"唐五廟",知不感天而生。
>
> 駁曰:諸言感生得無父,有父則不感生,此皆偏見之説也。《商頌》曰:"天命玄鳥,降而生商。"謂娀簡吞鳦子生契,是聖人感見於經之明文。劉媼是漢太上皇之妻,感赤龍而生高祖,是非有父感神而生者也?且夫蒲盧之氣嫗煦桑蟲成爲己

---

① 毛亨傳,鄭玄箋,孔穎達疏:《毛詩注疏》卷一七,第1525頁。
② 鄭玄注,孔穎達疏:《禮記正義》卷一五,第555頁上欄。
③ 毛亨傳,鄭玄箋,孔穎達疏:《毛詩注疏》卷一七,第1533—1534頁。
④ 李曉璇:《聖人的感生與同祖——鄭玄、王肅關於殷周始祖出生故事的爭論》,《世界宗教文化》,2016年第2期,第115頁。
⑤ 參見王葆玹:《今古文經學新論》,北京:中國社會科學出版社,1997年,第428—430頁。汪高鑫認爲西漢古文經學的領軍人物劉歆的五德相生説是以伏羲爲百王先,以黄帝爲百王祖,見氏撰:《劉歆五德終始説與班固史學》,《河北學刊》2018年第6期,第67—68頁。

子,況乎天氣因人之精就而神之,反不使子賢聖乎?是則然矣,又何多怪?①

許慎在此處同意《左氏》說,不過《說文》"姓"字下曰:"古者神聖母感天而生子,故曰天子。"②則許慎又認同感生說。鄭玄既不同意單純的聖人無父說,也不同意單純的聖人有父說,而是以感生說將二者統合起來,認爲聖人有父,又感天而生。

《五經異義》認爲三家《詩》皆主聖人感生而無父之說,不過吳飛指出,不僅毛《詩》與三家《詩》在《詩經》感生四篇問題上有針鋒相對的觀點,而且雖然"三家《詩》都傾向於強調帝王感生的神秘色彩,但對於感生之聖人是否有父,說者不同","後來鄭君綜合今古文,纔將毛傳的求子之說與三家《詩》的履跡之說結合起來"。③ 這是鄭玄統合漢代經學而立新說的做法在感生問題上的表現。三家《詩》說關於聖人感生有父無父的爭論,見於《史記·三代世表》:

> 張夫子問褚先生曰:《詩》言契、后稷皆無父而生。今案諸傳記咸言有父,父皆黃帝子也,得無與詩謬乎?
>
> 褚先生曰:不然。《詩》言契生於卵,后稷人迹者,欲見其有天命精誠之意耳。鬼神不能自成,須人而生,奈何無父而生乎!一言有父,一言無父,信以傳信,疑以傳疑,故兩言之。堯知契、稷皆賢人,天之所生,故封之契七十里,後十餘世至湯,王天下。堯知后稷子孫之後王也,故益封之百里,其後世且千歲,至文王而有天下。《詩傳》曰:"湯之先爲契,無父而生。契母與姊妹浴於玄丘水,有燕銜卵墮之,契母得,故含之,誤吞之,即生契。契生而賢,堯立爲司徒,姓之曰子氏。……文王之先爲后稷,后稷亦無父而生。后稷母爲姜嫄,出見大人蹟而履踐之,知於身,則生后稷。姜嫄以爲無父,賤而弃之道中,牛羊避不踐也。……堯知其賢才,立以爲大農,姓之曰姬氏。……"孔子曰:"昔者堯命契爲子氏,爲有湯也;命后稷爲姬氏,爲有文王也。大王命季歷,明天瑞也;太伯之吳,遂生源也。"天命難言,非聖人莫能見。舜、禹、契、后稷,皆黃帝子孫也。黃帝策天命而治天下,德澤深後世,故其子孫皆復立爲天子,是天之報有德也。人不知,以爲泛從布衣匹夫起耳。

---

① 皮錫瑞:《駁五經異義疏證》卷六,北京:中華書局,2014年,第473—474頁。陳贇認爲:"齊、魯、韓三家《詩》以及《春秋公羊傳》皆以聖人無父,感天而生,而《春秋左傳》則以爲聖人皆有父,兩者雖有有父無父之別,但感天而生的觀念則是一致的。"見陳贇:《鄭玄"六天"說與禘禮的類型及其天道論依據》,《陝西師範大學學報》(哲學社會科學版)2016年第2期,第103頁。

② 許慎撰,徐鉉校定,愚若注音:《注音版說文解字》卷一二下,北京:中華書局,2015年影印版,第259頁上欄。

③ 吳飛:《聖人無父——〈詩經〉感生四篇的詮釋之爭》,第109、107頁。

> 夫布衣匹夫安能無故而起王天下乎？其有天命然。①

"張夫子"可能是與褚少孫一同受學於王式的張長安，②曾代表《魯詩》參加石渠閣會議。褚少孫的回答一方面承認聖人感天而生，另一方面又說後聖的姓氏爲先聖所定，有利於編排聖王譜系。③ 褚少孫傳《魯詩》，他本於《詩經》《魯詩傳》所言契、后稷感生之事，④然而僅靠《詩經》本文並無法完全解決聖人感生與有父的矛盾，故他結合孔子所云堯命契、后稷之姓氏，由此而引入天命的維度。他進而據《世本》《大戴禮記》《史記》等"舜、禹、契、后稷，皆黃帝子孫"的記載，將此"天命"具體化爲黃帝承天命，天命其子孫爲天子，後世天子皆是天所命黃帝之子孫，而非起於布衣匹夫。須注意，褚少孫主要是調和今文經學的感生說和"諸傳記咸言有父，父皆黃帝子"之間的矛盾，當時還未大規模興起讖緯，更無系統的五精帝感生之說，他未提出"感生"一詞，也無五精帝降精氣的觀念，他所論"天命精誠"主要是從受命角度而非從感生角度來講，這與鄭玄的感生說、聖人有父說在根據、旨歸上皆不同。

皮錫瑞《感生帝解》在褚少孫所論基礎上申明鄭義：

> 孔子贊《易》有"帝出乎震"之文，則終始五德之傳，並非始於騶衍。兩漢古義皆謂五德之運，各有感生之帝。鄭君箋《詩》注《禮》，據以爲說。……感生帝說，實不始於鄭，並不出於緯書。……《玄鳥》古帝，猶可強以堯、舜解之，《生民》之帝若解爲高辛帝，帝弗無子，生子何又無故棄之？其說萬難強解。馬融以爲遺腹，已爲孔疏所駁。故鄭不從毛而從三家。……褚先生曰：……。所引《詩傳》即三家《詩》。褚說明通，即鄭《駁異義》所從出。《史記·周本紀》、董子《繁露》、劉向《列女傳》、王充《論衡》皆云后稷履大人迹而生。王符《潛夫論·五德篇》謂太皡、炎帝、黃帝、少皡、顓頊皆感天而生。許君《異義》雖不信感生之說，而《說文》晚定，亦云："古之神聖母感天而生子，故稱天子。"《公羊》宣三年傳何君解詁曰："上帝，五帝，在太微之中，迭生子孫，更王天下。"案何與鄭同時，若齊魯韓《詩》、史公、董子、褚少孫、劉子政、王仲任、王節信、許叔重皆在鄭前，何得如妄人言感生之說始於鄭？《生民》詩不當如毛說，則三家得詩人本意。《爾雅》雖不盡出周公，

---

① 司馬遷撰，裴駰集解，司馬貞索隱，張守節正義：《史記》卷一三，北京：中華書局，1959年，第504—506頁。
② 王葆玹：《西漢經學源流》，臺北：東大圖書股份有限公司，1994年，第358頁。
③ 王葆玹：《西漢經學源流》，第336頁。
④ 陳喬樅認爲褚少孫所言"《詩傳》"乃《魯詩傳》，見吳飛：《聖人無父——〈詩經〉感生四篇的詮釋之爭》，第106頁。

而今亦列於經,其釋《詩》已以"敏"爲"拇"。《詩》《爾雅》有明文,又何得如妄人言三家說見緯不見經。①

皮氏從五德更王的角度,專就感生說而論,未涉及褚少孫所論聖人同祖問題。如皮氏所論,感生說非始於鄭玄,《易傳》、三家《詩》、《爾雅》、兩漢古義、司馬遷、董仲舒、褚少孫、劉向、王充、王符、許慎、何休等皆言及感生說,足知王肅等人攻訐讖緯和鄭學之非是。

顧頡剛注意到,在《詩經·玄鳥》和《生民》裏,簡狄、姜嫄皆由感生帝直接感生,而未與帝嚳發生聯繫。而到《大戴禮記·帝繫》,簡狄、姜嫄皆成爲帝嚳之妃,而與感生帝則無聯繫,這是由感生說到有父說的重大轉變。順此發展,勢必導致五帝、三王同祖說,感生說勢必被完全打破。但是,讖緯的出現使感生說復活,並結合五天帝系而形成一有組織的世系,而《帝繫》的世系又被完全打破。② 這確是感生說的轉變過程,不過實際情況較此更爲複雜。顧頡剛指出,王符《潛夫論·五德志》隱含三類父,即感生之父(如伏羲之大人跡)、母所出之帝王(如堯母慶都是神農後裔)、名義上的父(如文王之父王季),分別對應天系、母系、父系。③ 以此爲參照,可以反觀今文學、古文學、司馬遷、褚少孫、讖緯、鄭玄等諸家之說。西漢今文《詩》家和《春秋》公羊家宣揚聖人感生說,④即承認天系的父,而否定父系的父。古文家採用《世本》《大戴禮記》《史記》的帝王世系,主張聖人有父且同祖,反對感生說,⑤即承認父系的父,否定天系的父。王充、王肅的觀點可歸入古文家之說。⑥ 司馬遷沿用聖人感生說,同時採用聖人有父且同祖說,⑦即承認天系、父系的父。褚少孫亦兼采聖人感生說、有父說、同祖說。讖緯主張聖人感生,承認天系的父,至於父系的父則或有或無(有父者,如孔子父叔梁紇,漢高祖父執嘉)。與古文學相比,讖緯更像西漢今文《詩》家和《春秋》公羊家的主張,不過讖緯中的聖人有父無父問題比較複雜,不能完全視爲無父。⑧ 讖緯所說的"聖人

---

① 皮錫瑞:《駁五經異義疏證》卷六,第475—476頁。
② 顧頡剛:《中國上古史研究講義》,第343—346頁。
③ 顧頡剛:《中國上古史研究講義》,第432頁;顧頡剛:《戰國秦漢間人的造偽與辨偽》,載呂思勉、童書業編著:《古史辨》第7冊,海口:海南出版社,2005年,第20頁。
④ 汪高鑫:《中國經史關係史》,合肥:黃山書社,2017年,第94頁。
⑤ 陳壁生指出《大戴禮記》和《史記》世系對古文學的影響,他說:"兩漢絕大多數受古文經學影響,不相信讖緯之說者,都認同《大戴禮》《史記》中的帝系。但是,如果按照這一帝系,祇得否認感生之說,並否認真正的始祖的存在。"見氏撰:《周公的郊祀禮——鄭玄的經學構建》,《湖南大學學報》(社會科學版)2018年第5期,第47頁。
⑥ 參見李曉璇:《聖人的感生與同祖——鄭玄、王肅關於殷周始祖出生故事的爭論》,第116—117頁。
⑦ 汪高鑫:《中國史學思想通史·秦漢史》,合肥:黃山書社,2002年,第226—228頁。
⑧ 另詳拙文《三統五德與帝德譜重建:讖緯撰作管窺》(待刊)。

無父"並不是説全然無作爲人的父,而是説聖人感天而生,以天爲父,同時也有名義上的作爲人的父,故讖緯中含有秦爲皋陶後、①漢爲堯後之説。鄭玄的"聖人有父、感天而生"説,承認天系的父和父系的父,而無母系的父,這一點與讖緯相同。與讖緯不同的是,鄭玄承認《世本》《大戴禮記》《史記》所載帝王的詳細世系,而讖緯則無如此詳細的世系,參見下文。與此相應,今文學、司馬遷、褚少孫、讖緯、鄭玄等人對感天而生的聖人所指也有不同之處。西漢今文《詩》家和《春秋》公羊家以及褚少孫應是認爲感天而生的只有《詩經》提到的契、后稷,②司馬遷擴大到秦的始祖大業和漢高祖皆是感生,讖緯又擴大到歷代始受命王(包括孔子)皆是感天而生,即將此前的"聖人有父"説擴大爲"聖王有父"説,讖緯又將秦的始祖改爲皋陶。鄭玄大體因仍讖緯,但是他的帝王譜中含有女媧,③女媧因而也加入感生的行列;鄭玄又據《詩經·大明》文本而增加太姒、武王的感生。由此可將漢代的今文學、古文學、司馬遷、褚少孫、讖緯、王符、鄭玄的聖人有父無父説的區別列表如下。

表二　漢代的聖王感生説、有父無父説的區別

學派/學者	感生	聖人有父			聖王同祖	感生的聖王
		天系	父系	母系		
今文學	是	是	否	否	否	契、后稷
古文學	否	否	是	否	是	(無)
司馬遷	是	是	是	否	是	契、后稷、大業、漢高祖
褚少孫	是	是	是	否	是	契、后稷
讖緯	是	是	是	否	否	契、后稷、皋陶、漢高祖,歷代始受命王(含孔子)
王符	是	是	是	是	是	基本同讖緯,無皋陶
鄭玄	是	是	是	否	是	基本同讖緯,增女媧、太姒、周武王

(三)嚴父配天:聖人有父説與祀天禮

陳壁生注意到感生説和始祖在天人相交上的重要意義:"感生之説,爲今古文經學差別之一大端。""在鄭玄的經學體系中,始祖扮演着一種天人相交的角色。"④吴飛注意到,感生説之爭背後其實是祀天禮之爭,由於鄭玄堅持《祭法》"周人禘嚳而郊稷",鄭玄"承認帝嚳作爲周人遠祖的身份,所以在講述感生帝的故事時,他不能接受

---

① 《尚書中候苗興》云:"皋陶之苗爲秦。"見安居香山、中村璋八輯:《緯書集成》,第449頁。
② 董仲舒已言及虞、夏復有始祖,但是未言及其始祖的感生,見下文所引《三代改制質文》。
③ 另詳拙文《三統五德與古史整理:鄭玄帝德譜考論》(待刊)。
④ 陳壁生:《周公的郊祀禮——鄭玄的經學構建》,第44頁。

三家《詩》認爲姜嫄無夫而孕的説法,而必須把姜嫄説成高辛氏之世妃。"①陳贇亦指出,鄭玄的感生説和受命説的核心旨趣是要建立天與祖之間的關係,通過"以祖配天""繼所自出"而確立天道與天下秩序的關聯。②

鄭玄對祀天禮的重建涉及他對《禮記‧祭法》首章經文的改動,鄭玄改動後的經文更爲合理。③ 有虞氏、夏后氏的血緣遠祖是黄帝,殷人、周人的血緣遠祖是帝嚳。有虞氏、夏后氏俱禘黄帝,殷人、周人俱禘嚳,是以血緣遠祖配祀昊天上帝。嚳與堯、鯀與禹、冥與湯之間的血緣關係可參看徐興無所制"宗法聖統表"。④ 此表據《史記》而製,而《史記》大體據《大戴禮記‧帝繋》改撰,⑤孔穎達云:"……是五帝非黄帝之子孫也,此是馬昭、張融等申義也……。又《春秋命歷序》……此鄭之所據也。其《大戴禮》……司馬遷爲《史記》依而用焉,皆鄭所不取。"⑥是孔穎達認爲鄭玄尊信緯書,採用《春秋命歷序》五帝各有數世而非以身相及之説,而不取《大戴禮記》《史記》五帝身相及之説。這固然是鄭玄注經比較一貫的立場,不過從鄭玄對《祭法》首章的改動來看,鄭玄的帝王譜系和祀天禮配祀者的關係暗合了《世本》《大戴禮記》《史記》,⑦此三書皆持聖人有父説,然則鄭玄在暗合三書時,勢必兼採其聖人有父説。考慮到鄭玄的感生説認爲聖人有父、感天而生,則三皇五帝皆感天而生且各有其父,既然有父,則三皇五帝應來自一共同祖先,故馬昭、張融的五帝非黄帝子孫之説,不合鄭義。鄭義是既認爲五帝非以身相及,又認爲五帝有較疏遠的血緣關係。

楊權指出:"以無性生殖爲特徵的感生説,在本質上是排斥以有性生殖爲特徵的同祖説的。這就是説,感生帝説是非宗法的。""《世經》的古史系統是從宗法方面來證明,而讖緯中的感生帝系統是從天道方面來證明,二者殊途同歸。"⑧此即徐興無所説的"宗法聖統""天道聖統",楊晉龍稱之爲"聖統""神統"。⑨ 上所引褚少孫之論,即

---

① 吴飛:《聖人無父——〈詩經〉感生四篇的詮釋之爭》,第118—119頁。
② 參見陳贇:《"以祖配天"與鄭玄禘論的機理》,《學術月刊》2016年第6期;陳贇:《"繼所自出":"宗統"與"君統"之間的連接》,《學術月刊》2017年第9期。
③ 另詳拙文《天統秩序的重建——鄭玄祀天禮析論》(待刊)。
④ 徐興無:《讖緯文獻與漢代文化構建》,北京:中華書局,2003年,第211頁。
⑤ 徐興無:《讖緯文獻與漢代文化構建》,第163頁。
⑥ 鄭玄注,孔穎達疏:《禮記正義》卷四六,第1508—1509頁。
⑦ 《檀弓》"孔子少孤,不知其墓",鄭注:"孔子之父郰叔梁紇與顏氏之女微在野合而生孔子,微在恥焉,不告。"孔穎達疏:"按《史記‧孔子世家》云:'叔梁紇與顏氏女野合而生孔子。'鄭用《世家》之文,故注言'野合'。"(鄭玄注,孔穎達疏:《禮記正義》卷六,第205頁)此是鄭玄採用《史記》之一證。
⑧ 楊權:《新五德理論與兩漢政治——"堯後火德"説考論》,第361、363頁。
⑨ 徐興無:《讖緯文獻與漢代文化構建》,第162—212頁;楊晉龍:《神統與聖統——鄭玄王肅"感生説"異解探義》,《中國文哲研究集刊》第3期,1993年,第523頁。

"反映了今文經魯學一派對感生説與有祖説的調和"①。鄭玄則將古文家的聖人有父、聖王同祖説和今文家的聖人無父、感天而生説結合起來,將史書和讖緯結合,而確立聖人有父、感天而生之説,從而消弭二家的分歧,把古文經學的宗法聖統與今文經學的天道聖統結合在五精帝運轉之下。

三 鄭玄對感生受命、三統五德的整合

讖緯的一大特色是普遍採用六天説並與三統五德説、感生受命説、符瑞説結合。"感生帝是把感生傳説與五德終始論糅合而成的讖緯獨有的觀念。"②"讖緯對感生説的重大發展,是將它與五行説結合起來,把它廣泛應用於政治歷史領域,使人間帝王都變成了與天上帝星一一對應的'感生帝',從一出生便打上了五行的特定印記。"③鑒於聖王與五精帝之間的對應關係往往通過其德運之色而體現,茲將經緯傳記、鄭玄注中所記載的帝王、聖人之感生受命之符瑞與三統五德的關係列表如下:

表三 經傳、讖緯、鄭玄注中帝王、聖人感生受命之符瑞與三統五德的關係

帝王/聖人	三統之色	五德之色	感生之符瑞	受命之符瑞
伏羲	黑	蒼	大跡、雷澤	龍馬、鳥獸、《河圖》《洛書》
女媧	白	蒼	（未見）	（未見）
神農	赤	赤	龍首之神、龍	（未見）
黄帝	黑	黄	大電光繞北斗樞星	黄龍、黄雀赤頭、黄雲、白狐、白虎、兩龍挺白圖、鳳凰
朱宣	白	白	大星如虹	（未見）
顓頊	赤	黑	瑶光如蜺貫月、幽防	（未見）
帝嚳	黑	蒼	（未見）	（未見）
堯	白	赤	赤龍	赤龍、大龜、龍馬(赤熛怒之使,其身赤色)、赤光起、翼(堯,翼之星精,在南方,其色赤)、鳳凰、赤玉、赤帝
舜	赤	黄	大虹、樞星	黄龍、黄玉、圖玄色、黄雲、黄帝
禹	黑	白	流星、薏苡	玄圭、靈龜、玄龍、黑風;白面長人、白狐九尾、白狼

---

① 楊權:《新五德理論與兩漢政治——"堯後火德"説考論》,第372頁。
② 吕宗力:《東漢碑刻與讖緯神學》,《學習與思考》1985年第5期,第73頁。
③ 楊權:《新五德理論與兩漢政治——"堯後火德"説考論》,第354頁。

续表

帝王/聖人	三統之色	五德之色	感生之符瑞	受命之符瑞
契	白	黑	玄鳥卵、玄邱之水、玄鳥	—
湯			白氣貫月	黑龜、黃魚、黑鳥(汁光紀之使)、黑玉、白狼、玄玉、玄精、白雲、白虎
后稷	赤	蒼	大人跡	—
文王			長人	赤雀銜丹書、蒼帝、蒼牙通靈、五星聚於房(蒼神之精)、九尾狐
武王			（未詳）	白魚、赤烏、赤文、青雲、赤龍、玄甲、鳳皇
周公			—	青雲、青龍、玄甲
孔子	黑	黑	黑龍	血書、赤烏、白書、烏、黃玉、黑龍、水精、赤雀、丹書
皋陶	黑②	白	白虎	黑公、黑頭公
秦穆公①			—	白雀
秦始皇			—	白璧、金虎、白蛇、金鏡、黑頭公
漢高祖	黑	赤	赤鳥如龍、赤珠、赤龍	赤爵、赤帝、赤虹、黃玉、赤氣、火曜
漢光武帝			—	火、赤

此表顯示，殷、周、秦、漢的感生始祖與受命王者分離，始祖有感生符瑞而無受命符瑞，契、后稷、皋陶皆然(皋陶見黑公並不屬於嚴格意義的受命)；王者有受命符瑞而無感生符瑞，武王、周公、秦穆公、秦始皇、漢光武帝皆然；③而湯、周文王、漢高祖作爲始受命的王者，則兼有感生、受命的符瑞。今文《詩》《公羊》所認爲的"聖人無父，感天而生"，結合讖緯來看，此"聖人"包含各朝代的始祖、始受命王(含孔子)，而不包含始受命王之後的受命王。《春秋繁露·三代改制質文》：

---

① 秦穆公屬於五霸，並不屬於帝王，本表將其列入，儀以示其與秦的受命的關係而已。
② 皋陶、秦穆公、秦始皇的三統是黑統，五德是金德，詳參拙文《三統五德與古史整理：鄭玄帝德譜考論》(待刊)。
③ 但對《大明》"篤生武王"鄭玄箋認爲武王亦感生，見上文所引。不過鄭箋未說明武王感生的符瑞是什麽。

四法修於所故，祖於先帝，故四法如四時然，終而復始，窮則反本。四法之天，施符授聖人王法，則性命形乎先祖，大昭乎王君。故天將授舜，主天法商而王，祖錫姓爲姚氏。至舜，形體大上而員首，而明有二童子，性長於天文，純乎孝慈。天將授禹，主地法夏而王，祖錫姓爲姒氏。至禹，生發於背，形體長，長足胈，疾行先左，隨以右，勞左佚右也，性長於行，習地明水。天將授湯，主天法質而王，祖錫姓爲子氏，謂契母吞玄鳥卵生契，契先發於胷，性長於人倫。至湯，體長專小，足左扁而右便，勞右佚左也，性長於天光，質易純仁。天將授文王，主地法文而王，祖錫姓姬氏，謂后稷母姜原履天之跡而生后稷。后稷長於邰土，播田五穀。至文王，形體博長，有四乳而大足，性長於地文勢。故帝使禹、皋論姓，知殷之德，陽德也，故以子爲姓；知周之德，陰德也，故以姬爲姓。故殷王改文，以男書子，周王以女書姬。故天道各以其類動，非聖人庸能明之！①

此段總論虞、夏、殷、周四代之得姓、受命，"性命形乎先祖"對應得姓的始祖，"大昭乎王君"對應受命的王者。《詩經》殷、周各有得姓的始祖、受命的王者，《三代改制質文》因循之。董仲舒進一步認爲舜、禹也有得姓的始祖，"祖錫姓爲姚氏，至舜""祖錫姓爲姒氏，至禹"，説明舜、禹是受命王，各有其得姓的始祖。由此可知四代各有其得姓的始祖、受命的王者。然則可以推出各個朝代皆有始祖、王者之分。②這應當是讖緯的感生説、受命説的來源之一，只不過董仲舒還未有明確的感生説，未明確説此始祖是感天而生。此外，讖緯認爲受命的王者也是感天而生，則爲董仲舒所無。

董仲舒無六天説、感生説、五德更王説，其受命説是與三統改制相關聯。遷延至讖緯，它所言受命符瑞之色多有用三統之色者，而未全用五德之色。從此表可知，將經緯傳記、鄭玄注中的帝王之感生帝、授命帝填入鄭玄的帝王譜系中，再依五德相生補足未言及者，則其五德之色恰與五德相生之色相同，可知鄭玄的五德更王説是以五德相生爲序。鄭玄云"女媧修伏犧之道，無改作"，故女媧之德運並入伏犧。又，伏犧、堯、契、湯、漢高祖的感生符瑞之色與其五德之色相同，黄帝、堯、禹、湯、文王、周公的受命符瑞之色與其五德之色相同。總而觀之，帝王感生和受命的符瑞之色與其五德之色大多相合，提示感生和受命與五德之間有某種程度的相關性，但是也雜用其三統之色。③

陳明恩注意到一重要現象，即讖緯關於聖王感生的符瑞主要是以五德相生爲基準

---

① 蘇輿撰，鍾哲點校：《春秋繁露義證》卷七，北京：中華書局，1992年，第212—213頁。
② 司馬遷認爲："自黄帝至舜、禹，皆同姓而異其國號。"（司馬遷：《史記》卷一，第45頁）與董仲舒不同。
③ 其原因，另詳拙文《三統五德與帝德譜重建：讖緯撰作管窺》（待刊）。

而建構。① 這的確是讖緯隱含的邏輯,然而會致使感生説、受命説皆以五德説爲基礎,而與三統説無涉。陳明恩云契、湯的感生並非只與五德相關,而是兼與三統五德相關。② 實際上,讖緯所記載的帝王感生受命的符瑞之色與帝王的三統五德之運隱含内在聯繫。湯的感生符瑞"白氣"是商的三統之色,契的感生符瑞"玄鳥卵"則兼具三統之色(白卵)與五德之色(玄鳥),可知商的感生是以三統爲主而兼包五德。商既然如此,其他朝代理論上也應當如此。而且三統説包含的三正、三微諸説與天地生生相關,這也提示三統主要與感生相關。鄭玄的六天説認爲五天帝更王引起五德運轉,每一天帝主管一方之政命,天將天下之政命授予帝王的方式是五天帝共同將五方之政命授予一位帝王,此帝王即受命王。③ 而且從讖緯記載來看,聖王受命的符瑞之色主要與其五德之色相同,間或與其三統之色相同。④ 凡此皆提示五德主要與受命相關。陳明恩指出:"五德明於朝代更迭(受命)之論述,三統長於禮樂節文(改制)之建置。五德、三統,正合於王者'受命''改制'之實際需求。"⑤其説與此略同。

鄭玄以經傳所言祀天禮爲基礎,吸納三統説、五德説、天文學知識以及讖緯之六天説、感生説、受命説、符瑞説,確立了圜丘、南郊、明堂祀天禮。⑥ 即便讖緯對同一聖王的感生和受命的符瑞之色記載不一,鄭玄也在其重建的祀天禮體系中,在南郊祀本朝感生帝而以感生之始祖配祀,在明堂祀五方授命帝而以受命之王者配祀,而南郊祀天禮體現"通天三統"之義,明堂祀天禮體現"受五天帝之命"之義,這顯然是將感生與三統相聯,將受命與五德相聯。且在諸祀天禮中,南郊祀感生帝,天帝之牲和配祀之始祖之牲皆用三統之色;五時迎氣,天帝之牲和五人帝、五人神之牲皆用五德之色;大雩、明堂大饗五天帝,天帝之牲和五人帝、五人神之牲皆用五德之色,配祀之受命王之牲則用三統之色。由祀天禮之牲色亦可知三統主要與感生相關,五德主要與受命相關。總之,鄭玄試圖通過重建祀天禮體系,來爲感生與三統、受命與五德建立關聯。

---

① 陳明恩:《東漢讖緯學研究》,第270頁。
② 陳明恩:《東漢讖緯學研究》,第271頁腳注。
③ 另詳拙文《鄭玄受命説探賾》,干春松、陳壁生主編《經學研究》第5輯,福州:福建人民出版社,2023年,第121—122頁。
④ 另詳拙文《三統五德與帝德譜重建:讖緯撰作管窺》(待刊)。
⑤ 陳明恩:《東漢讖緯學研究》,第276頁。
⑥ 另詳拙文《天統秩序的重建——鄭玄祀天禮析論》(待刊)。

四　結語

　　漢代哲學用"元氣"論來説明世界本原和萬物構成，從董仲舒到讖緯，"元氣"論逐漸成爲漢代經學的哲學基礎。讖緯的"元氣"論與六天説相關聯，發展出"神含元氣"論，①成爲現實政治和歷史的終極根據，感生説、受命説、三統五德説、符瑞説皆以此爲基礎。《春秋文耀鈎》曰：

　　　　太微之座，五帝之廷……五帝降精，萬情以導……是故危者能安，興者能亡，皆五帝降精而使之反復其世道焉……於是乎五德所重，五行所降，五帝御世。②

"五行所降，五帝御世"是就感生、受命而言，人間帝王的感生、受命皆由五天帝降精氣而實現。此是讖緯將"神含元氣"論用於指導現實的概括之言。讖緯作爲東漢國憲，對漢代經師如鄭玄、何休有重要影響。何休云"上帝，五帝，在太微之中，迭生子孫，更王天下"，"迭生子孫"即感生，"更王天下"即受命，何休此言可以看作五天帝感生授命説的集中概括，與鄭玄之義相符。

　　就聖人有父而言，褚少孫所言"天命精誠""鬼神不能自成，須人而生"，與上所引《駁異義》"天氣因人之精就而神之"、《鄭志》"有神氣故歆歆然"相符，皆是對天降精氣説的概括，即天所命之精氣須附著於人（父母），而後纔能降生帝王、聖人，此即鄭玄"聖人有父、感天而生"之説。此天所命之精氣之中含有聖性，此聖性是一種極精微之氣，是聖人、帝王感生受命的根本依據。

　　在鄭玄那裏，這種以天降精氣之説爲理論基礎的感生説，其旨歸原本就是爲了建立天與現實政治的關聯，而鄭玄的祀天禮正是這種關聯的集中載體，如吳飛所説："毛、鄭感生帝之争的背後，其實是鄭、王祭禮之争。最關鍵的並不在於他們是否相信天帝感生的事實，而在於他們如何理解祭天之禮的結構和原理。""祭天問題正是感生帝之争背後的禮學實質。"③鄭玄的感生受命説與他的帝王譜系説、三統五德説一起，構成溝通六天帝説與祀天禮的主要中介。

作者簡介：

　　劉斌，男，1985 年生，河南安陽人，河北大學哲學與社會學學院講師，主要研究領

---

① 李中華：《神秘文化的啓示——緯書與漢代文化》，北京：中國書籍出版社，2015 年，第 76—79 頁。
② 安居香山、中村璋八輯：《緯書集成》，第 668—669 頁。
③ 吴飛：《聖人無父——〈詩經〉感生四篇的詮釋之争》，第 119、120 頁。

域爲經學史。近年代表性論著有《"爲人後"例辨析:漢代經學的文質論與父子君臣倫理構建》(《儒家典籍與思想研究》第 14 輯,北京:北京大學出版社,2022 年)、《鄭玄六天説析論》(《中國典籍與文化論叢》第 24 輯,南京:鳳凰出版社,2021 年)。

(上接第 18 頁)

又見《吕氏春秋·仲春紀》:"日夜分,雷乃發聲,始電。"高誘注:"分,等,晝夜鈞也。"(上海:上海書店,1986 年,第 13 頁。)蓋"分"可訓"同""等","分布"則否。韋昭注引《明堂月令》中"日夜分",與《國語》"陰陽分"正合,"分"後不當更綴"布"字。元刻本《吕氏春秋·仲春紀》"是月也,耕者少舍"句下高誘注曰:"《傳》曰:'陰陽分,方震雷出滯。'"(國家圖書館藏本,書號:06885)明鈔本《册府元龜·帝王部·籍田》、《宰輔部·諫諍》引《國語》亦作"陰陽分,方震雷出滯"。"布"作"方"字,不誤。"方",《廣雅·釋詁》:"始也。"(上海:上海古籍出版社,2016 年,第 5 頁。)"方"字用猶《明堂月令》"乃""始","陰陽分,方震雷出滯"謂日夜長短同,當是時雷始發聲,蟄蟲亦出。當因"方""布"字形稍近,又涉上句"而時布之于農"與韋昭注"布,賦也",故有訛誤。明鈔本《册府元龜·宰輔部·諫諍》引韋昭注曰:"陰陽分,日夜同也。滯,蟄蟲也。《明堂月令》曰:'日夜分,雷乃發聲,始震,蟄蟲咸動,啓而出之。'"明鈔本《册府元龜·帝王部·籍田》節略注文曰:"分,日夜同也。滯,蟄蟲也,《月令》曰:'日夜分,雷乃發聲。'"則注文初亦無"布"字,今注作"分布"者,蓋從白文而改。公序本系統《國語》,白文已誤爲"分布",而注文猶作"陰陽分"(《宋本國語》,北京:國家圖書館出版社影印國家圖書館藏宋刻宋元遞修本,2017 年,第 20 頁;《國語》,《四部叢刊初編》影印民國上海涵芬樓借杭州葉氏藏明金李刊本,上海:商務印書館,1922 年,第 8b 葉。),極可證上引明道本系統《國語》,白文初當作"方",訛爲"布"字,因"分布"一詞常見,故其後注文亦增"布"字,公序本系統即爲由白文漸次向注文訛誤之中間樣態。舊本《吕氏春秋》高誘注引《國語》俱作"方",後出畢沅刻本雖稱精善,却已誤從《國語》校改而作"布"(國家圖書館藏本,書號:04398),由是舊貌不存。

今由上考《國語》訛誤,又可總結前人校書理路疏失。其一,依通行本誤校引文。《讀書雜志》《經義述聞》中已數言有明鈔本《北堂書鈔》引古書不誤,却爲明陳禹謨刻本竄亂者。上引《北堂書鈔》兩處,陳禹謨刻本並已從諸本《國語》删易(國家圖書館藏本,書號:19491)。清孔廣陶校注本《北堂書鈔》固較陳刻爲近古,但"王耕一發"四字注亦已從通行本《國語》而改(北京:學苑出版社影印本,1998 年,2 册,第 71 頁下欄),無由乙正。明黄國琦刻本《册府元龜》兩卷情況稍異,《帝王部·籍田》存舊較多,尚可正《國語》舛誤,《宰輔部·諫諍》又已俱依諸本《國語》而改(北京:中華書局影印本,第 1368 頁下欄—1369 頁上欄、3836 頁上欄—下欄)。此與畢沅刻本《吕氏春秋》易"方"爲"布"字情況相似,俱可見作爲引文,易受源出文獻通行本面貌影響,蓋因後者流布更廣,世所常習,不察其非,校刻者乃勘不誤爲誤,使其中可正古書訛誤之跡漸趨湮滅。其二,依白文誤校注文。據上所論,明道本系統《國語》注文當因白文訛誤而補"布"字,其書行世後,汪遠孫《國語明道本攷異》於"《解》'陰陽分布'"下謂"公序本無'布'字,此脱"(《國語校注本三種》,天津圖書館藏本,第 4a 葉),更指注文無"布"字者爲脱漏。明道本之誤與汪氏誤校之由,除已誤文句貌似平順外,亦由白文較注文爲流行,至有從已誤之白文改存舊之注文者。

(作者單位:清華大學人文學院歷史系)

感生説與鄭玄的始祖觀念
——與華喆先生商榷

林 鵠

内容摘要 華喆先生《中古廟制"始祖"問題再探》一文認爲,在鄭玄的經學體系中,始祖與太祖判然有别,始祖以上世系無可追溯,因出自感生帝而得名,屬於郊祀範疇,而後者乃建立功業之祖,屬於廟制範疇。筆者對此存有疑議。根據鄭注對"始祖廟"概念的運用,可知在鄭玄看來,始祖實即太祖。《儀禮·喪服傳》鄭注對始祖與太祖的區分,只是爲了表明天子太祖感生的特殊性,對文則異,散文則通。而所謂感生,亦與有父並不矛盾。後世在廟制太祖問題上的種種爭議,根本原因是對經書中商周二代以始封諸侯契、稷而非始受命天子湯、文王爲太祖的理解,與鄭玄不同。

關鍵詞 始祖 太祖 鄭玄 感生 華喆

《儀禮·喪服傳》云:"禽獸知母而不知父,野人曰父母何筭焉,都邑之士則知尊禰矣,大夫及學士則知尊祖矣,諸侯及其大(案:太)祖,天子及其始祖之所自出。"鄭玄注曰:"大祖,始封之君。始祖者,感神靈而生,若稷、契也。自,由也。及始祖之所由出,謂祭天也。"[1]

華喆先生撰文以爲,這段鄭注表明,在鄭玄的理解中,始祖與太祖判然有别,"太祖只是建立功業之祖,爲該氏族之内取得封號的第一人,但並不一定是該氏族之始。換言之,始祖以上世系無可追溯,而太祖以上的世系猶有追溯的可能。也就是説,始祖的意義在於經天帝感生而誕生氏族,而太祖的意義則在於創立功業以獲得爵命土地"。"始祖因出自感生帝而得名,屬於郊祀範疇;太祖則在宗廟中居百世不祧之尊,屬於廟制範疇,兩者名稱雖然接近,但在内容上却迥然不同。"[2]

---

[1] 鄭玄注,賈公彦疏:《儀禮注疏》卷三〇《喪服·齊衰期》,臺北:藝文印書館影印阮刻《十三經注疏》本,1956年,第358頁。
[2] 華喆:《中古廟制"始祖"問題再探》,《文史》2015年第3期,第119、121頁。

華文對鄭玄之理解,筆者尚有疑焉。鄭注屢見"始祖廟"一詞,用來指代廟制中的太祖廟。對此,華文給出的解釋是:"始祖廟"一詞創自鄭衆,爲鄭玄襲用,是"鄭衆、鄭玄針對周代廟制臨時創製的別稱",原因在於后稷具有始祖、太祖的雙重身份。① 這一解釋似可商榷。

鄭玄在論及始祖廟的多數場合,並非特指周代,而是泛論王者。如《禮記·喪服小記》:

> 王者禘其祖之所自出,以其祖配之,(鄭注:始祖感天神靈而生,祭天則以祖配之。)而立四廟。(鄭注:高祖以下,與始祖而五。)②

再如《禮記·曾子問》記諸侯旅見天子,"大廟火",則廢不得終禮。鄭注:"大廟,始祖廟。宗廟皆然,主于始祖耳。"③所謂宗廟皆然,顯然並非特指周代。

而且,鄭玄不僅用"始祖廟"指代天子的太祖廟,亦指稱諸侯之太祖廟。《儀禮·聘禮》"不腆先君之祧"句,鄭注:"諸侯五廟,則祧,始祖也。是亦廟也,言祧者,祧尊而廟親。"④又《禮記·祭統》:

> 君致齊于外,夫人致齊于内,然後會于大廟。(鄭注:大廟,始祖廟也。)⑤

既云"夫人",則謂諸侯無疑。

又《周禮·祭僕》:

> 大喪,復於小廟。(鄭注:小廟,高祖以下也。始祖曰太廟。《春秋》僖八年秋七月,"禘于太廟"。)⑥

此處鄭玄以"始祖"稱天子太廟,又引魯禮爲證,顯然認爲,就廟制之太祖亦可稱始祖而言,天子諸侯無別。

再如《禮記·祭法》:

> 王立七廟,一壇一墠,曰考廟,曰王考廟,曰皇考廟,曰顯考廟,曰祖考廟,皆月祭之。(鄭注:王、皇,皆君也。顯,明也。祖,始也。名先人以君、明、始者,所以

---

① 華喆:《中古廟制"始祖"問題再探》,第122頁。
② 鄭玄注,孔穎達疏:《禮記正義》卷三二《喪服小記》,臺北:藝文印書館影印阮刻《十三經注疏》本,1956年,第592頁。
③ 鄭玄注,孔穎達疏:《禮記正義》卷二六《曾子問》,第369頁。
④ 鄭玄注,賈公彦疏:《儀禮注疏》卷二〇《聘禮》,第238頁。
⑤ 鄭玄注,孔穎達疏:《禮記正義》卷四九《祭統》,第832頁。
⑥ 鄭玄注,賈公彦疏:《周禮注疏》卷三一《夏官司馬下·祭僕》,臺北:藝文印書館影印阮刻《十三經注疏》本,1956年,第478頁。

尊本之意也。)遠廟爲祧,有二祧,享嘗乃止。(鄭注:天子遷廟之主,以昭穆合藏于二祧之中。諸侯無祧,藏于祖考之廟中。《聘禮》曰"不腆先君之祧",是謂始祖廟也。)……大夫立三廟二壇,曰考廟,曰王考廟,曰皇考廟,享嘗乃止。顯考、祖考無廟,有禱焉,爲壇祭之。去壇爲鬼。(鄭注:大夫有祖考者,亦鬼其百世,不禘、祫,無主爾。其無祖考者,庶士以下鬼其考、王考,官師鬼其皇考,大夫、適士鬼其顯考而已。大夫祖考,謂別子也。)①

經文中王所立之"祖考廟",即太祖廟,而鄭注釋"祖"爲"始"。又引《聘禮》,稱諸侯之祖考廟爲始祖廟。而大夫之"祖考",鄭注謂之別子。《喪服小記》曰"別子爲祖",鄭注:"諸侯之庶子別爲後世爲始祖也。"②據此,鄭玄所謂始祖,天子、諸侯、大夫之通稱,亦即太祖。③

在明確了鄭玄所謂始祖即太祖之後,還有一個問題需要澄清。本文開篇所引《喪服傳》那段鄭注,何以云"大祖,始封之君。始祖者,感神靈而生",似乎太祖與始祖有所不同?

筆者以爲,鄭玄此注,並非意在區分太祖與始祖,而是強調天子太祖的特殊性。考《禮記·大傳》云:

> 王者禘其祖之所自出,以其祖配之。(鄭注:王者之先祖,皆感太微五帝之精以生,蒼則靈威仰,赤則赤熛怒,黃則含樞紐,白則白招拒,黑則汁光紀。)④

在鄭玄看來,凡爲王者,其始祖(太祖)必"感太微五帝之精以生",這與一般諸侯之太祖(始祖)不同。天子所謂始祖,並非世系無可追溯。《詩·大雅·生民》鄭箋以姜嫄爲"高辛氏之世妃",即後世子孫之妃,又以姜嫄之夫爲"二王之後",⑤顯然認爲后稷出自帝嚳一系,並非世系無可追溯。

---

① 鄭玄注,孔穎達疏:《禮記正義》卷四六《祭法》,第799—800頁。
② 鄭玄注,孔穎達疏:《禮記正義》卷三二《喪服小記》,第592頁。
③ 還需指出的是,"始祖廟"一詞見於緯書。《禮記正義》卷一二《王制正義》引《禮緯·稽命徵》云:"唐虞五廟,親廟四,始祖廟一。"又引《鉤命決》曰:"唐堯五廟,親廟四,與始祖五。"(第241頁)兩處之始祖廟,無疑即太祖廟。又,在西漢的禮制實踐中,也有人主張爲劉邦之父立始祖廟,見《漢書》卷七一《平當傳》:"自元帝時,韋玄成爲丞相,奏罷太上皇寢廟園,(平)當上書言:'……夫孝子善述人之志,周公既成文、武之業而製作禮樂,修嚴父配天之事,知文王不欲以子臨父,故推而序之,上極於后稷而以配天。此聖人之德,亡以加於孝也。高皇帝聖德受命,有天下,尊太上皇,猶周文、武之追王太王、王季也。此漢之始祖,後嗣所宜尊奉以廣盛德,孝之至也。'"(北京:中華書局,1962年,第3049頁)
④ 鄭玄注,孔穎達疏:《禮記正義》卷三四《大傳》,第616頁。
⑤ 毛亨傳,鄭玄箋,孔穎達疏:《毛詩正義》卷一七《大雅·生民》,臺北:藝文印書館影印阮刻《十三經注疏》本,1956年,第587頁。感謝李霖兄提供這條材料。

事實上,有父與感生並不矛盾。《駁五經異義》曰:

> 玄之聞也,諸言感生得無父,有父則不感生,此皆偏見之説也。《商頌》曰:"天命玄鳥,降而生商。"謂娀簡吞鳦子生契,是聖人感生見於經之明文。劉媪是漢太上皇之妻,感赤龍而生高祖,是非有父,感神而生者也? 且夫蒲盧之氣,嫗煦桑蟲,成爲己子。況乎天氣,因人之精,就而神之,反不使子賢聖乎? 是則然矣,又何多怪?①

補《史記·三代世表》的褚先生亦云:"鬼神不能自成,須人而生,奈何無父而生乎?"②

所以,天子始祖身份之界定,與世系是否可以追溯並無干係,關鍵是感生與否。鄭玄相信,既爲王者,其先祖必有感生者。但是,如果感生與有父不矛盾,又如何能確定哪位祖先是感生祖呢? 就此,鄭玄没有給出明確的答案。不過,在鄭玄明確提到感生的三例中,契、稷二例乃始封諸侯,而劉邦乃白屋起家的受命天子。③ 我們可以據此推測,大概在鄭玄看來,若王者之先爲諸侯,則始封諸侯者就是感生祖,若王者乃白屋起家,則始受命者即感生祖。要之,天子始祖或爲始封諸侯者,或爲始受命而王者,而並無由大夫或大夫以下的先祖所充任者。感生只能具體落實到天子或諸侯身上,這實際上仍是在凸顯功德。這就是爲什麽,始祖與太祖必爲一人。

不過,另一方面,鄭玄認爲,就天子而言,廟制之外,還存在一個"太祖"。晚清大儒曹叔彦先生在詮釋本文開篇所引《喪服傳》時,如是云:

> 諸侯但及始封之太祖,天子則非惟及始王之太祖,且及其遠代始封祖之所自出,謂郊祭天也。……始祖與太祖别。《白虎通·宗廟篇》云:"后稷爲始祖,文王爲太祖。"《詩序》"《雝》,禘太祖也",箋"太祖謂文王"本班義。然此對文耳,散文則始祖亦稱太祖。《王制》:"天子七廟,三昭三穆,與太祖之廟而七。"注"太祖,后稷"是也。④

由鄭箋"大祖謂文王"一句看,⑤王者所謂"太祖"有兩個不同的意涵,始封諸侯之始祖

---

① 陳壽祺:《五經異義疏證》卷下《聖人感天而生》,上海:上海古籍出版社,2012年,第168頁。
② 司馬遷:《史記》卷一三《三代世表》,北京:中華書局,1959年,第505頁。
③ 《史記索隱》引緯書《詩含神霧》曰:"赤龍感女媪,劉季興。"(《史記》卷八《高祖本紀》,第342頁)此即鄭玄劉邦感生説之來源。
④ 曹元弼:《禮經校釋》卷一五,《續修四庫全書》第94册,上海:上海古籍出版社,2002年,第409—410頁。所引《白虎通》不見今本,出自《舊唐書》卷二五《禮儀志五》太常博士張齊賢奏議(北京:中華書局,1975年,第946頁)。
⑤ 毛亨傳、鄭玄箋,孔穎達疏:《毛詩正義》卷一九《周頌·雝》,第734頁。承李霖兄賜教,鄭玄將《詩序》"太祖"解釋爲文王,是因爲《雝》多處言"考",不外乎文、武,不可能是后稷。

可稱太祖,始受命王亦可稱太祖。不過,就廟制而言,太祖必指前者,即始祖。文王所謂太祖,與廟制無涉。

三代王者,皆起自諸侯,絕無劉邦之流白屋天子。就經典而言,漢高屬於特例。但換一個角度想,劉邦以始受命王,南郊配天,且爲宗廟百代之主,似天經地義。反倒是契、稷在郊祀和宗廟中壓倒湯與文王,讓人不免爲後者抱屈。①

不過,鄭玄認爲,郊祀后稷,反而證明文王的地位超過了后稷。《禮記·祭法》云"周人禘嚳而郊稷,祖文王而宗武王",鄭注謂"郊祭一帝而明堂配五帝,小德配寡,大德配衆,亦禮之殺也"。②

但既然文王爲大德,后稷乃小德,爲何宗廟以后稷爲太祖呢？尤其是,我們注意到,《儀禮·喪服傳》曰:

> 若公子之子孫有封爲國君者,則世世祖是人也,不祖公子。(鄭注:則世世祖是人,不得祖公子者,後世爲君者祖此受封之君,不得祀別子也。)③

按公子視大夫,其子孫受封爲諸侯,後裔則徑以此始封祖取代公子爲太祖。若循此邏輯,豈非文王當代后稷爲太祖乎？

那麼,鄭玄到底如何理解"大德"如文王,在周代天子宗廟中却只能屈居"小德"后稷之下呢？筆者以爲,恰恰是上引"不祖公子"一說,給我們提供了綫索。按此太祖更替,實乃特例。鄭玄以爲,據周制,若大宗別子乃士,子孫雖崛起爲大夫,仍不得代之爲太祖。④ 考經典所見,天子諸侯與大夫士迥然有別。蓋天子諸侯世襲,大夫則不世襲。⑤ 那麼,恐怕在鄭玄看來,從諸侯到天子,只是意味着一個國家的發展壯大,而從大夫到諸侯,才真正代表了一個國家的開始,是更爲本質的變化。這就是爲什麼感生的光環只能落在契、稷而非成湯、文王的頭上。

不過,後世學者對經典的理解,並非都如鄭玄般明晰與周密,契、稷何以爲殷、周太祖,往往讓後人備感困擾,這是後世王朝宗廟太祖問題聚訟紛紜,在學理上最根本的原因。時移世易,封建不行,經典世界不再。如劉邦、李淵、趙匡胤、朱元璋等,皆以開國

---

① 後世關於郊祀與宗廟的爭論中,王朝的建立者不得南郊配天或正宗廟南向之位,往往是群臣引以爲憾的主要原因。
② 鄭玄注,孔穎達疏:《禮記正義》卷四六《祭法》,第796頁。
③ 鄭玄注,賈公彦疏:《儀禮注疏》卷三二《喪服》,第379頁。
④ 參《禮記正義》卷一二《王制正義》引《鄭志》,第242頁。
⑤ 鄭玄注,孔穎達疏:《禮記正義》卷五七《服問》:"大夫之適子爲君、夫人、大子,如士服。"鄭注:"大夫不世,子不嫌也。"(第951頁)

之主而君臨天下,難以簡單套用殷周模式。① 但對博古通今、通經致用的鴻儒鄭玄而言,這並不構成挑戰。鄭玄絕非拘泥文本,不知變通的腐儒。在他看來,真正重要的,是制度設計背後的禮義。把握住了禮義,自可靈活應對後世之變化。他對劉邦的理解,就是一個最好的證明。② 竊以爲,這才是鄭玄最爲高明之處。

作者簡介:

林鵠,男,1977年生,浙江瑞安人,中國社會科學院古代史所研究員。主要研究方向爲政治史、經學,近年代表論著有《〈春秋〉義例平議》(《中國哲學史》2003年第3期)、《憂患:邊事、黨争與北宋政治》(上海:上海人民出版社,2022年)。

---

① 倒是元朝以開國之君鐵木真爲太祖,一統天下的忽必烈爲世祖,清朝以努爾哈赤爲太祖,福臨爲世祖,恰與殷周模式暗合。
② 鄭玄的劉邦感生説源自緯書,非其獨創。但鄭玄對緯書記載有去有取,此處採用緯書之説,亦足以反映其學術特色。

杜佑《通典》通經致用考：以"郊天"爲例

劉 璐

內容摘要 唐代杜佑(735—812)所撰《通典》爲中國首部典章制度通史,然而後世儒生稱譽的往往是《通典》保存文獻之功,評價《通典》所載經解則以"一遵鄭注"概而論之,忽略《通典》本身之政論性。事實上,杜佑釋說經義不純然是學術討論,而是帶有政治考量。因之,本文聚焦於郊天禮,透過解讀《通典》引經、解經的內容,比較唐代經注以及《開元禮》對郊天理解與杜佑所論之間的分合,以察杜佑如何透過經典詮釋賦予郊天禮義新的含義。並嘗試論證杜佑是如何透過郊天禮的安排,與社會、政治制度相配合,以建構杜佑理想的"強幹弱枝"的社會,達至治道。

關鍵詞 杜佑 《通典》 郊天禮 唐經學

緒 論

馬端臨《文獻通考》詬病《通典》論郊天取鄭玄說,謂:"王、鄭俱生於去聖千載之後,各以其學臆爲之說,然王說正大,鄭說穿鑿。先儒嘗備言之矣,《通典》蓋一遵鄭注,而又不敢廢王說者也。"[1]指杜佑論郊天禮,在即便知曉鄭說有誤的情況下仍然不摒棄鄭注,亦無就鄭注提出指瑕,是"一遵鄭注"的表現。本文聚焦《通典》對郊天禮之議論,比較《通典》與各家經注所論郊天禮之異同,以檢驗馬端臨所論是否確切。倘若如馬氏所言,杜佑論郊天禮依循鄭玄注,那麽需要思考的是,杜佑何以在"先儒備言"鄭說鑿誤的情況下,仍然沿用鄭說?是否受唐代經注、甚至官方禮典的影響?因之,本文進而比較分析唐代經注、官方禮制所釋郊天禮與杜佑所論之間的分合。如果《通典》所論仍與唐代論述鑿枘不合,便可以推測唐代經書解釋、官方禮制安排,並非左右杜佑解說郊天禮的重要因素。

---

[1] 馬端臨:《文獻通考》,北京:中華書局,2011年,第2106頁。

一　鄭、王論郊天禮

郊天,即祭天的禮典,殷商至西周相續不替,《春秋》記述魯僖公三十一年起舉行多次郊天禮,説明郊天禮爲國家重要禮典。歷代學者對"郊天"議題争論不休,日人藤川正數總結西漢對郊天之討論爲古今文之争,①至鄭玄立説,王肅駁難後,後世對郊天的討論幾乎離不開鄭王之争。職是,本文先釐清鄭、王論辯之異同,《通典·禮二·郊天上》比較鄭、王二派説法,云:

> 郊丘之説,互有不同,歷代諸儒,各執所見。雖則争論紛起,大凡不出二塗:宗王子雍者,以爲天體唯一,安得有六? 圓丘之與郊祀,實名異而體同。所云帝者,兆五人帝於四郊,豈得稱之天帝! 一歲凡二祭也。宗鄭康成者,則以天有六名,歲凡九祭。蓋以祭位有圓丘、太壇之異,用樂則黄鍾、圓鍾有差,牲乃騂蒼色殊,玉則四珪蒼璧,祭名且同稱禋祀,祭服又俱用大裘。略舉大綱,不復悉數。恭惟國章,並行二禮,可謂協於時宜矣。歷代所行,亦參二禮。異同之論,國朝最詳。具在《郊天篇》下。②

鄭玄、王肅論辯的基礎在於郊天禮所祭的"天神"是指"六天"還是"一天",於此引起學者廣泛討論,③"天神"内涵的界定牽涉到行郊天禮時,祭祀的地點是分別在圓丘和南郊,抑或只在圓丘。鄭、王所論蓋針對《周禮》《禮記》等儒家經典郊天禮的記載而發。

儒家經典中直接述及天神、郊天之禮的内容可見《周禮·春官宗伯》,記曰:"以吉禮事邦國之鬼神示:以禋祀祀昊天上帝,以實柴祀日月星辰,以槱燎祀司中、司命、風師、雨師。"鄭玄注"以禋祀祀昊天上帝"曰:"玄謂昊天上帝,冬至於圓丘所祀天皇大帝。"④鄭玄認爲《周禮》所言"昊天上帝"便是天皇大帝,於圓丘行祭祀之禮,祭祀時間

---

① 藤川正數:《郊祀制について》,載氏著《漢代における礼學の研究》,東京:風間書房,1968年,第197—236頁。
② 杜佑:《通典》卷四二,北京:中華書局,1988年,第1167頁。
③ 本文參考甘懷真:《鄭玄、王肅天神觀的探討》,《史原》第15期(1986年),第173—174頁。楊華:《論〈開元禮〉對鄭玄和王肅禮學的擇從》,載《中國史研究》2003年第1期,第56—57頁。楊晉龍:《神統與聖統:鄭玄王肅"感生説"異解探義》,載《中國文哲研究集刊》1993年第3期,第487—526頁。任爽《唐代禮制研究》,長春:東北師範大學出版社,2000年,第12頁。錢玄:《三禮通論》,南京:南京師範大學出版社,1996年,第486—492頁。
④ 鄭玄注,賈公彦疏:《周禮注疏》卷一八,上海:上海古籍出版社,2010年,第646頁。

爲冬至日。同篇又載"王之吉服：祀昊天、上帝，則服大裘而冕，祀五帝亦如之"。① 然此句鄭玄未有注釋。

再考《禮記·月令》："令民無不咸出其力，以共皇天上帝、名山大川、四方之神，以祠宗廟社稷之靈，以爲民祈福"，鄭玄注曰："皇天，北辰耀魄寶，冬至所祭於圓丘也。上帝，大微五帝。"②此處鄭玄將"皇天上帝"分析爲二神，認爲"皇天"又名"耀魄寶"，爲北辰星，其祭位、祭祀時間與《周禮》所言的"昊天上帝""天皇大帝"相同，皆是冬至之日行祭禮於圓丘，由此推知"昊天上帝""天皇大帝""皇天""北辰星""耀魄寶"蓋同位異名。

至於"上帝"爲太微五帝，與昊天上帝相異。"上帝""太微五帝"又稱"五天帝"，鄭玄對太微五帝的具體詮釋見於《禮記·大傳》"王者禘其祖之所自出，以其祖配之。"句，鄭玄注：

> 凡大祭曰禘。自，由也。大祭其先祖所由生，謂郊祀天也。王者之先祖，皆感大微五帝之精以生，蒼則靈威仰，赤則赤熛怒，黃則含樞紐，白則白招拒，黑則汁光紀，皆用正歲之正月郊祭之，蓋特尊焉。《孝經》曰："郊祀后稷以配天"，配靈威仰也；"宗祀文王於明堂，以配上帝"，泛配五帝也。③

鄭玄認爲"太微五帝"爲星辰之神，包括靈威仰、赤熛怒、含樞紐、白招拒、汁光紀。而"王者之先祖，皆感大微五帝之精以生"句則言一朝開國皇帝乃受太微五帝其中一位之精而生，即爲"感生帝"。因是郊天禮除了祭祀昊天上帝之外，當在夏正之月於南郊祭祀感生帝，而立春、立夏、季夏六月土王日、立秋以及立冬則於東、南、西、北四郊分別祭祀太微五帝，加上雩祭與大享明堂，④一年共行九祭。

鄭玄"六天說"乃將歷史與思想發展過程中的古帝傳說、五德終始說、五行說、感

---

① 鄭玄注，賈公彥疏：《周禮注疏》卷二三，第791頁。
② 鄭玄注，孔穎達正義：《禮記正義》卷二四，上海：上海古籍出版社，2008年，第679頁。
③ 鄭玄注，孔穎達正義：《禮記正義》卷四四，第1349頁。
④ 參見孔穎達《禮記正義》："其天有六，祭之一歲有九。昊天上帝，冬至祭之，一也；蒼帝靈威仰，立春之日祭之於東郊，二也；赤帝赤熛怒，立夏之日祭之於南郊，三也；黃帝含樞紐，季夏六月土王之日亦祭之於南郊，四也；白帝白招拒，立秋之日祭之於西郊，五也；黑帝汁光紀，立冬之日祭之於北郊，六也；王者各稟五帝之精氣而王天下，於夏正之月祭於南郊，七也；四月龍星見而雩，總祭五帝於南郊，八也；季秋大饗五帝於明堂，九也。"（鄭玄注，孔穎達正義：《禮記正義》卷七，第205頁）

生説等各種説法層疊而生。① 戰國晚期甚至之前,已然存在古帝傳説,包括古帝感生的神話,最晚於戰國晚期,在陰陽五行説的影響下,出現了將遠古五帝和五方五色帝相配的情況,②又把太微五星附會成爲五方帝的靈,自是太微五帝的概念形成,遠古五帝由"人帝"轉爲"天帝"。秦漢之際,五德終始説盛行,董仲舒認爲每個朝代的帝皇都具有五行中的某一性的性質,就是"德",五行相生,循環不息,某一德衰落則由另一德取而代之。③

在感生説、五德終始説、太微五帝各説的相互影響下,出現了鄭玄的論述:一朝之始乃應"德"而起,所謂的"德",也就是太微五帝之"精",開國帝王是其母與太微五帝之中的一位天帝之精相感而生,故太微五帝其中一位便是帝王先祖或開國帝王的感生帝。也就是說,帝王的先祖或開國帝王都有兩位父親,一位人間的父親,一位天上的父親(即感生帝),楊晉龍總結鄭玄多部經書注的相關論述:"不外強調人間帝王是天上五帝的裔苗,換句話說,就是帝王是亦人亦神的結合體,不是一般的凡人。"④而"感生"正是鄭、王天神論說的最大分歧。

王肅反駁鄭玄,提出天神只能有一位,即是昊天上帝,《聖證論》曰:"言郊則圜丘,圜丘即郊。天體唯一,安得有六天也。"⑤也就是說祭祀的地點只有一個,圜丘、南郊同

---

① 下文論述乃據前賢研究整理而成,參考書目如下:顧頡剛:《五德終始説下的政治和歷史》,載顧頡剛:《古史辨》第五冊,上海:上海書店出版社,1935年,第404—616頁。顧頡剛:《跋錢穆"評五德終始説下的政治和歷史"》,載顧頡剛:《古史辨》第五冊,第631—636頁。錢穆:《評顧頡剛五德終始説下的政治和歷史》,載顧頡剛:《古史辨》第五冊,第617—630頁。范文瀾:《與顧頡剛論五行説的起源》,載顧頡剛:《古史辨》第五冊,第640—648頁。童書業:《五行説起源的討論》,載顧頡剛:《古史辨》第五冊,第660—669頁。李杜:《中西哲學思想中的天道與上帝》,臺北:聯經出版事業公司,1978年,第9—34頁。謝松齡:《天人象:陰陽五行學説史導論》,濟南:山東文藝出版社,1989年,第5—106頁。何星亮:《中國自然神與自然崇拜》,上海:三聯書店,1992年,第47—100頁。李學勤:《中國古代文明與國家形成研究》,臺北:知書房出版社,2004年,第191—223頁。

② 案:李學勤考證早於傳説時代,不同氏族、部落的軍隊有不同顏色的旗幟和裝束作為標誌,代表著在五色上帝出現之前,已有"方色"稱號的古帝,而且不止五個,也可能同時存在。(李學勤:《中國古代文明與國家形成研究》,第195—196頁)孔穎達《禮記正義》曰:"其五帝者,鄭注《中候·敕省圖》云:'德合五帝坐星者稱帝,則黃帝、金天氏、高陽氏、高辛氏、陶唐氏、有虞氏'是也。實六人而稱五者,以其俱合五帝坐星也。"鄭玄注,孔穎達正義:《禮記正義》卷二,第23頁。

③ 錢穆辨明"五行相生"並非"五德終始説",亦非如顧頡剛所言定於劉歆,曰:"其實五行相生,是上舉'五行相次轉用事'的説法。他們本只説時月政令,並不是説五德遞王,用五行相生來配搭上五德遞王的,是在董仲舒的《春秋繁露》裏有過。從前有否不可考。"(錢穆:《評顧頡剛五德終始説下的政治和歷史》,第624頁。)認爲是董仲舒把五帝編配入五行,"照五行相生順數"並且舉例"黃帝土德,其前神農,火生土,神農自該屬火德,故説以神農爲赤帝。"(錢穆:《評顧頡剛五德終始説下的政治和歷史》,第626頁。)

④ 楊晉龍:《神統與聖統:鄭玄王肅"感生説"異解探義》,第513頁。

⑤ 杜預注,孔穎達正義:《春秋左傳正義》卷六,北京:北京大學出版社,1999年,第195頁。

體異名,所祭之神僅有昊天上帝而已。

《孔子家語·五帝》王肅注:"五帝,五行之神,佐生物者,而讖緯皆爲之名字,亦爲妖怪妄言。"①説明五帝只是五行之神,是協助生養萬物的,不得稱天神,只能稱爲天佐,同篇又稱:"天至尊,物不可以同其號,亦兼稱上帝。上天以其五行佐成天事,謂之五帝。以地有五行,而其精神在上,故亦爲帝。五帝,黄帝之屬,故亦稱帝,亦從天五帝之號。故王者雖號稱帝,而不或曰天帝,而曰天子者,而天子與父,其尊卑相去遠矣。曰天王者,言乃天下之王也。"②王肅認爲"天"是"至尊",至高無上的,萬物不能與之兼稱天帝,五帝亦然,繼而從名稱解釋五帝稱"天子"而非"天帝",即證明五帝非天,只是天之子,辨明天與五帝之間的關係。王肅並解釋古帝("黄帝之屬")得以稱爲五帝,只是配合五天帝(即"五行之帝""天佐")的名號而已。换而言之,王肅認爲五帝有二,一爲五行之神,服膺於昊天上帝,又稱輔佐萬物生育;一爲古帝,而古帝爲人王而非五行之神。

王肅駁斥鄭玄感生説無所據,曰:"而諸説乃謂五精之帝下生王者其爲帝,或無可言也。"③又曰:"案《易》'帝出乎震。震,東方',生萬物之初,故王者制之。初以木德王天下,非謂木精之所生。五帝皆黄帝之子孫,各改號代變,而以五行爲次焉。何大微之精所生乎?"④鄭玄標舉感生説,認爲天子乃感天之精而生,爲天神之後裔,古帝亦然。但王肅則認爲五古帝皆是黄帝的子孫,也就是説五帝只是人帝,並非天神,王肅並且解釋五帝之所以能夠稱王,非感太微之精而生,實爲因有功德於民事而致:"稷、契之興,自以積德累功於民事,不以大跡與燕卵也。且不夫而育,乃載籍之所以爲妖,宗周之所以喪滅。"⑤至於五帝改號蓋法五行,只是象五行更替之義而已,並非因天神之精。

要言之,鄭、王皆承認"昊天上帝"和"五行之帝"的存在,只是鄭玄或受緯書影響,將五天帝和五古帝重合混同,古帝成爲既人既神的結合;昊天上帝和五帝並爲天神,無刻意别尊卑;提倡感生説,認爲開國君主爲感太微五帝之精而生。而王肅認定昊天上帝爲最尊者,五帝亦是附屬於昊天上帝的天佐,爲五行之神;五天帝與古帝有别,古帝爲人間王,不得稱神;王肅反對感生説,認爲君主稱王蓋因其德功。基於鄭、王對天神

---

① 王肅注:《孔子家語》卷六,載《四部叢刊初編子部》,上海:上海影印廠,1989年,缩印江南圖書館藏明覆宋刊本,第65頁。
② 王肅注:《孔子家語》卷六,第65頁。
③ 王肅注:《孔子家語》卷六,第65頁。
④ 鄭玄注,孔穎達正義:《禮記正義》卷五五,第1784頁。
⑤ 鄭玄注,孔穎達疏:《毛詩注疏》卷一七,上海:上海古籍出版社,2013年,第1533頁。

的内涵理解相異,在郊天禮的實行上,鄭玄認爲應當分别於圜丘、南郊祭祀昊天上帝和感生帝,王肅則認爲於圜丘祭祀昊天上帝即可。

二 杜佑《通典》論郊天禮

《通典》歸納歷代儒生對郊天禮論争,言簡意精,道出鄭、王之别,可是杜佑於該條記載下並無闡發己見,而是稱譽《開元禮》並行二制,契合時宜,云:"恭惟國章,並行二禮,可謂協於時宜矣。歷代所行,亦參二禮。異同之論,國朝最詳。具在《郊天篇》下。"①儼如以《開元禮》爲尊。但是鉤稽《通典》中郊天禮的相關論述,包括對儒家經典中對"天神""郊天"等概念的釋讀、周代郊天禮的記載,得見《通典》對郊天禮的禮制安排、以及禮義解釋基本以鄭玄爲宗,亦有取資王肅説以補闕鄭注。

(一) 歲凡九祭、郊丘爲二

關於郊天禮祭位的争論,王肅主"圜丘之與郊祀,實名異而體同",鄭玄主"以祭位有圜丘、太壇之異",杜佑《通典》採納鄭玄説,認爲郊天禮分别行於圜丘與南郊。

《通典·郊天上》述三代郊天禮禮制,皆以"圜丘""南郊"並舉,云:"有虞氏禘黄帝《爾雅·釋天》云:'禘,大祭也。'虞氏冬至大祭天於圜丘,以黄帝配坐。而郊嚳。夏正之月,祭感生帝於南郊,以嚳配焉。"②禘爲祭昊天上帝之禮,郊爲祭感生帝之禮,《通典》載有虞氏分别於圜丘祭天、南郊祭感生帝,各以黄帝和帝嚳配享。夏、商祭天同樣分有禘、郊二祭:"夏后氏禘黄帝而郊鯀""殷人禘嚳而郊冥",③可見杜佑認爲自三代起已經區分圜丘、南郊二祭。周禮襲用古禮,《通典》記:"周制,《大司樂》云:'冬日至,祀天於地上之圜丘。'又《大宗伯》職曰:'以禋祀,祀昊天上帝。'"杜佑引用鄭玄注:"鄭玄云:'謂冬至祭天於圜丘,所以祀天皇大帝。'"④是以祭祀昊天上帝於圜丘。

杜佑並襲鄭玄説,採信周代有南郊太壇祭天之禮,《通典》記周制有祭感生帝之禮,並詳載其祭位,曰:"其壇名泰壇,《祭法》曰:'燔柴於泰壇。'在國南五十里。《司馬法》:'百里爲遠郊,近郊五十里。'"⑤杜佑據《禮記·祭法》與《司馬法》,記祭感生帝於南郊太壇,也就是説,杜佑肯定歷史上有南郊之祭。《通典》於同條自注,説明南郊圜丘祭祀之别,曰:"按昊天上帝,天之總名,所覆廣大,無不圓匝,故奠蒼璧,其神位曰

---

① 杜佑:《通典》卷四二,第1167頁。
② 杜佑:《通典》卷四二,第1161頁。
③ 杜佑:《通典》卷四二,第1161—1162頁。
④ 杜佑:《通典》卷四二,第1162頁。
⑤ 杜佑:《通典》卷四二,第1163頁。

圓丘,皆象天之圓匝也。餘五帝則各象其方氣之德,爲珪璋琥璜之形。《祭法》謂其神位以太壇,是人力所爲,非自然之物。以其各有方位,故名方壇。"①再三申述解釋祭位有二,圜丘祭昊天、四郊太壇祭祀五帝。可見,杜佑在郊天祭位的討論上皆採鄭玄説。

對於祭數,鄭玄主張一歲九祭,王肅主張一歲一祭,②杜佑同於鄭説。《通典》長達三卷的篇幅記録祭天禮制的細節儀式,據之整理,杜佑共録以下五類九次祭天之禮:(一)冬日至,以禋祀祀昊天上帝於圜丘,配以帝嚳,此爲禘祭;(二)祭感生帝於南郊泰壇,因以祈穀,配以稷;(三)立春之日、立夏之日、立秋之日、立冬之日及季夏土德王日,分别祭王氣之神(青帝靈威仰,赤帝赤熛怒,黄帝含樞紐,白帝白招拒,黑帝協光紀)於四方之郊,各其配祭以五人帝:春以太皥,夏以炎帝,季夏以黄帝,秋以少昊,冬以顓頊;③(四)建巳月,大雩五方上帝於南郊之傍,配以五人帝;④(五)季秋,合祭五神、五帝於明堂,配以文王、武王。⑤ 由此可見,《通典》所録與鄭玄、孔穎達之説大抵相同。

(二)六天説

《通典》雖無表明贊同鄭玄對郊天相關論説,但從杜佑對周代祭天禮祭位、祭數的記載情況看,杜佑以鄭玄説爲宗,信取鄭玄對郊天禮制的安排。而在禮義方面,杜佑也基本採納了鄭玄的六天説,除了納入五帝之祀外,也屢次肯定五帝具備天神的地位,如《郊天上》、《樂序》篇便三次引用鄭注云:"天神謂五帝及日月星辰。"⑥更爲重要的是,杜佑在釋説"禋六宗"時,表露了他對"天神""六天"具體内涵的理解:

《虞書》:"肆類於上帝,禋於六宗,望於山川,遍於群神。"漢以王莽等奏日月、星辰、山川、海澤、六子之卦爲六宗者,按《周禮》"以實柴祀日月星辰",則星辰非六宗矣。卦是物象,不應祭之。後漢馬融以天地四時爲六宗者,禮無禋地與四時之義。孔安國言寒暑日月水旱爲六宗者,於理又乖。鄭玄以星、辰、司中、司命、風師、雨師爲六宗者,並是星質,不應更立風師、雨師之位。魏劉邵以沖和之氣六氣宗之者,氣先於天,不合禋天之下。氣從天有,則屬陰陽。若無所受,何所宗之? 其閒有張迪以六代帝王,張髦以宗廟三昭三穆等,並不堪録。後魏孝文帝以天皇

---

① 杜佑:《通典》卷四二,第1164頁。
② 杜佑總結王肅"一歲凡二祭",但王肅所指乃天、地各一祭,也就是説,對於祭天之禮,王肅主張一歲一祭。
③ 杜佑:《通典》卷四二,第1162—1164頁。
④ 杜佑:《通典》卷四三,第1200頁。
⑤ 杜佑:《通典》卷四四,第1214—1217頁。
⑥ 杜佑:《通典》卷四二,第1163,1164頁;《通典》卷一四一,第3591頁。

大帝、五帝爲六宗,於義爲當。何者?按《周禮》"以禋祀昊天上帝",則禋祀在祀天,不屬別神。又《司服》云:"祀昊天上帝,大裘而冕,祀五帝亦如之"。昊天、五帝乃百神之尊,宗之,義也。或難曰:"《書》既云類上帝,何更言禋者?"此叙巡狩祀禮之次矣。將出征,肆類也。禋宗,遍祀六天也。何以肆類之文而迷都祀之禮乎!①

杜佑所論發端於《尚書》"禋於六宗"一句,何爲"六宗"歷代莫衷一是,何志華爬梳前儒釋"六宗",即謂:"漢晉學者於'六宗'之義,本無定説"特别指出"賈逵、馬融兩大經師於'六宗'之義亦有不同,此非僅屬鄭、王之别也。"②可見"六宗"爲歷代經生所注目的議題,並非濫觴於鄭、王。王肅、孔安國認爲六宗分别爲寒、暑、日、月、水、旱,③杜佑認爲王説於理有乖,又貶責鄭玄説,繼以採納孝文帝説,將天皇大帝(即昊天上帝)與五帝並爲六宗。杜佑理據有三:

一者,杜佑認爲《周禮》言"以禋祀昊天上帝"、《尚書》又言"禋於六宗",據此二經可知"昊天上帝""六宗"皆受禋祀,而禋祀爲祭天之禮,則六宗亦當爲天神。二者,據《司服》,祭昊天上帝與五帝時,君王同樣服大裘、冠冕,意味着昊天上帝與五帝地位相等,更稱"昊天、五帝乃百神之尊,宗之,義也"。三者,杜佑理解《尚書》"肆類於上帝"的"類"是出征、巡狩前的祭名,④"上帝"是五德之帝、五精之帝,亦即爲感生帝。⑤"禋於六宗"用於形容君主巡狩之後遍祀五方帝與昊天上帝。

---

① 杜佑:《通典》卷四四,第1234—1235頁。
② 何志華:《從東漢高誘注解看鄭、王之爭》,載何志華:《經義叢考》,香港:香港中文大學,2015年,第135頁。
③ 《尚書正義·舜典》孔穎達疏:"名曰六宗,明是所尊祭者有六,但不知六者爲何神耳。《祭法》云:'埋少牢於太昭祭時,相近於坎壇祭寒暑。王宮祭日,夜明祭月,幽榮祭星。雩榮祭水旱也。'據此言六宗,彼祭六神,故傳以彼六神謂此六宗。必謂彼之所祭是此六宗者,彼文上有祭天祭地,下有山谷丘陵。此'六宗'之文在上帝之下、山川之上,二者次第相類,故知是此六宗。王肅亦引彼文。乃云:'禋于六宗,此之謂矣。'鄭玄注彼云:'四時謂陰陽之神也。'然則陰、陽、寒、暑、水、旱,各自有神。此言'禋于六宗',則六宗常禮也。《禮》無此文,不知以何時祀之。鄭以彼皆爲祈禱之祭,則不可用鄭玄以解此傳也。……惟王肅據《家語》六宗與孔同。各言其志,未知孰是。"孔安國注,孔穎達正義:《尚書正義》卷三,第79—80頁。
④ 杜佑釋"類"爲君主巡狩前所行祭禮制專名,蓋其一貫理解。檢《通典》記叙君主巡狩之前皆行告禮,所謂告禮,蓋指"古者天子將巡狩,必先告於祖,命史告群廟及社稷、圻内名山大川。"杜佑:《通典》卷五五,第1536頁。
⑤ 《天子諸侯將出征類宜造禡並祭所過山川》云:"天子將出征,類於上帝,宜於社,造於禰。"杜佑注:"帝謂五德之帝,所祭於南郊者。類、宜、造,皆祭名。"(杜佑:《通典》卷七六,第2061頁);《巡狩》云:"天子將巡狩,類乎上帝,宜乎社,造乎禰。"杜佑注:"帝謂五精之帝所配祭南郊者,謂靈威仰也。類、宜、造,皆祭名也。"(杜佑:《通典》卷五四,第1500頁)據此二注,可知杜佑認爲"類於上帝"的上帝是五德之帝、五精之帝,亦即爲感生帝。

綜此三端,杜佑認爲五帝與昊天上帝同享禋祀,皆爲天神,等級相當,皆是百神之尊,《尚書》名曰"六宗"蓋專指天子巡狩之禮,但所祭之神六天神,也就是鄭玄所謂的"六天"。清人黄以周(1828—1899)《禮書通故》正批評杜佑以六天説解釋六宗,云:"歐陽説六宗無所指明,杜佑等乃以六天之説實之,謬甚。《書》既言類上帝,而六宗中何復舉天帝之祀也?"① 杜佑所釋六宗是否正確尚需考證,然黄氏的批評恰好指出杜佑以"六天"解釋"六宗",换而言之,《通典》"禋六宗"的論述正是杜佑對郊丘之説的表態。

(三)感生説

上文已述及杜佑據記周朝有祭感生帝於南郊太壇之禮,是杜佑承認感生説之體現,《通典》載:

> 其感生帝,《大傳》曰:"禮,不王不禘,王者禘其祖之所自出,以其祖配之。"凡大祭曰禘。自,由也。大祭其先祖所由出,謂郊祭天也。王者先祖皆感太微五帝之精以生,其神名,鄭玄據《春秋緯説》,蒼則靈威仰,赤則赤熛怒,黄則含樞紐,白則白招拒,黑則協光紀。皆用正歲之正月郊祭之,蓋特尊焉。《孝經》云:"郊祀后稷以配天",配靈威仰也。"宗祀文王於明堂以配上帝",汎配五帝也。因以祈穀。《左傳》曰:"郊祀后稷,以祈農事。其壇名泰壇,在國南五十里。禮神之玉,用四珪有邸,尺有二寸。牲用騂犢。配以稷,《祭法》:"周人禘嚳而郊稷。"《孝經》曰:"郊祀后稷以配天。"《左傳》曰:"郊祀后稷,以祈農事。"其配帝牲亦騂犢。②

杜佑基本接受鄭玄感生説,認爲開國皇帝蓋感太微五帝之精而生,而此太微五帝便是該開國皇帝之先祖,正月便是祭祀感生帝。《通典》記録天子南郊祭祀天帝之禮,杜佑亦每每釋之爲"五精之帝""五德之帝",是將南郊之祭界定爲祭感生帝之禮,與鄭説同。杜佑叙四郊之祭時,重申感生帝與五帝之關係,云:"若以祖之所自出,即禘祭靈威仰於南郊,一神而已。若迎王氣之神,即春青帝靈威仰,夏赤帝赤熛怒,季夏黄帝含樞紐,秋白帝白招拒,冬黑帝協光紀也。"③ 杜佑説本鄭玄,認爲感生帝即爲太微五帝其中一位,杜佑解釋感生帝之祭是"一神而已",意味着杜佑視感生帝爲"神",五帝亦

---

① 黄以周:《禮書通故》卷一四,北京:中華書局,2007年,第678頁。
② 杜佑:《通典》卷四二,第1163頁。
③ 杜佑:《通典》卷四二,第1164頁。

然,①此正符合其六天説。

杜佑雖然承鄭玄郊天之説,又不盡與鄭同。察《通典》記郊天禮,其實回應王肅對鄭玄的駁難,嘗試建立一個較爲完備的天神系統。前文已言,王肅質疑鄭玄混同了五人帝和五方帝,云:"所云帝者,兆五人帝於四郊,豈得稱之天帝?"故王肅辨清二者,提出郊天所祭五帝是五方帝(或曰"五行之帝"),而非五人帝,杜佑資取王説,在論述中刻意區别五人帝和五方帝,例如記感生帝之祭,以五人帝爲配享;四郊之祀祭五方帝、以五人帝爲配祭祀。由是,五人帝和五方帝在同一郊祀中擔當不同的角色,各司其職,"五帝"概念條貫井然,可見,杜佑並非全盤接受鄭玄論説,反而權衡各家論述,做出調適,完備其説。

三 杜佑與唐代論説比較

王鳴盛(1722—1797)評杜佑作《通典》,云:"蓋唐中葉經學已亂,故佑多徇俗,今不暇毛舉。"②指出中唐經學紊亂,而杜佑説經多循李唐俗説、駁斥古義,若如王氏所言,則見杜佑經説每多受到唐代俗説影響,因是,本文分析李唐經説與禮制兩方面對於郊天禮的理解和詮釋,考察"佑多徇俗"一説是否正確。

(一)唐代經書注疏論郊天禮

論及唐經學必稱孔賈,故本文以孔穎達(574—648)《五經正義》、賈公彦(生卒年不詳)《周禮注疏》、《儀禮注疏》爲考察對象,窺見唐代經注對郊天論争的釋讀與傾向。

孔穎達《正義》稱:"《禮》是鄭學,今申鄭義。"③然而學者揭露《正義》並不以鄭注爲尚,反而有折衷鄭、王二説的論述。簡博賢云:孔氏《正義》皆取王、鄭二説。"④甘懷真亦以《禮記·郊特牲》孔疏爲證,提出孔穎達論列天神乃"以王肅説爲主,而外飾以鄭玄説"。⑤本文承簡、甘二説,試以析述,孔穎達釋"六天"曰:

---

① 自王肅始,將五帝界定爲五行之神,强調爲"佐生物者",直至《開元禮》更將五帝定性爲祈求農産之神祇,與鄭玄所説具有"感生"能力的太微五帝相去甚遠。對此,杜佑重新詮釋五方帝,界定五帝便是青帝靈威仰、赤帝赤熛怒、黃帝含樞紐、白帝白招拒、黑帝協光紀,並且提出"王氣之神"一詞,强調其神位,具有感生的能力,並非《開元禮》所説的星辰而已。
② 王鳴盛:《十七史商榷》卷九〇,上海:上海書店出版社,2005年,第817頁。
③ 鄭玄注,孔穎達正義:《禮記正義》卷五〇,第1584頁。
④ 簡博賢:《今存唐代經學遺籍考》第2册,臺灣師範大學國文研究所碩士論文,指導教師:楊家駱,1970年6月,第62頁。
⑤ 甘懷真:《鄭玄、王肅天神觀的探討》,第176頁。

而鄭氏以爲六者,指其尊極清虛之體,其實是一,論其五時生育之功,其別有五,以五配一,故爲六天。據其在上之體,謂之天。天爲體稱,故《説文》云:"天,顛也。"因其生育之功,謂之帝,帝爲德稱也,故《毛詩傳》云:"審諦如帝。"①

孔穎達解釋何謂"六天",同篇下文孔穎達又以祭祀昊天上帝與五帝"同服大裘"爲由,説明五帝和昊天上帝地位相同,一樣爲天神,共稱六天。表面上《正義》篤守鄭玄六天説,但細繹其説,則明孔穎達所論"六天"皆以王説爲據。孔穎達指"天爲體稱"是視"天"爲宇宙間一種存的狀態,又曰"天"是"尊極清虛之體,其實是一",與王肅"天體唯一"的説法如出一轍,皆肯定天體只有一個。而孔穎達又解釋五帝之"德"在於其"其生育之功",正採納了王肅對"五帝"的定義:"五行之神,佐生物者"。又考《尚書正義・舜典》"禋于六宗"句,孔穎達疏:

《周禮・司服》云:"王祀昊天上帝,則服大裘而冕,祀五帝,亦如之。"是昊天外更有五帝。上帝可以兼之,故以"告天及五帝"也。鄭玄篤信讖緯,以爲昊天上帝謂天皇大帝,北辰之星也;五帝謂靈威仰等,太微宫中有五帝座星是也。如鄭之言,天神有六也。《家語》云:"季康子問五帝之名,孔子曰:'天有五行:金、木、水、火、土,分時化育,以成萬物,其神謂之五帝。'"王肅云:"五行之神,助天理物者也。"孔意亦當然矣。②

孔穎達釋説鄭玄"天神有六"分別爲昊天與五帝,而"上帝"一名則可兼稱二者,並申明鄭説蓋本緯書,所謂指五帝蓋爲太微五星辰。孔穎達未有非難鄭説,然從文辭之間,可見《正義》對鄭説之保留。孔穎達引《孔子家語》與王肅注,釋"五帝"爲金木水火土五行之神,又言其職爲協助天治理萬物,評曰:"孔意亦當然矣",認爲以王説切合孔子之意。可見,孔穎達更爲傾向王肅所釋"五帝",將五帝視爲天之輔佐,爲五行之神。可以説,孔穎達只是襲用鄭玄"六天説"的架構,但却採用了王肅對"天""五帝"、天與五帝關係之理解。

孔穎達多援引典籍以資鄭玄説,爲儒生所詬病,如汪紱(1692—1759)批評"顧先儒之治小戴者,鄭注既祖讖緯,孔疏 於附會"。③ 未察孔穎達對鄭玄感生説實則陽奉陰違。如鄭玄據緯書主張感生説,認爲君主乃感太微之精而生,孔穎達雖隨文釋説感生帝之祭,但却每每在疏文中修正其説法。如上文引述孔穎達解何爲"五帝",孔《疏》

---

① 鄭玄注,孔穎達正義:《禮記正義》卷三四,第1024頁。
② 孔安國注,孔穎達正義:《尚書正義》卷三,上海:上海古籍出版社,2007年,第79頁。
③ 汪紱:《禮記章句・序》,《續修四庫全書》第100册,上海:上海古籍出版社,1995年,據清光緒二十二年刻本影印,總第350頁。

曰:"因其生育之功,謂之帝,帝爲德稱也",孔穎達認爲五帝稱帝蓋因其"德",而所謂的"德",並非鄭玄所言的太微之精,而是王肅所稱的"德性"。《曲禮》正義轉引熊安生解釋五帝得以稱帝,曰:"德配天地,在正不在私,稱之曰帝。"繼而孔穎達解說何爲"德",云:"其如此善行爲心,於己爲得,雖不矜伐,意恒爲善,謂之爲德。"①孔穎達認爲五帝以"德"稱帝是因爲君主能夠發顯德性,累積功德,有善行而致,這正與王肅駁斥鄭玄感生說之言論相同,王肅曰:"稷、契之興,自以積德累功於民事。"②也就是說,孔穎達雖無明確否定鄭玄感生說,但是已然選取了王肅的說法。

考察賈公彦對經書中郊天禮的討論,雖然爲鄭玄圓說,然而已偏向王肅說。如《周禮·春官宗伯》賈公彦徵引緯書,爲鄭玄太微五帝說——鈎尋出處,③隨後解說各經之中昊天上帝名號相異的情況,賈疏提出昊天上帝因尊而得以有數名,曰:

> (案:鄭玄)又云:"昊天上帝,又名大一常居。"以其尊大,故有數名也。其紫微宫中皇天上帝,亦名昊天上帝,得連上帝而言。至於單名皇天,單名上帝亦得。故《尚書·君奭》云:"公曰:君奭,我聞在昔,成湯既受命,時則有若伊尹,格於皇天。"鄭注云:"皇天,北極大帝。"又《掌次》云:"張氈案,設皇邸,以旅上帝。"上帝即大帝。《堯典》云:"欽若昊天。"皆是上帝單名之事。《月令》更無祭五帝之文,故《季夏》云"以供皇天上帝"。鄭分之:皇天、北辰耀魄寶。上帝、大微五帝,亦是大帝單號之事。若然,大帝得單稱,與五帝同,五帝不得兼稱皇天、昊天也。④

賈公彦解釋何以《掌次》中昊天上帝何以得稱"上帝",然而《月令》鄭注又釋"上帝"爲太微五帝,賈公彦認爲蓋昊天上帝"尊大",可以單稱"上帝",與五帝同名號。但是五帝不能僭稱爲皇天、昊天。換而言之,賈公彦同樣認爲昊天上帝和五帝有等級層次之分,與王肅所強調五帝不能兼稱爲天的說法同條共貫。

綜上所述,以孔穎達、賈公彦爲代表的唐代經學注疏並無墨守鄭注,表面上維護鄭注,肯定六天說的架構,但義取王說,包括採納王肅"天體唯一"或是"天至尊"的說法;

---

① 鄭玄注,孔穎達正義:《禮記正義》卷二,第23頁。
② 鄭玄注,孔穎達疏:《毛詩注疏》卷一七,第1533頁。
③ 賈公彦:"案《春秋緯·運斗樞》云'大微宫有五帝座星',即《春秋緯》,《文耀鈎》云:'春起青受制,其名靈威仰。夏起赤受制,其名赤熛怒。秋起白受制,其名白招拒。冬起黑受制,其名汁光紀。季夏六月火受制,其名含樞紐。'又《元命包》云'大微爲天庭五帝以時合',此等是五帝之號也。又案《元命包》云:'紫微宫爲大帝。'又云:'天生大列爲中宫大極星,星其一明者,大一常居,傍兩星巨辰子位,故爲北辰,以起節度。亦爲紫微宫,紫之言中,此宫之中,天神圖法,陰陽開閉,皆在此中。'又《文耀鈎》云:'中宫大帝,其北極星下一明者,爲大一之先,合元氣以斗布,常是天皇大帝之號也。'又案:《爾雅》:'北極謂之北辰。'鄭注云:'天皇北辰耀魄寶。'"鄭玄注,賈公彦疏:《周禮注疏》卷一八,第649頁。
④ 鄭玄注,賈公彦疏:《周禮注疏》卷一八,第649頁。

釋五帝爲五行之神,爲天之佐,將五帝降格於昊天上帝之下;孔穎達解釋五帝蓋"帝爲德稱",亦本王肅"以積德累功於民事"的論調,主張君主可以稱帝爲王乃據其德功,間接否定鄭玄的感生説。

(二)《大唐開元禮》論郊天禮

《開元禮》載唐代吉禮郊天禮歲凡九祭,包括:一、冬至祀昊天上帝於圓丘;二、正月上辛,祈穀祀昊天上帝於圓丘;三、孟夏雩祀昊天上帝於圓丘;四、季秋大享明堂,祀昊天上帝、以五帝從祀;五、在立春、立夏、季夏之土王日、立秋、立冬五時分別祭祀五方帝。① 從禮制安排上看,《開元禮》郊天禮幾乎離不開昊天上帝,是以昊天上帝爲尊的表現,遵循王肅"天至尊"的説法。

時賢對於此研究頗爲詳盡,姑舉數説,以見一斑。陳戍國羅列唐代歷朝儒生對郊祀的討論,及至《開元禮》撰成,總結:"李唐郊祀的思想基礎終於大多爲王肅之説所取代。"② 甘懷真稱:"《大唐開元禮》中的祭天觀念主要是依據王肅的禮學。"③ 任爽指《開元禮》修禮的基本傾向:"兼采鄭玄、王肅兩義,並收貞觀、顯慶二禮。"④ 楊華比對《開元禮》對郊天禮的選擇上,認爲《開元禮》兼采鄭、王二家。諸家之説,大抵以《開元禮》不囿於二家之藩籬,甚至以王肅説爲主。本文以爲諸家研判大致無誤,從禮制安排上,《開元禮》的確兼納鄭、王,但是細尋其説,則發現《開元禮》雖然保留五方帝之祭,但是五方帝之性質已改變,禮義與鄭説乖異。

前文已述及鄭玄混同遠古五帝、五方帝、太微五星、五天帝等概念,統稱五帝,具有感生之能,《開元禮》則將五人帝、五方帝、太微五星以作區分。《開元禮·神位》記四郊之祭:"立春,祀青帝於東郊。以太昊配以勾芒氏,歲星三辰七宿從祀。立夏,祀赤帝於南郊。以炎帝配以祝融氏,熒惑三辰七宿從祀。季夏,祀黃帝於南郊。以軒轅配以后土,鎮星從祀。立秋,祀白帝於西郊。以少昊配以蓐收,太白星三辰七宿從祀。立冬,祀黑帝於北郊。以顓頊配以玄冥,辰星三辰七宿從祀。"⑤ 皆以五方帝(東方青帝、南方赤帝、中央黃帝、西方白帝、北方黑帝)爲受祭之神,五人帝(太昊、炎帝、軒轅、少昊、顓頊)爲配享,五官(句芒、祝融、后土、蓐收、玄冥)爲配祀,五星十二辰二十八宿

---

① 蕭嵩等撰:《大唐開元禮》卷四至卷二一,《四庫全書》第646冊,上海:上海古籍出版社,1987年,總第67—188頁。《通典·開元禮纂類》亦有撮要,內容大致相同,詳參杜佑:《通典》第3冊,卷一〇六,第2761、2766—2768頁。
② 陳戍國:《中國禮制史(隋唐五代卷)》,長沙:湖南教育出版社,1998年,第120頁。
③ 甘懷真:《皇權、禮儀與經典詮釋:中國古代政治史研究》,上海:華東師範大學出版社,2008年,第147頁。
④ 任爽:《唐代禮制研究》,第15頁。
⑤ 蕭嵩等撰:《大唐開元禮》卷一,總第43頁。

（歲星、熒惑、鎮星、太白、辰星）爲從祀。又曰："今按郊壇之位，五方帝坐在壇之第一等，紫微五帝坐在壇之第二等，太微五帝坐在壇之第三等，則尊卑之列，上下不同矣。"①自是人帝、五方帝、太微五星職守分明，尊卑有序。

《開元禮》既已區分五人帝、五方帝、太微五星等概念，又分别改易其性質。《開元禮·神位》云："夫五帝者，五行之精，五行者，九穀之宗。"②將五方帝定義爲"五行之精"，與王肅釋"五行之神"同，五方帝的職能純化爲主宰五行運作，五行運行順遂方得以生產穀糧，故據《開元禮》所釋，五方帝成爲祈求農產之神祇，故甘懷真曰："五帝之祭祀皆保留，但改變五帝的神性，五帝之祀的續存是因爲其爲五行之神。"③也是意識到《開元禮》與鄭玄所論"五帝"内涵非一。至於太微五帝則被降格爲星辰，取消其神性，同篇云："先儒以爲天是感精之帝，即太微之五帝，此即皆是星辰之例。"④認爲鄭玄所言太微五帝，只是星辰之列而已。

換言之，原本與昊天上帝並列爲"六天"的"太微五帝"以及"五方帝"，在《開元禮》的詮釋下失去了天神之位，《開元禮》同篇亦云："《周禮》曰：'王將旅上帝，張氊案，設皇邸。祀五帝，張大次小次。'由此言之，上帝之與五帝自有差等，豈可混而爲一乎？"⑤明言太微五帝與上帝有等級差别，因是《開元禮》祭祀昊天上帝與五方帝，但實以採納王肅一天説，以昊天上帝爲尊。

但是本文已嘗剖析，杜佑透過詮釋六宗（即六天）所指，重新將五帝提升至天神之位，與昊天上帝相同，稱："昊天、五帝乃百神之尊"。特别需要留意的是，杜佑批評鄭玄釋六宗爲星、辰、司中、司命、風師、雨師，認爲此"並是星質"不可稱爲六宗，可以説，杜佑理解的六宗，包括五帝，必定不是星質，而這正是對《開元禮》列五帝作"星辰之列"的反駁。

《開元禮》將"五方帝"改爲農祇，太微五星降爲星辰，這也連帶消彌了鄭玄之感生説。《開元禮·神位》更直接否定鄭玄感生説，謂："鄭康成云：'天之五帝，遞王四時。王者之興，必感其一。因其所感，别祭尊之。故夏正之月，祭其所生帝于南郊，以其祖配之。故周祭靈威仰以后稷配之，因以祈穀。'據所説祀感帝之意，本非祈穀。先儒此説，事恐難憑。"⑥是以鄭玄感生説未足爲據，取消感生帝之祭，改爲祭昊天上帝，配以

---

① 蕭嵩等撰：《大唐開元禮》卷一，總第41—42頁。
② 蕭嵩等撰：《大唐開元禮》卷一，總第42頁。
③ 甘懷真：《皇權、禮儀與經典詮釋：中國古代政治史研究》，第141頁。
④ 蕭嵩等撰：《大唐開元禮》卷一，總第42—43頁。
⑤ 蕭嵩等撰：《大唐開元禮》卷一，總第43頁。
⑥ 蕭嵩等撰：《大唐開元禮》卷一，總第42頁。

後稷,祈求農穀豐收。

因此,《開元禮》名義上雖稱保留五帝從祀,謂"感帝之祀,行之自久""有其舉之,莫可廢也""六神咸祀"云云,但在《開元禮》的詮釋之下,五方帝由受祭之神降爲從祀,太微五星則淪爲星辰,並且明言五帝與昊天上帝有等差。鄭玄、《開元禮》所論"五帝"內涵非一。由是觀之,《開元禮》充其量是襲用"祭五方帝"之名,但從禮義、禮儀上比較,不可謂延續鄭説。

《開元禮》又曰:"所謂昊天上帝者,蓋元氣廣大則稱昊天,據遠視之蒼蒼然則稱蒼天,人之所尊,莫過于帝,託之于天,故稱上帝。故《書》曰:'欽若昊天,日月星辰,以授人時。'《周官》曰:'以禋祀昊天上帝,以實柴祀日月星辰。'即知天以蒼昊爲名,不及星辰之例。"①甘懷真據此析述:"昊天不是天的名稱,只是對天的形容。上帝也只是對天的至上地位的尊稱。天是没有神名的,更不可能相對應於某種人格神,天就是天。"②依甘氏所言,《開元禮》雖祭昊天上帝尤勤,但《開元禮》所理解的"昊天上帝"只是"天""蒼昊",也就是"自然之天""物理之天",取消鄭、王皆肯定"人格天"概念。可以説《開元禮》不僅否定鄭玄六天説,也否定了王肅的一天説,是消解了天神的信仰。

綜而論之,前賢論定《開元禮》在郊天禮的取態上傾向王肅説。本文在此基礎上,重考《開元禮》相關討論,可見《開元禮》辨析五方帝、太微五星、五人帝定義,使之條縷分明;又將五方帝定性爲農業神祇,太微五星列爲星辰,並且明言五帝卑於昊天上帝;也駁斥鄭玄感生説。《開元禮》雖謂並兼鄭、王,但究實而言,已然完全摒棄鄭玄郊天相關論述之內涵。

四 《通典》通經致用論考

感生之説多據緯書,後世儒生批評鄭玄,乃至杜佑亦不足爲奇。陳祥道曰:"杜佑《通典》惑於《大傳》之註,亦以感生帝與昊天上帝並列而爲二,是又讀《大傳》本文不熟而失之也。"③否定鄭玄、杜佑一脈的六天説。吊詭的是,唐代不論經學還是禮制方面,對於郊天的看法,即便是聲稱宗鄭,但是採王説爲據,一天説逐漸取代六天説,君王感生説受到質疑,尤其官方禮制《開元禮》的種種規定,皆見李唐對郊天禮的理解義歸一宗,王説儼然成爲李唐的主流。因是本文關注的是杜佑何以在經學、禮制皆納用王

---

① 蕭嵩等撰:《大唐開元禮》卷一,總第41—42頁。
② 甘懷真:《皇權、禮儀與經典詮釋:中國古代政治史研究》,第140頁。
③ 衛湜:《禮記集説》卷八四,《四庫全書·經部》第118冊,上海:上海古籍出版社,1987年,第9頁,總第753頁。

説的潮流下,仍然重申鄭説?

事實上,考慮《通典》解説經注,或許應該將中唐政治現實形勢以及杜佑政見納入考量範圍。曾貽芬曾歸納《通典》注釋,以爲:"(按:《通典》自注)是根據撰述的需要而作,與正文相輔相成,相得益彰,達到杜佑撰《通典》'將施有政'的目的,充分地反映了杜佑的思想與主張。"①吴麗娛又言:"唐後期只是在辨證古禮的基礎上,使之能夠更加符合唐朝現實所需而合理化。在這方面,唐人所作的就主要不是學術派别之争。"②也就是説,要理解杜佑解經釋經的用意,必須考慮李唐的現實政治與杜佑的政治主張。

吕昕娱特别留意到當儒家典籍的解釋需要應用到現實制度的層面時,所引起的争執更爲糾葛複雜,這正提示後生探討杜佑的經解不可僅放在學術論争層面,亦需思考中唐時人的制度安排,故云:"作爲唐代中期的一位名儒,杜佑對經書頗有研究,對經書的言論十分信賴。然而他對儒家經書並不盲從,而是勇於疑古,善於求是。他在儒家經典對政治的作用這一問題上,大膽地提出了自己的意見。"③肯定杜佑解説經文實則意欲在政治現實上發揮作用。

(一)郊天與皇權

於此之前,必先了解郊天禮禮義的詮釋與皇權的關係。禮義的確立與禮儀的制訂,並非純然行政措施上的考慮,也意味着對統治者權力來源的整理,是統治者向被統治者申明其統治"合法性"④的重要手段,用余英時的話,便是在"武力"之外,另外發展的"一套精神的力量"。⑤ 换言之,整頓禮義、禮制的背後隱含着説話者意欲建構的一套政治論述。學者於此多有論述,如詹鄞鑫指出祭祀之禮不全然是出於鬼神崇拜,而是帶有政治意義。⑥ 吴麗娛强調關注喪禮與皇權伸張之間的關係,謂:"皇帝禮的意義,皇帝與國家的關係、皇帝對整個官僚層及社會民衆的支配如何通過喪禮以體現,官

---

① 曾貽芬:《論〈通典〉自注》,《史學史研究》1985年第3期,第1頁。
② 黄正建主編:《中晚唐社會與政治研究》,北京:中國社會科學出版社,2006年,第150頁。
③ 吕昕娱:《淺論杜佑史學思想》,《赤峰教育學院學報》2001年第1期,第7頁。
④ 本文參考楊晉龍對"合法性"的定義,其曰:"所謂'合法性'實際上就是一種'統治權在意識形態上的合理化與被統治者對此權利的認可';也就是'統治者與被統治者共認的一種原則或理念'。這種理論使被統治者承認統治者有絶對的權利'行使統治權',並且承認其自身對統治者具有'服從的義務',如此一來,統治者的權力自能得到保證,也不至於被解消。"(楊晉龍:《神統與聖統:鄭玄王肅"感生説"異解探義》,第496頁。)
⑤ 余英時:《道統與政統之間——中國知識分子的原始狀態》,《士與中國文化》,上海:上海人民出版社,1987年,第106頁。
⑥ 詹鄞鑫:《神靈與祭祀:中國傳統宗教綜論》,南京:江蘇古籍出版社,1992年,第181頁。

僚和庶民喪禮如何進行及其中的一些內容儀式變化是不斷引起我們思索的問題。"①近世學者已有共識,郊祀、君臣廟數的制訂,指涉的是帝皇王權統治的問題。因此學者多據《貞觀》《慶顯》《開元》三部禮制典籍考察唐代禮制安排與皇權的關係,如金子修一《關於魏晉到隋唐的郊祀、宗廟制度》考證漢唐郊祀與宗廟禮制,關注漢至唐之間,如何藉助郊祀禮的安排展現帝皇即天之子、又是民之王的雙重身份,②張文昌考究《開元禮》的編撰與伸張皇權之間的關係,③甘懷真《皇權、禮儀與經典詮釋:中國古代政治史研究》從經典詮釋切入,考察歷代儒生如何運用儒家經典此文化資源,藉禮制的安排構建君、臣權力關係。④ 茲舉一二,餘不贅述。總而言之,學者所考多肯定李唐藉以禮制安排確立皇權,符合中央集權的政治傾向。

　　郊祀禮是至關重要的皇帝禮制,除單純的學術、經學討論,也涉及皇帝與諸天神、皇帝與祖先、皇帝與平民之間的關係,雷蒙特明確指出郊天禮之政治意義,謂:"公開崇拜天的儀式變成了一種更有深刻意義的政治行為,是對具有法理上的權力的一種聲稱。"⑤因此,對於郊天禮的詮釋和安排,也成為考察詮釋者治國理念、現實意圖的切入方向,如姜伯勤針對唐代安史之亂後,藩鎮勢力膨脹的形勢,推論李唐政府通過對郊祀禮的改革以加強王權的統一,宣示唐帝國的正統:"郊祀禮祭拜統一天神昊天上帝,是為了加強對王權統一性、正統性的象徵……這種做法亦無疑是為了進一步強調王室受制于天命。"⑥陳戌國贊成姜伯勤所說,謂:"顯然是順理成章的。"⑦並闡釋李唐採納一天說的用意:"蓋尊一天帝如同尊人間一帝,當為維護中央朝廷尊嚴所需,應別有用心耳。"⑧任爽大抵依循姜、陳二說,《唐代禮制研究》探考唐代禮制發展表現李唐集中皇

---

① 吳麗娛:《終極之典:中古喪葬制度研究》上冊,北京:中華書局,2012年,第10—11頁。
② 金子修一:《關於魏晉到隋唐的郊祀、宗廟制度》,劉俊文主編:《日本中青年學者論中國史:六朝隋唐卷》,上海:上海古籍出版社,1995年,第337—386頁。
③ 張文昌:《唐代禮典的編纂與傳承——以〈大唐開元禮〉為中心》,臺北:花木蘭文化出版社,2008年。
④ 甘懷真:《皇權、禮儀與經典詮釋:中國古代政治史研究》,上海:華東師範大學出版社,2008年。
⑤ 雷蒙特著,王穎譯:《第九世紀初期對天的爭辯(上)》,載 ArthurF. Wrisht 等著,陶晉生等譯:《唐史論文選集》,臺北:幼獅文化,1990年,第166頁。
⑥ 姜伯勤:《唐貞元、元和間禮的變遷》,姜伯勤:《敦煌藝術宗教與禮樂文明:敦煌心史散論》(北京:中國社會科出版社,1996年),第447頁。
⑦ 陳戌國:《中國禮制史(隋唐五代卷)》,第126頁。
⑧ 陳戌國:《中國禮制史(隋唐五代卷)》,第124頁。

權的趨向,特別指出貞元元年(785),德宗從柳冕奏頒布《祀五方配帝不稱臣詔》,①認爲此詔書標誌著"五方帝由天降爲帝,祭祀之君主由對其稱臣改爲不稱臣,説明唐人不僅理順了諸神之間的關係,也理順了被祭祀諸神與祭祀者之間的關係。"②"與前代相比,唐代君主已不再是衆神的僕從,而是衆神之中僅次於天的人間之神;不僅與五帝之屬並駕齊驅,而且讓其餘諸神匍匐於自己的脚下。"③透過降五帝爲人帝,自是,皇帝得以與五方帝並行,獲得了僅次於昊天上帝的地位。諸家之説,大抵認爲李唐禮制採納一天説,蓋針對强藩林立,藐視中央之時弊,故藉修改禮制以强化中央皇權。

然而諸家千慮一失,未及措意不論一天説抑或六天説,皆有助於肯定政權之合法性。章群言:"惟天子可以祭天,祭感生帝亦然,即使二者兼祭,仍同一王朝,同一皇帝,本無其他政權,本無其他帝皇,所謂'加强對王權統一性、正統性的象徵',誠不知何所指而云然。"④斯言是矣,承章群所論,郊天禮本爲皇帝專屬之禮,而行郊天禮,本身便是確認其政權合法性的活動,不論所祭有無感生帝、有無五方帝,皆不影響王權的合法性。既明郊天禮不論採納鄭玄説抑或王肅説,皆能强調王權之統一性、正統性,而未能完全解釋何以李唐必須捨鄭取王。

更值得思考的是,陳戍國深曉王肅禮説未必切合强化王權:"儘管李唐對郊祀禮作出某些改變的理論依據乃是王肅的有關禮説,而王肅未必抱有加强王權統一性、正統性的動機(王肅之婿司馬炎篡奪曹魏帝位,很難説得上正統性,但如在司馬氏奪得皇位之後發表他的禮論,則有可能要求加强王權)"⑤陳戍國從王肅所屬背景考量,指出王肅並不强調政權正統性。事實上,王肅所主之應德説,正是對政權正統的挑戰,陳説或因此疑慮而對李唐採納、改造王説的意圖持保留態度,故僅稱爲"爲加强王權服務的可能性是可以理解的。"⑥貞元以降郊天祀之改動,固然有現實考慮,切合唐代中央集權的發展方針,但亦不可忽略李唐禮制改易趨向與取態,追尋《貞觀》以降的禮制討論,大抵高宗起已倡導以王説取代鄭説,《顯慶禮》正廢鄭玄六天説,直到《開元禮》

---

① 《全唐文》載《祀五方配帝不稱臣詔》:"郊祀之禮,本於至誠,制禮定名,宜從事實。五方配帝,上古哲王,道濟蒸人,禮著明祀。論善計功,則朕德不類;統天御極,則朕位攸同。而祝文稱臣以祭,既無益誠敬,有黷等威,此豈朕禋祀聰明昭格上下之意。前京兆界軍司錄參軍高佩上疏,其理精詳。朕重變舊儀,訪於卿士,申明大義,是用釋然。依從改正,以敦至禮。自今已後,五方配帝祝文勿稱臣。餘禮如舊。"董誥:《全唐文》卷五一,第340頁。
② 任爽:《唐代禮制研究》,第25頁。
③ 任爽:《唐代禮制論略》,《史學集刊》1998年第4期,第15頁。
④ 章群:《唐代祠祭論稿》,臺北:學海出版社,1996年,第76頁。
⑤ 陳戍國:《中國禮制史(隋唐五代卷)》,第126頁。
⑥ 陳戍國:《中國禮制史(隋唐五代卷)》,第126頁。

才兼取鄭、王,可從上文分析可知,開元盛世已從王肅說。換而言之,中唐以後的郊天禮之制訂,亦是承其流。

反觀杜佑《通典》未承繼潮流以王說是據,而是重推鄭玄六天說,當是在權衡諸說之後,參求其長,以爲感生說更爲切合中唐時勢之故。

感生說稱一代開國帝王是其母與太微五帝其中一位天帝之精相感而生,君主爲天帝之後裔,血脈相連,這意味着必定是天神之後,方得稱帝。至於王肅以爲人帝蓋應德而王,或云"積德累功於民事",是以有功績、有德行者便有稱帝王的資格,對身份、血脈無特別要求。楊晉龍分析鄭、王二說對政權合法權的意義:"鄭玄的說法確實是在維護着某個特定的人物的利益,爲一家一姓長久的統治尋找理論的根據",而王肅則在"維護某個特殊族群的利益"。① 楊氏所論深中肯綮。從王說行郊天禮之弊在於否定了感生帝的存在,即便《開元禮》將五行之帝列入五時迎氣之祀,同樣是不宗感生帝之表現,不宗感生帝則否認了帝王受命於天的信仰,職是,有德者可取而代之,不必局限於一家一姓。

可以說,應德說既可以鞏固維護政權,也可以成爲策反者逼令君主退位的輿論工具。貞元元年所頒佈的《祀五方配帝不稱臣詔》曰:"論善計功,則朕德不類;統天御極,則朕位攸同。而祝文稱臣以祭,既無益誠敬,有黷等威,此豈朕禋祀聰明昭格上下之意。"②此詔德宗雖自謙未敢妄言有功德於民事,但也透露出帝皇意識到鼓吹"論善計功"之弊,若允許時人據德行評定帝王,對於當權者而言,亦不可不謂是威脅。因而,李唐儘管將五方帝降格,亦無法確保李唐政權之必然性。反之,若從鄭說,則有助於鞏固當權者之權威,一方面將帝王神化,塑造帝王爲天神下凡之形象,亦可以強調"統天御極,則朕位攸同"的威嚴;另一方面"感生說"強調血脈,換言之,非李姓者不可稱帝,可以限制其他人問鼎中原之野心,杜絶逼令帝皇退位讓賢之混局。

確然,郊天禮禮義的詮釋牽涉皇權之伸張,但郊天禮即爲皇帝專屬制度,行郊天禮便已宣示君主合法性,故採納六天說或一天說皆無損君主皇權;再者,學者未體察自高宗起已倡行廢除感生說,本文考察經書注疏兼備鄭王二義,而從禮制方面考慮,由貞觀年間已然強調一天說,故元和年間即便也是採納一天說,也不代表針對強藩割據的局面而設,反而更可能是緒其道,沿用主流王肅說。

因此本文重探鄭、王二說對於皇權之意義,認爲鄭玄感生說較王肅應德說更爲切合亂世。因應德說強調有德功者可爲王,有能者居之,不利於當權者的統治;反之,感

---

① 楊晉龍:《神統與聖統:鄭玄王肅"感生說"異解探義》,第519頁。
② 董誥:《全唐文》卷五一,第340頁。

生說主張君主血脈源於天神,將君主與人神結合,塑造神化人物,且強調血脈,避免造反者逼使君主退位,得以遏制其野心。因是,再回過頭體察杜佑對郊天禮的釋讀,則發現杜佑所選擇的感生說,更加能夠合乎杜佑治國理念與手段。

一方面,"感生說"得以滿足杜佑"利一宗""享代長遠"的訴求。楊晉龍述西漢劉邦"借神話的烘托,顯示出他的出身非凡,借此可以抬高身份,斷絕別人的非分。"① 這也適用於解釋杜佑採納六天說的緣由,將五帝列爲天帝,祭祀感生帝,不單蘊涵着君主按照德運應運而生,更是意味君主具備天帝後裔的身份,强調君主是天帝之子,使得人們確信、也肯定當前君主是與衆不同的,並非常人所能及。

另一方面,筆者以爲杜佑重新提倡鄭玄感生說,究其緣由,蓋杜佑意欲從思想形態著手,透過感生說維護"某個特定的人物",訴說李唐政權之必然性,由此以構建一套精神上的君威,從而抗衡因地方富庶之後帶來的威脅與牽制,以使李唐得以存其宗祀,代享千秋。學者或非議杜佑對郊天禮的釋說,如時賢郭鋒批評杜佑因襲天命成說以解釋政權合法性:"例如國家政治,王朝政治的合法性問題上,他也有不加分辨地因襲成說,講一些天命觀點的地方。"② 事實恰恰相反,不管從禮制發展抑或經書注疏取態看,李唐輿論風尚均傾向否定感生說,而杜佑反道而行,未依循俗說,正正是杜佑"加以分辨"的表現,而"講一些天命觀點的地方"則是杜佑以"意向形態"維護政權合法性的策略。

(二) 信仰、權力與學術

上書獻言,取得入仕擢升的機會,於唐代甚爲普遍,《通典》亦是此例,然而獻書並非易事,獻言不僅依靠作者的見識、能力,更需要有政治敏感度,提出自己的政見也要觀察是時政治動向。杜佑之所以重倡鄭玄感生說,主張李唐帝皇乃上帝之子,旨在辯證李氏乃天命所歸,非常人所能染指,以此維護李唐政權之統治,或即順應時人的信仰風氣,也切合中唐所面臨的政治需要。

考察唐人信仰風俗,可以說,直到中晚唐,不論知識分子抑或平民百姓看待天與人

---

① 楊晉龍:《神統與聖統:鄭玄王肅"感生說"異解探義》,第504頁。
② 郭鋒:《杜佑評傳》,第346頁。

的關係,仍然不脫"天人合一""絕地天通"的思維模式,①認爲災害變異與帝皇治政有必定的聯繫。具體來説,相信人帝具有特殊的資格,可以透過外化的祭祀禮儀、或是内化的修德行善,溝通"天""帝",趨吉避凶,人帝則需要禮儀或修德以延續"天命"。反之,若人帝未有適當的祭祀禮儀,沒有修德行善,"天"將透過災害異象懲戒人間。下文透過唐代典籍的記載,分别從士人、官方政府以及平民等不同階層,説明唐人對仍然信仰"天命"。

本文選擇唐代官修史籍《隋書》、《晉書》,特別是《五行志》中的詮釋理路,考察初唐至中唐期間士人對災異、天命的看法。需注意的是,這些修史人員都是擔任"公認的文采卓著及門第清高之士預備的顯赫的'清要'之職",②是"官僚集團中的學術精英"。③ 再者,既爲官修史書,則既是學術成果,也意味着得到官方的認可,因是足以作爲初唐"士人""精英"以及"官方"的代表。

且從劉知幾(661—721)對《晉書》的批評説起,劉知幾云:"晉世雜書,諒非一族,若《語林》《世説》《幽明録》《搜神記》之徒,其所載或詼諧小辯,或神鬼怪物。其事非聖,揚雄所不觀;其言亂神,宣尼所不語。皇朝新撰《晉史》,多采以爲書。"④詬病《晉書》對於史事根據抉擇不慎,記載大量荒誕的神怪故事。類似靈異、神化的故事也出現在《隋書》當中,帝皇本紀更常見瑞祥記載,如《隋書·高祖上》記隋文帝楊堅出生之時,首先有"紫氣充庭",又叙文帝的"龍顔"如"五柱入頂",更有"王"字於手上,預示

---

① 余英時解釋對"絕地天通"的基本觀點,云:"地上人王'余一人'或'天子'通過對於巫術的政治操縱,即巫師所具有的祭祀和占卜之類'神通',獨佔了與'天'或'帝'交流的特權。巫師之所以能行使中介功能也是奉'余一人'之命而行。不但如此,'余一人'也往往以人王的身份擔任'群巫之長'的角色,親自主持祭祀、占卜的禮儀。"(余英時:《代序:中國軸心突破及其歷史進程》,見余英時《論天人之際:中國古代思想起源試探》,臺北:聯經出版事業公司,2014年,第28頁。)也就是説,在"絕地天通"的神話中,地上人王,或曰天子得以兼任政治與宗教之長。余英時認爲在"絕命天通"神話中,"天命"概念開始萌芽,思考"天"和"人"之間的溝通模式,余英時將此思維模式分析爲"舊天人合一"與"新天人合一"。所謂的"舊天人合一"簡而言之便是以外在的表現,如宗教形式或是禮儀,溝通天與人,其曰:"舊天人合一表現了一個特殊的方式和一個普遍的方式。所謂特殊方式即上面論證的'天命論'。地上人王通過巫師的事神法術向'天'上的'帝'取得王朝統治的'天命'。所謂普通的方式則是一般人爲了避凶趨吉,往往也仰賴巫爲他們乞援於鬼神。"(余英時:《代序:中國軸心突破及其歷史進程》,第63頁。)而"新天人合一"則是指透過個人自身内向超越,尋求感應天道的方式。有關論述可詳參該書第一、第六章。余英時分辨"舊天人合一"與"新天人合一"蓋記叙兩者對於"天"/"道"、"人"/"心"的内涵理解有别,以至於"功夫論"之差。然而兩者皆是"人"尋求溝通"天",余英時云:"在結構和模式方面,新舊二系之間卻仍多一脈相承之處"(余英時:《代序:中國軸心突破及其歷史進程》,第70頁。)而事實上,中國對於天人、"天命"的看法卻未能如余英時所界定的截然二分,更多時候是"新""舊"兼而有之,故本文統稱爲"天人合一"。
② 杜希德著,黄寶華譯:《唐代官修史籍考》,上海:上海古籍出版社,2010年,第13頁。
③ 杜希德著,黄寶華譯:《唐代官修史籍考》,第14頁。
④ 劉知幾著,浦起龍通釋:《史通通釋》卷五,上海:上海古籍出版社,2011年,第108頁。

楊堅必貴爲帝王。① 上例旨在説明初唐文人精英編撰的官修史籍中,仍然廣泛記録了災異、祥瑞、神鬼之説,此類的神秘色彩濃厚的記載,應當可以視作初唐文人、政府普遍認可的。

需要釐清的是,對於此類記述,我們不能以"迷信""封建"單純看待,而當以"同情之了解"體味文字記載背後植根於古人思想意識中、對"天""人"關係的信仰和認識,以及信仰與政治的密切關係。時彦游自勇也已分析中古《五行志》的叙述模式,指出《五行志》中必定有"應"與"征"兩部分,認爲這意味着"古人有一種根深蒂固的思想,即同類互動、天人感應。"②《隋書》指出"天道"之外,還有"人"的因素:"豈唯天道,亦曰人妖,則祥眚呈形,於何不至? 亦有脱略政教,張羅樽糈,崇信巫史,重增愆罰。""是以聖王常由德義,消伏災咎也。"③以楚懷王侍奉神明仍然爲秦所破,萇弘尚鬼但未有諸侯歸服,以説明若"脱略政教",未有在政治行事上有所作爲,盲從巫術,也只會增加罪罰,因是,作帝王必須修德行義,方能消除災異。反之,若未有行適當的禮儀,國運也將受到天的懲罰。《晉書·五行志》總結國事、災異與應對方式,曰:

  綜而爲言,凡有三術。其一曰,君治以道,臣輔克忠,萬物咸遂其性,則和氣應,休徵效,國以安。二曰,君違其道,小人在位,衆庶失常,則乖氣應,咎徵效,國以亡。三曰,人君大臣見災異,退而自省,責躬修德,共御補過,則消禍而福至。此其大略也。④

也就是説,災異瑞祥是帝皇治政的直接反映,而要消禍至福,則需要君臣戒德慎行。天寶九年(750),處士崔昌(生卒年不詳)上《五行應運曆》,以五德終始説配合曆法,指出李唐應當合承周、漢,請廢周、隋不合爲二王后。次年"五月丁亥,改諸衛幡旗緋色者爲赤黄,以符土運。"⑤初唐時人,對於"天命"之信仰,可見一斑。

初唐文人、乃至於政府看待災異符瑞仍然不脱"天人合一""天人感應"之思維模式,甚至左右現實政治施政,對"天命"的信仰一直爲唐人意識形態的主流。雖然學者也指出了中唐以後,柳宗元《天説》、劉禹錫《天論》已將天、人相分,可視爲唐宋思想對

---

① 魏徵等:《隋書》卷一,北京:中華書店,1973年,第1—2頁。
② 游自勇:《中古〈五行志〉的"征"與"應"》,《首都師範大學學報(社會科學版)》2007年第6期,第10頁。
③ 魏徵:《隋書》卷二二,第617—618頁。
④ 房玄齡:《晉書》第3册,卷二七,第800頁。
⑤ 劉昫:《舊唐書》卷九,第225頁。

於天人關係變革的一大面向,①但柳氏、劉氏的"新論"恰好也反證了中唐時人仍多將天命與人事相扣連,"天人合一"仍存於中唐時人的思維當中,即便是帝皇亦然。如《舊唐書》記載貞元三年(787)十一月,京師地震,德宗的反應是:"蓋朕寡德,屢致后土震驚,但當修政,以荅天譴耳。"②認爲是自己修德不足,方才導致地震。元和七年(812)八月,京師地震,憲宗問侍臣應當如何解釋災害,宰臣李絳(764—830)曰:"伏願陛下體勵虔恭之誠,動以利萬物、綏萬方爲念,則變異自消,休徵可致。"③可見,直到中唐,作爲帝皇以及士人依然抱持着天災、異象是上天對君主的加以警戒或懲罰的想法。社會精英階層如是,作爲庶民,對神明等信仰崇拜更是有過之而無不及。

唐人張鷟(658—730)《朝野僉載》記錄"不少神鬼怪異的故事",④多有記載"問卜""問占"之事,儘管未必全然實錄,但仍可反映當時社會風氣普遍對怪異現象的敬畏與解讀,事無大小常以尋占卜以爲解答。民間對於巫術卜驗之事的推崇和信仰,往往成爲被僧侶、術士、方士所利用,如"景雲中,有長髮賀玄景,自稱五戒賢者。同爲妖者十餘人,於陸渾山中結草舍,幻惑愚人子女,傾家產事之。"⑤傳播妖訛、妄説休咎。⑥

有唐一代,民間因各種瑞祥、天災、和異象而出現人心動蕩的事例,時有見載。如《舊唐書》記開元二十七年(739):"冬十月,將改作明堂。僞言官取小兒埋於明堂之下,以爲厭勝。村野童兒藏於山谷,都城騷然,咸言兵至。上惡之,遣主客郎中王佶往東都及諸州宣慰百姓,久之定。"⑦言李唐原改建明堂,然而訛傳官員將取小孩子置明堂之下,作爲厭勝之術,謠言使得人心惶惶。又天寶三年(744),"閏月辛亥,有星如月,墜於東南,墜後有聲。京師訛言官遣棖捕人肝以祭天狗。人相恐,畿縣尤甚,發使安之。"⑧因有隕石墜落而出現了以人肝祭天狗的傳聞,京城以至畿縣都甚爲恐懼,待

---

① 詳參孫英剛:《神文時代:讖緯、術數與中古政治研究·緒論》,上海:上海古籍出版社,2014年,第5—8頁;陳侃理:《儒學、數術與政治:災異的政治文化史》第五章《災異政治文化的轉變》,北京:北京大學出版社,2015年,第259—304頁;游自勇:《試論正史《五行志》的演變——以"序"爲中心的考察》,《首都師範大學學報(社會科學版)》2006年第2期,第1—6頁。
② 劉昫:《舊唐書》卷三七,第1348頁。
③ 劉昫:《舊唐書》卷三七,第1348頁。
④ 張鷟:《朝野僉載》點校説明,北京:中華書局,2012年,第3頁。
⑤ 張鷟:《朝野僉載》卷五,第115頁。
⑥ 余欣利用出土文物鈎稽中唐庶民對卜筮、方術、占風術的使用情況,可資説明唐代平民的信仰風氣。詳參余欣:《中古異相:寫本時代的學術、信仰與社會》第二章至第五章,上海:上海古籍出版社,2011年,第74—186頁。
⑦ 劉昫:《舊唐書》卷九,第212頁。
⑧ 劉昫:《舊唐書》卷九,第218頁。

政府安撫方止。德宗建中三年(782)八月"江淮訛言有毛人捕人,食其心,人情大恐。"①以上所引旨在説明唐代社會普遍瀰漫着一種"迷信"的輿論氛圍,以致人心不穩。

這樣的輿論基礎、社會風氣,往往爲各種有意、或無意的聚衆叛亂者所利用,《朝野僉載》記:"高宗時,有劉龍子妖言惑衆。作一金龍頭藏袖中,以羊腸盛蜜水繞繫之。每相聚出龍頭,言聖龍吐水,飲之百病皆差。遂轉羊腸,水於龍口中出,與人飲之,皆罔云病愈,施捨無數。遂起逆謀,事發逃走,捕訪久之擒獲,斬之于市,並其黨十餘人。"②又有"白鐵余者,延州稽胡也,左道惑衆……如此矯僞一二年,鄉人歸伏,遂作亂,自號光王,署置官職,殺長吏,數年爲患。命將軍程務挺斬之。"③別有用心者製造符瑞,僭稱作"天子"或自號爲"王",甚至殺害官吏,自置官職。這樣的"邪教"或"民亂"皆動搖李唐的統治威信,《通典‧刑法七‧守正》記:

> (案:貞觀)十八年九月,茂州童子張仲文忽自稱天子,口署其流輩數人爲官司。大理以爲指斥乘輿,雖會赦猶斬。太常卿攝刑部尚書韋挺奏:"仲文所犯,止當妖言。今既會赦,准法免死。"上怒挺曰"去(案:貞觀)十五年,懷州人吳法至浪入先置鉤陳,口稱天子,大理、刑部皆言指斥乘輿,咸斷處斬。今仲文稱妖,同罪異罰。卿作福於下,而歸虐於上邪?"挺拜謝,趨退出。自是,憲司不敢以聞。數日,刑部尚書張亮復奏:"仲文請依前以妖言論。"上謂亮曰:"日者,韋挺不識刑典,以重爲輕。朕時怪其所執,不爲處斷。卿今日復爲執奏,不過欲自取剛正之名耳!曲法要名,朕所不尚。"亮默然就列。上因謂之曰"爾無恨色,而我有猜心。夫人君含容,屈在於我。可申君所請,屈我所見。其仲文宜處以妖言。"④

據《通典》載,貞觀十五年(641),懷州吳法至"口稱天子",貞觀十八年(644),蘇州童子張仲文"自稱天子",此事並載《唐會要》。當中唐太宗對張仲文案僅被視爲"妖言",免却死刑甚爲不滿,並援引吳法至案爲例,要求提升刑罰。雖則最後太宗依刑部尚書張亮的決定,仍以"妖言"論罰,但從唐太宗對二案刑罰的討論,可以透露出李唐政府對"稱天子"者甚爲措意,欲以嚴刑峻法加以打壓。

---

① 劉昫:《舊唐書》卷一二,第278頁。《新唐書》尚記:"占者以爲易稱'潛龍勿用',此敗祥也。"陳寅恪曰:"此録占者之言,蓋襲舊史而刪除未盡者,殊與不書事應之旨不合也。"見陳寅恪:《讀書札記(一)‧新唐書之部》,北京:生活‧讀書‧新知三聯書店,2001年,第400頁。
② 張鷟:《朝野僉載》卷三,第71頁。
③ 張鷟:《朝野僉載》卷三,第73頁。
④ 杜佑:《通典》卷一六九,第4372—4373頁。

事實上,唐代前期對卜筮多有監控,如唐玄宗曾頒布詔令《禁卜筮惑人詔》,①禁止民間占卜活動,肅宗自乾元元年(758)起別置司天臺,規定"凡玄象器物、天文圖書,苟非其任,不得預焉。每季錄所見災祥,送門下中書省,入起居注。歲終總錄,封送史館。每年預造來年曆,頒于天下"。② 壟斷災害祥瑞的解釋權。但到中晚唐,藩鎮各自爲政,中央無力約束,而各個藩鎮便多納有占卜者,如建中二年(781),成德節度使"惟納妖妄之人,兼陰陽、術數、謟媚苟且之輩"。③ 澤潞節度使養有"能言禍福"的占卜者李琢。④ 可見至中唐,李唐政府對於民間卜筮活動難以管控,據《舊唐書》記,德宗貞元三年(787),僧人李廣弘(生卒年不詳)自稱爲宗室後裔,又曰"己當爲人主",並與李欽緒(生卒年不詳)勾結,密謀於十月十日夜舉事。⑤ 但見有唐一代上至士人、下至平民,"天人合一"的想法仍然佔據主流位置,而對此衍生了人心動蕩、叛亂紛湧的問題,謀反者多稱其"受命於天""當爲人主",民間的離心成爲妨礙李唐統治的又一難題。

杜佑不論應對藩鎮抑或夷狄,多採取綏靖政策,企圖以"嘉惠"的方式,籠絡民心,從精神層面統攝君威。從杜佑的一貫作風思考,或許有助理解杜佑爲什麼要採納鄭玄的感生説,構建君主權威。感生説強調的是血緣的"獨特性"與"必然性",相對於應德説而言,有助於宣傳其統治的"合法性"與"正統性",而統治的"合法性"與"正統性"於紛亂的中唐,特別是針對頻頻標舉自己是"天命所歸"的舉事者而言,更顯得重要以及急迫。可以説,如何"正名"李氏爲唐代之君,就是前文所提及的杜佑面對中唐政局的"政治需要","感生説"恰好可以滿足這樣的訴求。與此同時,中唐"天人合一""天人感應"的思想在普羅大衆有一定的影響,也可以利用此輿論基礎,透過郊天禮儀的安排,塑造李氏的神秘力量,羈縻群衆,以穩定民心,這也就是杜佑順應社會風氣的表現。

《通典》中多次闡述李唐面對的種種困境,每每標舉"輕刑",這是杜佑應對妖言謀反的問題必定不以強硬手段爲優的證明。《通典·刑法八·寬恕》云:

> 聖唐刑名,極於輕簡。太宗文皇帝降隋氏大辟刑百六十三條入流、入徒免死,其下遞減唯輕。開闢以來,未有斯比。如罪惡既著,制命已行,愛惜人命,務在哀矜,臨於剿絶,仍令數覆。獲罪自然引分,萬姓由是歸仁,感兹煦嫗,藏於骨體。雖

---

① 董誥:《全唐文》卷三一,第208—209頁。
② 劉昫:《舊唐書》卷四三,第1855—1856頁。
③ 司馬光:《資治通鑒》卷二二六,北京:當代中國出版社,2001年,第1734頁。
④ 歐陽修:《新唐書》卷二一四,第6019頁。
⑤ 劉昫:《舊唐書》卷一四四,第3920頁。

武太后革命二紀,安禄山傾陷兩京,西戎侵軼,賊泚竊發,皇輿巡狩,宇内憂虞,億兆同心,妖氛旋廓,刑輕故也。國家仁深德厚,固可侔於堯舜,夏殷以降,無足徵矣。①

類似言論可見於《刑法三·刑制下》,云:

國家子育萬姓,輕簡刑章,徵之前代,未有其比。所以幽陵之盜西軼,犬戎之寇東侵,京師傾陷,皇輿巡狩,億兆戮力,大憝旋殲。自海内興戎,今以累紀,征繕未減,杼軸屢空,蒸庶無離怨心者,寔由刑輕之故。②

杜佑反復論述李唐自安史之亂以來,内憂外患,能使得衆庶"同心",蓋在減輕刑罰。換言之,杜佑否定嚴刑峻法是解決中唐亂局的解決方法。唯需注意的是,杜佑闡釋郊天禮義以鄭玄感生説爲據,但並不意味杜佑認可"天人合一"的説法。權德輿爲杜佑所撰的墓誌銘便云:"不徼福,不乞靈。物怪氣焰,不接於心術;誠明坦蕩,自得於天理。"③可見杜佑並不迷信神明方術,《通典·兵典》"序"亦表示對五行、符瑞、卜筮的懷疑,其曰:

夫戎事,有國之大者。自昔智能之士,皆立言作訓。其勝也,或驗之風鳥七曜,或參以陰陽日辰;其教陣也,或目以天地五行,或變爲龍蛇鳥獸。人之聰穎,方列軒冕,知吉凶冠婚之禮,習慶弔俯仰之容,稍或非精,則乖常度。故仲尼入廟,每事皆問,是必不免有所失也。……以愚管窺,徒有其説,只恐雖教亦難必成。然其訓士也,但使聞鼓而進,聞金而止,坐作舉措,左旋右抽,識旗幟指麾,習器械利便,斯可矣。其撫衆也,有吮癰之恩,投醪之均,挾纊之感,行令之必,賞罰之命。斯可矣。此乃用無弱卒,戰無堅敵,而況以直伐曲、以順討逆者乎!④

杜佑稱國政之大在於兵戎,古人爲確保戰事能否勝利會參考五行陰陽、或符瑞占卜,但杜佑判斷這只是妄言,是"徒有其説";杜佑以爲要確保戰事的勝利,重點在於"訓士"、"撫衆",至於何以古人行事多參考卜筮,杜佑對此解釋道:"似昔賢難其道,神其事,令衆心之莫測,俾指顧之皆從。"⑤換而言之,杜佑視祭祀卜問等儀式爲一種手段,是藉助祭祀等儀式的"神秘性",使民衆無法猜測甚至干預在上位者,繼而接受統治。

---

① 杜佑:《通典》卷一七〇,第4414頁。
② 杜佑:《通典》卷一六五,第4262—4263頁。
③ 董誥:《全唐文》卷五〇五,第3042頁。
④ 杜佑:《通典》卷一四八,第3781頁。
⑤ 杜佑:《通典》卷一四八,第3782頁。

既明曉杜佑對於鬼神、天人之説的否定態度,則可以再次確認杜佑選擇鄭玄感生説以解釋郊天禮,並非因爲"信服"鄭説,而是建基於治國的"需要"。如果説,民間天神信仰給予謀反者機會,那麽,杜佑所做的,大概就是反利用民間對於天神的信仰,塑造祭祀儀式的主祭者,即皇帝之優越地位。换句話説,杜佑《通典》表面記録歷代典章制度、詮釋經書内容,但實際上是藉由詮釋的過程,"操縱"輿論,建構符合其治國方向的意識形態。

總　結

綜觀杜佑及其《通典》相關研究,每多執其一端而辯之,後世儒生每多稱譽其保存文獻之功,而忽略《通典》撰作旨意在於"施於政事,以建皇極",本爲政論文獻,具現實意義。近世史學研究開始關切《通典》之經世作用,稱譽杜佑施政以民爲本,惜乎所論僅據《通典》所存史論,未能觸及《通典》歷代典制沿革記載。留意到《通典》典制沿革記載中多徵引經書注疏的學者則概而論之,則未能細意辨析、比較《通典》與唐代經注的取態,又將《通典》對前賢注釋的看法,拘泥於鄭王之争,未有措意李唐現實環境對《通典》論述的影響。因是本文以郊天禮的討論爲例,從經義切入,考察《通典》對經書中郊天的理解,推測杜佑對郊天禮禮制安排的看法,以及杜佑對郊天禮的釋説與其施政理念之關係。

本文梳理鄭玄、王肅對郊天禮的論辯。鄭玄採納"六天説",認爲天神共有六位,包括昊天上帝與五帝;又據緯書主張感生説,即一朝開國帝皇爲其母親與五帝之一感精而生,同時具有天之子的地位;在禮制的實施上,由於五帝與昊天上帝皆是天神,故分别於圜丘和南郊祭祀。王肅則採"一天説",認爲"五帝"蓋爲五方帝,不可稱作天神,不可與昊天上帝並列;指出五古帝只是人帝,古帝之所以可稱作"帝",蓋因其德行有功於民事;在禮制上,認爲圜丘即是南郊,二者名異體一,故只需於圜丘行郊天禮。

其次,本文以孔穎達《五經正義》與賈公彦《周禮注疏》《儀禮注疏》作爲唐代經注代表,考察唐代經注與禮制對郊天禮的討論以及對鄭王二説之抉擇。可得知,孔、賈二人雖然表面依循鄭玄説,但是在釋讀中已經採用王説。再以《大唐開元禮》爲代表考察禮制發展,表面上雖從鄭説有祭祀五帝之禮,然而五帝從受祭之神降格爲從祀,亦是傾向王説之體現,《開元禮》其至釋説昊天上帝與五方帝爲蒼天與星辰,傾向無神論。此當是李唐對於郊天禮普遍認同的看法。

在上述考察的基礎上,本文鈎稽、釋讀《通典》引釋郊天禮的内容,與唐代經注、禮制典籍《開元禮》所論相比較,則發現杜佑並未有跟隨唐代論述,反而重採鄭玄説。

《通典》對"郊天禮"的理解和處理,背後實有其"禮意"。杜佑理國之旨在於維護李唐國祚,使李唐一宗得以保存。然而在動盪政局下,爲民生考慮,杜佑必須採取"利萬民"的民生政策,因是,本文推斷無論是所謂的"一遵鄭注"還是"狥俗",這些説法皆不過是外顯結果,實未能透達杜佑真正的意圖,杜佑之所以採用感生説,實爲了消弭地方與中央的張力,藉此重申君主是天命所歸,強調李唐宗室在政權上的必然性,避免爭權而引起的混亂,以維護李唐權威。杜佑嘗試從思想精神上建立一套君尊臣卑的體系,與其他社會、政治、經濟制度相配合,以建構杜佑"強幹弱枝"的理想社會,維持唐朝之長治久安,達至"理道"。

作者簡介:

　　劉璐,女,1988年生,廣東汕頭人,香港科技大學語言教育中心講師。主要研究領域爲經學、訓詁學、杜佑、《通典》。近年代表性論著有《〈通典〉"一遵鄭注"考析》(《雲漢學刊》第32期增補本)、《論清代學者對〈通典〉之容受》(《静宜中文學報》2019年第15期)等。

清末政治與經學教科書的誕生:從梁啓超到王舟瑶

毛朝暉

內容摘要 面對西方的衝擊,近代經學也曾嘗試進行各種改革,經學教科書便是這種改革的產物。本文以梁啓超的《讀春秋界説》《讀孟子界説》、王舟瑶的《京師大學堂經學科講義》作爲主要個案,嘗試從思想史的視角追溯經學教科書的起源,並探討圍繞經學教科書編纂的思想分歧與政治成因。本文指出經學教科書在清末的誕生不只是由於外部教育制度的改革而造成,更是起於借助經學接引西方政治學説並以此助推政治改革的現實要求。

關鍵詞 梁啓超 王舟瑶 經學教科書 誕生

經學教科書作爲一種新鮮事物,它的出現與清末學堂的經學課程改革密切相關。這是因爲,編纂教科書的前提是必須先有相應的課程及其教學大綱。甲午戰爭後,新式學堂急劇增加,戊戌變法前後更以京師大學堂爲中心展開了多次課程改革。① 由於新學制與新課程的需要,新編教科書便應運而生。王舟瑶(1858—1925)的《京師大學堂經學科講義》便是根據京師大學堂經學科的課程要求而編纂、講授的,因此命名爲

---

① 1896年,刑部左侍郎李端棻奏上《請推廣學校折》,提出創辦京師大學,課程擬分爲中學、西學兩部。"中學"包括"經史子及國朝掌故諸書","西學"包括天文、輿地、算學、格致、製造、農、商、兵、礦、時事、交涉等科。參見李端棻《請推廣學校折》,陳景磐、陳學恂主編:《清代後期教育論著選》,北京:人民教育出版社,1997年,第340頁。同年8月,工部尚書、管理書局大臣孫家鼐奏上《議覆開辦京師大學堂折子》並構擬了一份京師大學堂課程,擬設天學、地學、道學、政學、文學、武學、農學、工學、商學、醫學十科。參見孫家鼐:《議覆開辦京師大學堂折子》,《時務報》(第三册),北京:京華書局影印版,1967年,第1327頁。1898年,軍機大臣、總理衙門聯署呈奏《遵籌開辦京師大學堂疏》並附《章程清單》;1902年,張百熙受命爲京師大學堂管學大臣並擬定《欽定學堂章程》;1903年,張之洞奉命會同張百熙及榮慶重定京師大學堂章程,所擬《奏定學堂章程》於1904年2月正式頒佈。

"經學科講義"。書名中標明某"科",就是指清末學堂由"四部之學"轉型爲"七科之學"①改革過程中新設置的學術分科。

本文的主旨是考察經學教科書的起源與成因。本文首先考察清末學堂經學教科書的出現,重點分析梁啓超(1973—1929)在湖南時務學堂所撰《讀春秋界説》《讀孟子界説》,並將此界定爲經學教科書的濫觴。王舟瑶的《京師大學堂經學科講義》是現今可考的一本配合經學課程編纂的早期經學教科書。該講義的出版尚在皮錫瑞(1850—1908)《經學歷史》、劉師培(1884—1919)《經學教科書》之前,但長期以來未受重視。② 直到最近,此書經由陳居淵先生的專文介紹,才開始引起學界注意。至於該書長期被忽略的原因,陳先生以爲是"作者本人以及當年京師大學堂經學科衆多學生有意無意的遺忘",③鑒於王舟瑶在京師大學堂任教不足兩年,而京師大學堂在清末也屢經改革,十餘年間即改爲北京大學,陳教授此説不無道理。但是,這並不是全部的理由,更不是主要的理由,本文試圖指出,此講義的政治色彩是導致其長期湮没無聞的一個主要原因。

在本文之前,張晶萍、朱貞已經嘗試對經學教科書的研究,但他們的考察是基於清末教育改革的視野。張晶萍認爲:"在清末教育改革中,爲了適應新式學堂的教學需

---

① 所謂"七科之學",是指民國成立後教育部確立文、理、法、商、醫、農、工七科的大學學制。其來源主要是日本文、法、醫、格致、農、工"六科分立"的大學學制,張百熙1902年奏定的《欽定學堂章程》分爲政治、文學、格致、農業、工藝、商務、醫術七科,其中政治科包含政治學和法律學,相當於日本大學的法科,他實際上只是在日本"六科分立"學制的基礎上增加商務科。張之洞等1904年制定的《奏定學堂章程》採用"八科分學"學制,是在張百熙"七科設學"的基礎上增設經學科。民國成立後,教育部規定大學取消經學科,於是又回到張百熙"七科設學"的學制,只是將格致科改名爲理科而已。可見,民國改元後確立的"七科之學"主要是承自張百熙的"七科設學"。至於民國"七科設學"與日本大學學制的關係,參見左玉河《從四部之學到七科之學——學術分科與近代中國知識系統之創建》,上海:上海書店出版社,2004年,第185頁。中國在甲午戰前曾一度矚意英美學制,而甲午戰後則更重視日本學制,民國"七科設學"以日本"六科分立"的大學學制爲藍本,即源於此一背景。參見 Chan-Fai Cheung & Guangxin Fan, "The Chinese Idea of University, 1866-1895", in Ricardo K.S. Mak ed., *Transmitting the Ideal of Enlightenment: Chinese universities since the late nineteenth century*, Lanham: University Press of America, 2009, pp. 23–34.

② 早在2008年,張晶萍已經開始關注晚清的經學教科書,但關注的範圍還只涉及劉師培的《經學教科書》、皮錫瑞的《經學歷史》和葉德輝的《經學通誥》。其後,朱貞首次對晚清經學教科書進行了系統考察,關注到一批最早的經學教科書,如甘肅文高等學堂劉爾炘的《尚書授經日記》《周易授經日記》《詩經授經日記》《春秋授經日記》,江南高等學堂潘任的《孝經講義》,京師大學堂胡玉縉的《周禮學》,夏震武的《孟子講義》《大學衍義講授》等,其中也提到王舟瑶的《京師大學堂經學科講義》。參考張晶萍《清末新式教育中的經學教科書》,《光明日報》2008年10月19日第007版;朱貞:《晚清經學教科書的編寫與審定》,《學術研究》2014年第3期。

③ 陳居淵:《王舟瑶與〈京師大學堂經學科講義〉》,《經學研究集刊》2010年第9期,第145頁;《晚清學者王舟瑶的經學史研究——以〈京師大學堂經學科講義〉爲中心》,《徽學》2018年第2期,第186頁。

要、消除荒經蔑古之患,人們曾編寫了一批經學教科書。"①朱貞也認爲:"經學教育從原本的按書講學到編寫教科書,正是近代教育轉型過程中試圖用西式教育辦法改造傳統學問的表現。"②整體上,張、朱兩位先生都沒有特別關注經學教科書的編纂與清末政治的關聯。本文試圖突破這一視野,透過經學教科書與清末政治關聯的分析,指出清末經學教科書原本是政治訴求的產物。

一 梁啓超與經學教科書的濫觴

現有研究表明,"教科書"一詞的引入與傳教士有極大關係。中國最早出現的新式教科書是西方傳教士在中國傳教時爲適應興辦學生分年級、課程分科的學堂之需而編印出版的。③ 1877年,基督教會舉行傳教士大會,並專門組織成立"學堂教科書委員會",負責新式教科書的編譯工作。④ 這是"教科書"一詞在中國出現之始。"學堂教科書委員會"編寫的教科書有算學、歷史、地理、倫理和宗教等科目,但並沒有經學科。⑤ 教會學校的課程可分三類:第一類是宗教課,第二類是近代的科學文化課,第三類便是傳統的中國經學課。開辦的一般情形是"請一些信教的舊儒生講課,從《三字經》讀起,一般都要讀完《四書》,女校則讀《女兒經》"。⑥ 可見,與中國傳統書院相似,教會學校的經學教學也是以研讀原典爲主。

經學教科書的出現更晚。據陳向陽統計,1862年創辦的京師同文館在開設的前八年共開課17門,還有未列入課表的經學和醫學課程。⑦ 1866年奏設的福建船政學堂規定的中文課爲《四書》《五經》《孝經》和《聖諭廣訓》,⑧除原典外,並沒有任何時人編纂的教材。1897年創辦的湖南時務學堂依然如此,《湖南時務學堂開辦大概章程》規定"西文由淺而深,按格而習;中文則照總教習所定課程,讀專精之書及涉獵之書"。⑨ 從該學堂中文總教習梁啓超所擬《第一年讀書分月課程表》來看,課程分爲溥

---

① 張晶萍:《清末新式教育中的經學教科書》,《光明日報》2008年10月19日第007版,第1頁。
② 朱貞:《晚清經學教科書的編寫與審定》,《學術研究》2014年第3期,第115頁。
③ 石鷗、吳小鷗:《中國近現代教科書史》(上册),長沙:湖南教育出版社,2012年,第3—29頁。
④ 《第一次中國教育年鑑》戊編"教育雜録第三:教科書之发刊概况",上海:開明書店,1934年,第115—122頁。
⑤ 石鷗、吳小鷗:《中國近現代教科書史》(上册),第11—16頁。
⑥ 俞啓定:《中國教育簡史》,北京:中央廣播電視大學出版社,1999年,第199頁。
⑦ 陳向陽:《晚清京師同文館組織研究》,廣州:廣東高等教育出版社,2004年,第194頁。
⑧ 沈岩:《船政學堂》,臺北:書林出版有限公司,2012年,第74頁。
⑨ 周正雲輯校:《晚清湖南新政奏摺章程選編》,長沙:嶽麓書社,2010年,第285頁。

通學、專門學二類,溥通學包括經學、諸子學、公理學、中外史志及格算諸學之粗淺者。其中,經學課程則列有《春秋公羊傳》《孟子》《論語》《二戴記》《周禮》《左氏春秋》等書。據該校畢業生唐才質回憶,湖南時務學堂的教材"以《孟子》《公羊傳》爲主"①。可知,湖南時務學堂與傳統書院一樣,經學課程仍以研讀經學原典爲主,課程設置中也還没有涉及新編的經學教科書。

值得注意的是,梁啓超在所擬《時務學堂功課詳細章程》附録的書目夾註中開列了一些自編教材。例如,《春秋公羊傳》"先讀學校報中《讀春秋界説》",《孟子》"先讀學校報中《讀孟子界説》",《論語》"先閲學校報中《讀論語界説》",《周禮》"先讀學校報中《讀周禮界説》",《左氏春秋》"先閲學校報中《讀左氏界説》"。② 1897 年 11 月 14 日,梁啓超來到湖南時務學堂。在來湘之前,梁啓超與李維格兩位中西學總教習在上海時就曾草擬《詳細章程》,並預先制定《第一年讀書分月課程表》。③ 這説明梁啓超在來長沙之前就已經醖釀了自編經學教材的構想。

然而,在時任湖南巡撫陳寶箴擬訂的《時務學堂招考示》中,陳氏規定:

> 中學:《四子書》《朱子小學》《左傳》《國策》《通鑒》《五禮通考》《聖武記》《湘軍志》,各種報及時務諸書,由中文教習逐日講傳。

> 西學:各國語言文字爲主,兼算學、格致、操演、步武、西史、天文、輿地之粗淺者,由華人教習之精通西文者逐日口授。④

除了原典,時務學堂並未規定任何其他經學教材,對於教習也未有編纂經學教科書的要求。不過,如上所述,梁啓超與李維格在草擬的《時務學堂功課詳細章程》中就有自編教材的構想,包括編寫《讀春秋界説》《讀孟子界説》等。之所以會有這樣的構想,是因爲梁啓超作爲"中學"總教習,明確提出"今日設學之意,以宗法孔子爲主義","堂中所課一切,皆以昌明聖教爲主義"。⑤ 如何"宗法孔子"?如何"昌明聖教"?梁啓超的設想是:"今宜取六經義理、制度微言大義,一一證以近事新理以發明之,然後孔子垂

---

① 唐才質:《唐才常與時務學堂》,《湖南文史資料》第 3 輯,長沙:湖南人民出版社,1958 年,第 104 頁。
② 梁啓超:《時務學堂功課詳細章程》,《湘報》第 102 號,北京:中華書局影印版,2006 年,第 940—948 頁。
③ 梁啓超:《時務學堂功課詳細章程》,《湘報》第 102 號,第 940—948 頁。
④ 陳寶箴:《招考時務學堂示附招考章程》,汪叔子、張求會編:《陳寶箴集》(中册),北京:中華書局,2005 年,第 1240 頁。
⑤ 梁啓超:《湖南時務學堂學約》,《梁啓超全集》(第一册),北京:北京圖書館出版社,1999 年,第 109 頁。

法萬世、範圍六合之真乃見。"①這便是梁氏計畫自編經學教科書的動機,至於如何"取六經義理、制度微言大義取捨微言大義",以及如何"證以近事新理以發明之",梁氏未曾言明。時過23年,梁氏在1920年所撰的《清代學術概論》中回顧時務學堂講學:

> 其後啓超等之運動,益帶政治的色彩。……已而嗣同與黄遵憲、熊希齡等,設時務學堂於長沙,聘啓超主講席,唐才常等爲助教。啓超至,以《公羊》《孟子》教,課以劄記,學生僅四十人,而李炳寰、林圭、蔡鍔稱高才生焉。啓超每日在講堂四小時,夜則批答諸生劄記,每條或至千言,往往徹夜不寐。所言皆當時一派之民權論,又多言清代故實,臚舉失政,盛倡革命。其論學術,則自荀卿以下漢、唐、宋、明、清學者,掊擊無完膚。②

這説明梁啓超此時所講的經學旨在爲政治改革服務,"所言皆當時一派之民權論"。梁啓超受學於康有爲,實則康有爲早年的經學著作也是爲了政治改革而作。康氏曾向光緒皇帝透露自己撰寫《孔子改制考》的動機説:"即如《孔子改制考》一書,臣別有苦心,諸臣多有未能達此意者。……臣故博徵往籍,發明孔子變法大義,使守舊者無所藉口,庶於變法自强,能正其本。區區之意,竊在於是。"③康氏自己坦承他研究經學的代表作之一《孔子改制考》,用意即在借孔子爲維新變法"正其本","使守舊者無所藉口"。梁啓超在時務學堂的講學明顯也是如此,我們試看梁氏《讀春秋界説》就能明白。《讀春秋界説》論述五點,第一點便提出"《春秋》爲孔子改定制度以教萬世之書"。梁氏説:

> 孔子改制之説,本無可疑,其見於周秦諸子兩漢傳記者極多,不必遍舉,即如《論語》"麻冕禮也"一章,"顔淵問爲邦"一章,改制之精義猶可考見,使孔子而僅"從周"云爾,則何不云行周之時,承周之輅,樂則武舞,而必兼三代耶?可見當日孔子苟獲爲邦,其制度必有所因革損益明矣。即已不見用,則垂空文以待來者,亦本其平日所懷者而著之,又何足異乎?④

《論語》"麻冕禮也"一章討論的是禮制損益,"顔淵問爲邦"一章討論的是治國之法,

---

① 梁啓超:《湖南時務學堂學約》,《梁啓超全集》(第一册),第109頁。
② 梁啓超著,朱維錚導讀:《清代學術概論》,上海:上海古籍出版社,1998年,第84—85頁。
③ 康有爲:《恭謝天恩並陳編纂群書以助變法請速籌全局折》,《傑士上書匯録》,故宫藏本。轉引自孔祥吉編著《康有爲變法奏章輯考》,北京:北京圖書館出版社,2008年,第350頁。
④ 梁啓超:《讀春秋界説》,《梁啓超全集》(第一册),第154頁。

確實都有"因革損益"之義。① 若以"因革損益"爲"改制",據以謂孔子有"改制"思想,本亦可通。問題是梁氏所謂"孔子改制"却別有所指,非泛言"改制"而已。其説本自康有爲《孔子改制考》,梁啓超曾參與編纂此書,深知"有爲所謂'改制'者,則一種政治革命、社會改造的意味也",②最突出的是康氏主張引進西方的君主立憲政體。據《論語》"因革損益"之義以印證康有爲所謂"孔子改制",則顯然是緣飾經義,爲維新變法進行輿論準備。

梁氏之講《孟子》亦復如是:

> 孟子於《春秋》之中,其所傳爲大同之義。孔子立小康之意,以治二千年以來之天下,在《春秋》亦謂之升平,亦謂之臨一國之言,荀子所述者皆此類也。立大同之言,以治今日以後之天下,在《春秋》亦謂之太平,亦謂之臨天下之言,孟子所述皆此類也。大同之義,有爲今日西人所已行者,有爲今日西人所未行而可決其他日之必行者。讀《孟子》者,皆當於此求之。③

梁氏所説"大同"之義也本於康有爲。康有爲曾發揮《春秋》"三世"之義、《禮運》"大同"之説,作《春秋筆削微言大義考》《孟子微》《禮運注》,言小康爲國家主義,大同爲世界主義,據亂世非經歷小康則不能進於大同,帶有鮮明的"進化論"色彩。④ 梁氏此文宣揚其師之説,謂孟子傳《春秋》"大同"之義,然文中未能提供任何文本證據。又謂荀子傳《春秋》"小康"之義,同樣缺乏文本支持。今不必深究其論證的疏漏,這裏所要指出的是梁氏謂《公羊》"大同"之義"有爲今日西人所已行者,有爲今日西人所未行而可決其他日之必行者",其用《禮運》的"大同"經義宣揚西方政治體制的意圖昭然若揭。

由於青年梁啓超有强烈的政治動機,因此,當維新變法前夕到湖南時務學堂開講經學的時候,他没有依從原典和古代經師注疏,而是指定學生閲讀他自己計畫發表在報刊上的論著。上面分析的《讀春秋界説》《讀孟子界説》作爲梁氏自編的兩種指定教材,便明顯帶有强烈的政治目的。1922年,梁啓超受邀重回湖南講學,回憶在時務學堂講學的往事時説:"那時的青年都有進取思想,高談時局,研究滿清怎樣對不起漢人,及中國兩千年來的專制惡毒。這班青年都是向這兩個目標去,而我們在湘做的事,

---

① 阮元校刻:《十三經注疏》(下册),北京:中華書局,1980年,第2517頁。
② 梁啓超著,朱維錚導讀:《清代學術概論》,第79頁。
③ 梁啓超:《讀孟子界説》,《梁啓超全集》(第一册),第159頁。
④ 梁啓超:《南海康先生傳》;陸乃翔、陸敦騤:《南海先生傳》,夏曉虹編:《追憶康有爲》,北京:生活·讀書·新知三聯書店,2009年,第11、59頁。

分作四項。"①這四項的第一項就是辦時務學堂。又説:"時務學堂則專研究怎樣貫徹我們的主義。"②時務學堂畢業生唐才質也有類似回憶:"梁先生講學時,自言吾輩教學法有兩面旗幟,一是陸王派之修養論,一是借《公羊》《孟子》發揮民權之政治論。"③梁氏本人與唐才質的回憶都印證了上文的分析:梁啓超在時務學堂自編經學教材是受特定的政治動機驅使。

二 京師大學堂與早期經學教科書的編纂

梁啓超自編的《讀春秋界説》《讀孟子界説》雖然曾在時務學堂與《春秋公羊傳》和《孟子》配合使用,但並非依據時務學堂的課程要求編寫,也並非以此爲教科書來照本宣科,而是梁氏爲了宣傳自己的政治主張而有計劃發表的報刊文章。就當時實情而言,《春秋公羊傳》《孟子》等原典才是時務學堂的教材,梁氏發表的文章則是補充讀物或補充教材。在這個意義上,《讀春秋界説》《讀孟子界説》不能算是正式的經學教科書,而只能算作經學教科書的濫觴。

伴隨京師大學堂的課程改革,編纂經學教科書被提上日程。1898 年,梁啓超在代擬的《總理衙門奏擬京師大學堂章程》"總綱"第五節中便提出編纂教科書的設想:

> 西國學堂皆有一定功課書,由淺入深,條理秩然,有小學堂讀本,有中學堂讀本,有大學堂讀本,按日程功,收效自易。今中國既無此等書……今宜在上海等處開一編譯局,取各種溥通學盡人所當習者,悉編爲功課書,分小學、中學、大學三級,量中人之才所能肄習者,每日定爲一課。局中集中西通才,專司纂譯。其言中學者,薈萃經子史之精要,及與時務相關者編成之,取其精華,棄其糟粕。其言西學者,譯西人學堂所用之書,加以潤色,既勒爲定本。除學堂學生每人給一分外,仍請旨頒行各省學堂,悉遵教授,庶可以一趨向而廣民智。④

梁啓超提出編纂教科書是以西方學堂爲參照。他要求教科書在内容上應該體現大、中、小學堂不同層次的差別,同時應該"按日程功"。就此意義而言,他在長沙自編的

---

① 梁啓超:《湖南教育界之回顧與前瞻》,《大公報》1922 年 9 月 3 日。
② 梁啓超:《湖南教育界之回顧與前瞻》,《大公報》1922 年 9 月 3 日。
③ 唐才質:《湖南時務學堂略志》,《湖南文史資料選輯》(修訂合編本,第 1 集第 2 輯),長沙:湖南人民出版社,1981 年,第 56 頁。
④ 北京大學校史研究室編:《北京大學史料》(第一卷),北京:北京大學出版社,1993 年,第 81 頁。

《讀春秋界説》《讀孟子界説》也不合要求,因此他説"今中國既無此等書"。他對於"中學"教科書的設想是"薈萃經子史之精要,及與時務相關者編成之"。梁氏之意,是要求放棄直接研讀原典全本,而代以選本,選編的原則是"取其精華,棄其糟粕"。問題是何爲"精華",何爲"糟粕",依據什麽標準判定其爲精華或糟粕,則實在難有一致之認識。梁氏也只是提出在上海等處設立編譯局,專門編譯中西教材,至於編選的具體標準則未能説明。

梁氏的動議在此後數年内激起了兩種相反的意見。第一種是支持。軍機大臣、總理衙門連署呈奏《遵籌開辦京師大學堂疏》表示支持,①甚至點名要讓梁啓超負責編纂事宜:

> 臣等竊惟,譯書一事,與學堂相輔而行。……至京師編譯局爲學堂而設,當以多譯西國學堂功課書爲主。其中國經史等書,亦當撮其精華,編成中學功課書,頒之行者。所關最爲重大,編纂尤貴得人。梁啓超學有本原,在湖南時務學堂編有各種課程之書,教授生徒,頗著成效,若使之辦理此事,聽其自辟分纂,必能勝任愉快。②

軍機大臣、總理衙門的支持很可能只是一種政治表態。其實,梁啓超在湖南時務學堂只在報刊上發表《讀春秋界説》《讀孟子界説》,並未"編有各種課程之書"。梁氏在長沙的任教僅短短四個月,若就教科書一事而言,也談不上"頗著成效"。當時,康有爲新用事,爲光緒皇帝所信任,因此軍機大臣、總理衙門也都對康氏予以禮遇,故此疏對梁氏的舉薦亦頗有溢美。如將此疏與梁氏章程對照,就會發現此折關於編纂教科書與"撮其精華"云云,幾乎是完全照搬梁氏的原議。

地方官員中也不乏編纂經學教科書的支持者。例如,1902年貴州學政趙熙提出:

> 請將編訂功課書一事歸該局專辦。……至經義及《論》《孟》義創始於宋臣王安石,其大意以發明聖賢經傳之義理爲本,間出己意加之論斷,並引用古今事蹟以

---

① 《遵籌開辦京師大學堂疏》,王延熙、王樹敏編:《皇朝道咸同光奏議》卷七,變法類·學堂,光緒二十八年上海久敬齋刊本,第7—13頁。《北京大學史料》引作《總理衙門奏籌辦京師大學堂並擬學堂章程折》,北京大學校史研究室編:《北京大學史料》(第一卷),第45—47頁。《我史》也提及此疏:"總署覆奏學堂事,大臣屬之章京,章京張元濟來請吾撰,吾爲定四款:一曰預籌巨款,二曰即撥官舍,三曰精選教習,四曰選刻學書。選刻學書者,將中國讀之書,自經史子集及西學,選其精要,輯爲一書,俾易誦讀,用力省而成功易,不至若疇昔廢力於無用之學,以至久無成功也。"可知此折的主要建議出自康有爲。參見康有爲《我史》,南京:江蘇人民出版社,1999年,第44頁。

② 《總理衙門奏籌辦京師大學堂並擬學堂章程折》,北京大學校史研究室編:《北京大學史料》(第一卷),第46—47頁。

證據之。其法律疏於八股文,而能上下千古,暢所欲言,足以考見作者之才識。故理不致詭於正格,不妨從其寬。並擬請旨恭仿高宗純皇帝《欽定四書文》之例,令儒臣搜求名作裒集成書,以為士林矜式。如以古作不多或徑請特派能文之翰林院官撰擬若干篇進呈御覽,賜之刪定,俾主司群士得所遵循。①

趙熙的提議可謂是更進一步。梁啟超的原議還只提出編選經文,趙熙更提出編選經義。他建議參考王安石以經義及《論》《孟》義取士的辦法,令儒臣搜求經義名作,或令翰林院官自編經義,然後編成教科書。這些經義"大意以發明聖賢經傳之義理為本,間出己意加之論斷,並引用古今事蹟以證據之"。所謂"間出己意加之論斷",梁氏所編《讀春秋界說》《讀孟子界說》正是這麼做的。可見,趙氏構想的經學教科書不止是選編經義而已,還要求在教科書中進一步發揮經義。

第二種是反對。梁啟超當時的頂頭上司工部尚書、管理書局大臣孫家鼐便明確表示反對:

謹按先聖先賢著書垂教,精粗大小無所不包,學者各隨其天資之高下以為造詣之深淺,萬難強而同之。若以一人之私見,任意刪節割裂經文,士論必多不服。蓋學問乃天下萬世之公理,必不可以一家之學而範圍天下。昔宋王安石變法,創為《三經新義》,頒行學官,卒以禍宋。南渡後旋即廢斥,至今學者猶詬病其書,可為殷鑒。臣愚以為經書斷不可編輯,仍以列聖欽定者為定本,即未經欽定而舊列學官者,亦概不准妄行增減一字,以示尊經之意。此外,史學諸書,前人編輯頗多善本,可以擇用,無庸急於編撰。惟有西學各書,應令編譯局迅速編譯。②

孫家鼐反對編纂經學教科書。他認為西學與中學,經與史應區別對待。西學急需編譯教科書;史書也可以編輯,但"前人編輯頗多善本",無需新編教科書;經書則不可編輯,更無需新編教科書。他提出兩個理由:一、經書義理廣大,"精粗大小無所不包",如果據一人之所見任意刪節割裂經文,難以服眾。二、經學乃公理,不是一家之言,"必不可以一家之學而範圍天下"。按照孫氏的觀點,經書不可選編,更不可采一家之說而用作教科,以避免壟斷經書義理的解釋。可見,他對於編纂經學教科書相當敏感。這種敏感是由於他認為編纂經學教科書具有負面的政治影響。他甚至含沙射影,將康梁要求自編經學教科書的做法與王安石編纂《三經新義》相提並論,其所謂"以一家之

---

① 《貴州學政趙熙奏請開設譯書局片》,《湖南官報》第37號(1902年5月25日)。
② 孫家鼐《奏覆籌辦大學堂情形折》,北京大學校史研究室編:《北京大學史料》(第一卷),第47—48頁。

學而範圍天下"云云,亦可視爲對康梁試圖效法王安石利用經學推行新政的一種警惕。

另一種反對意見是認爲操作困難。1898年,吴汝綸致書李鴻章,對梁啓超代擬的《京師大學堂章程》提出批評。他認爲:"都下近多新政,初疑吾師與謀,及見所擬章程,則皆少年無閲歷者所爲。……又况欲薈萃經、子、史之精要,取菁華去糟粕,勒爲一書,請旨頒行,此亦談何容易!"①這顯然是針對梁啓超"取其精華,棄其糟粕"之語。不過,吴氏反對的理由是操作困難,而不像孫家鼐那樣,是出於政治的敏感。這種操作上的困難,教育史學者Xiaoqing Diana Lin也有所論述。她指出,與西方專門化、程式化的知識教育有别,儒家經典教育具有整全性(integration of knowledge)、濡染性(gradual immersion)的特點,②如果將經學也與其他專門科學一樣,編成教科書來進行知識講授,則與傳統儒家經典教育整全性、濡染性兩個特點不免扞格。吴氏的批評視角大致與此相類。

還有一種反對意見强調經學必須研讀原典。1902年,就在京師大學堂譯書局著手編纂經學教科書之際,陳黻宸在《新世界學報》發表長篇文章,鄭重批評編經之説:

> 是故編經之説,我所深惡疾而必不敢以爲然者也。夫書愈多,則世界愈文明;讀書之人愈衆,則社會愈進化。僅僅此十三經,而猶懼人之不能盡讀,我不解其何心。况即不能盡讀,而令讀一經焉,或讀經之一二卷焉,猶愈於全不讀經者。而必欲人之盡讀經而爲編經之説,不解其何心。吾嘗謂中國著書之人太少,而竊古人之書以爲書之人太多,編經者乃其竊之尤無道理者也。……我不問天下之書與經合者,與經助者,與經相發明者,而即與經大背,悍然於我經之外立一幟,樹一敵者,我皆可藉以證經之同異,辨經之是非,則亦我大同之作用所關也。③

陳氏强調讀經必須研讀原典。即使不能盡讀十三經,則可以唯讀一經;即使不能通讀一經,則可以唯讀一二卷。但編經則萬萬不可,因爲"編經者乃其竊之尤無道理者也"。在他看來,就算反對經學,"悍然於我經之外立一幟,樹一敵者"也比編經要好。因爲,編經只是"竊",於經學毫無幫助;而反對經學而能言之成理者,尚可"藉以證經之同異,辨經之是非",這樣的批評尚屬不無裨益。然則,"取其精華,棄其糟粕"的編

---

① 吴汝綸撰,施培毅、徐壽凱校點:《吴汝綸全集》(三),合肥:黄山書社,2002年,第200—201頁。
② Xiaoqing Diana Lin, *Peking University: Chinese Scholarship and Intellectuals 1898-1937*, Albany: State University of New York Press, 2005, pp.10-11.
③ 陳德溥編:《陳黻宸集》(上册),北京:中華書局,1995年,第560頁。

經主張在陳氏而言只是"竊"的托詞而已,而且"尤無道理"。陳氏此文不啻是對梁氏等編經者之說的當頭一棒。

張之洞也表達了類似的關切。在1904年頒佈的《大學堂章程》中,張氏對"經學科大學"的教材進行了詳細規定:"經學以國朝爲最精,講專門經學者,宜以《注疏》及國朝諸家之書爲要,而歷朝諸儒之說解,亦當參考。其應用各書,學堂中皆當儲備。諸經皆同。所注研究各法,爲教員者不過舉示數條,以爲義例,聽學生酌量日力自行研究。"① 根據這項規定,教員不需要自編經學教科書,而應該以經書原典、注疏和清代經學著作爲主。研讀的方法也不是教員講授,而是以學生自行研究爲主。就這兩點看,張之洞似乎是想在新式學堂內保存傳統書院的某些做法,在"經學科"尤其如此。他不但不贊成梁啓超"取其精華,棄其糟粕"的做法,而且反對單講《春秋公羊傳》,他不無憤激地批評:"近來康梁逆黨,即是依託後世公羊家謬說,以逞其亂逆之謀,故講《公羊春秋》者,必須三傳兼講,始免藉經術以亂天下之害。"② 即使依據經學原典,尚且要謹防偏失,更何況是自編經學教科書呢?張氏的反對意見不問可知。

由於戊戌變法夭折,再經庚子拳亂,京師大學堂之議遂寢,編纂經學教科書的提議也未被繼續討論。庚子國變後,《辛丑條約》簽訂,改革與新政又被提上議程。1902年1月10日,張百熙受命爲管學大臣,著手落實京師大學堂開辦事宜。③ 2月13日,張百熙在《奏辦京師大學堂情形疏》中重提編譯教科書之事:

> 泰西各國學校,無論蒙學、普通學、專門學,皆有國家編定之本,按時卒業,皆有定章。今學堂既須考究西政西藝,自應繙譯此類課本,以爲肄習西學之需。惟其中有與中國風氣不同及牽涉教宗之處,亦應增刪潤色,損益得中,方爲盡善。至中國《四書》《五經》爲人人必讀之書,自應分年計月,垂爲定課。……故學堂又以編輯課本爲第一要事。現各處學堂皆急待國家編定,方有教法。上海南洋公學,江鄂新設學堂即自編課本以教生徒,亦不得已之舉也。臣惟國家所以變法求才,端在一道德而同風俗,誠恐人自爲學,家自爲教,不特無以收風氣開通之效,且轉以生學術淆雜之虞。應請由臣慎選學問淹通,心術純正之才,從事編輯,假以歲

---

① 張之洞等:《奏定學堂章程·大學堂章程》,《中國近代教育史料彙編·晚清卷》(第1冊),北京:全國圖書館文獻微縮複製中心,2006年,第463頁。
② 張之洞等:《奏定學堂章程·大學堂章程》,《中國近代教育史料彙編·晚清卷》(第1冊),第465頁。
③ 《著即開辦大學堂並派張百熙經理諭旨》,北京大學、中國第一歷史檔案館編:《京師大學堂檔案選編》,北京:北京大學出版社,2001年,第93頁。有關京師大學堂爲何在戊戌變法後仍得以延續,如何在1902年重開,Renville Clifton Lund 的梳理頗爲詳盡,參見 Renville Clifton Lund, *The Imperial University of Peking*, Ann Arbor, Mich.: University Microfilms, 1969, pp.129 – 135, 146 – 154.

月,俾得成書。書成之後,請頒發各省府州縣學堂應用,使學者因途徑而可登堂奥,於詳備而先得條流。①

有鑒於西方學堂"皆有國家編定之本",教者必有依據,學者必有次第,張百熙認爲"學堂又以編輯課本爲第一要事"。在"中學"方面,張氏認爲除經書以外,史書與諸子等都"宜編爲簡要課本";而《四書》《五經》則不必編輯,但"應分年計月,垂爲定課"。這種主張看起來與孫家鼐相近,而與梁啓超將四部之書"取其精華,棄其糟粕"的編纂主張不同。但是,在編輯教科書的目的上,張氏認爲"端在一道德而同風俗",並爲"變法求才"服務,這與梁啓超以自編經學教材爲維新變法服務的政治傾向頗爲接近。而且,他還主張"書成之後,請頒發各省府州縣學堂應用",這與梁啓超主張"仍請旨頒行各省學堂,悉遵教授,庶可以一趨向而廣民智"的建議也吻合。總之,將編纂教科書上升爲國家政治行爲以服務政治爲目的同樣是張百熙編纂經學教科書的主要動機。

三　王舟瑶《京師大學堂經學科講義》的編纂旨趣

但是,張百熙最終並未滿足於分年計月課讀《四書》《五經》,而是積極推動編纂新式經學教科書。1902年,在張百熙的努力下,京師大學堂設立譯書局和編書處。其中,編書處的目標是取中國學問爲學堂所必須肄習者分門編輯,並按照中小學課程門目分類編纂,"一曰經學課本,二曰史學課本,三曰地理課本,四曰修身倫理課本,五曰諸子課本,六曰文章課本,七曰詩學課本。"②同年,張百熙還將編纂教科書的理念寫進《欽定大學堂章程》。該章程第一章第一節規定:"京師大學堂之設,所以激發忠愛,開通智慧,振興實業。"③經學教科書當然也不例外,亦須遵循此宗旨,以"激發忠愛"爲編纂旨趣。

更值得注意的是,該章程第三章第二十一節還對教科書的編譯做了具體規定:

> 刻下各項課本尚待編輯,姑就舊本擇要節取教課,俟編、譯兩局課本編成,即改用局本教授。其外省學堂一律照京師大學堂奏定課本辦理,不得自爲風氣。如將來外省所編課本實有精審適用過於京師編譯局頒發原書者,經大學堂審定後,

---
① 陳景磐、陳學恂主編:《清代後期教育論著選》(下册),第31—32頁。
② 《京師大學堂編書處章程》,汪家熔輯注:《中國出版史料(近代部分)》(第一卷),第620頁。
③ 張百熙:《欽定大學堂章程》,《中國近代教育史料彙編·晚清卷》(第1册),第43頁。

由管學大臣隨時奏定改用。①

上述規定有兩個要點：第一，在尚無奏定課本的情況下，教員可"姑就舊本擇要節取教課"。准此推論，則經學科也已經不是研讀原典，而是對原典進行擇要節取。第二，京師及外省學堂都必須一律採用統一課本，即京師大學堂奏定課本。外省學堂雖然可以編纂教科書，但必須經大學堂審定，然後由管學大臣隨時奏定改用，才允許各學堂採用。這項規定的用意自然也是為了貫徹上文所謂"一道德而同風俗"，這顯然也是強調教科書應該為清末的政治秩序服務，避免"學術淩雜之虞"。

大學堂也需要編纂教科書，但編書處並不直接負責，而是將權力轉交大學堂自身。於是，京師大學堂的教科書都是由教習自講自編，因此定名"講義"，編定後以京師大學堂名義審訂出版。據莊吉發考察，京師大學堂現存教科書計有12種：

表一　京師大學堂現存教科書一覽

課程	教科書	教習
倫理學（各科必修）	倫理學講義	張鶴齡
經學	經學科講義	王舟瑤
歷史	史學科講義	屠寄
	中國史講義	陳黻宸
	中國通史講義	王舟瑤
	萬國史講義	服部宇之吉
中國地理	中國地理講義	鄒代鈞
	中國地理志講義	鄒代鈞
經濟學	經濟學通論講義	於榮三郎
	經濟學各論講義	於榮三郎
心理學	心理學講義	服部宇之吉
掌故學	掌故學講義	楊道霖

---

① 張百熙：《欽定大學堂章程》，《中國近代教育史料彙編·晚清卷》（第1冊），第91—92頁。

以上所列教習共十位。其中,副總教習張鶴齡、速成科正教習服部宇之吉、速成科副教習於榮三郎、漢文教習王舟瑶、屠寄、楊道霖都於光緒二十八年(1902)即擔任教習,陳黻宸於1903年任教習①。除鄒代鈞不可考,其餘各位出任京師大學堂教習都在1902年之後、1904年之前。換言之,此時張之洞所擬《奏定大學堂章程》尚未頒佈,而張百熙所擬《欽定大學堂章程》已經生效。則"表一"所列各教科書在原則上都是依據《欽定大學堂章程》爲準繩而編纂的。下面,我們以王舟瑶的《京師大學堂經學科講義》爲例,考察其編纂旨趣。

1902年,京師大學堂重新開辦,王舟瑶以張百熙薦,聘任師範館經學科、仕學館歷史科教習。今按《默盦居士自訂年譜》,王氏於1902—1903年留京師兩年,期間著有《群經家法述》一卷、《群經大義述》二卷、《中國學術史》二卷。② 1903年冬,王舟瑶因兩廣總督岑椿煊薦,奉調襄辦學務,以知縣分發廣東。據此推知,則兩種講義當成於王氏赴任廣東之前,即在1903年入冬前業已成書。除鄒代鈞不可考,其餘教習都已於1902—1903年開課;又,京師大學堂編書處亦於1904年停辦。據此兩點,可推知"表1"各講義大約都完成於1902—1903年間。

《京師大學堂經學科講義》分爲"論讀經法""經學家法述""群經大義述"三部分,全書目次見"表2"。今按《群經大義述》亦題作"經學講義第二編",列通變、自強、合群、天人、進化、新民、今古、道德、明倫等,共二十五篇,均以大義標目。③ 蓋《京師大學堂經學科講義》即據1902年所撰《群經家法述》增訂而成,故於經學家法特詳,擬爲經學講義第一編;而1903年續撰《群經大義述》,尤詳於大義,原定作爲京師大學堂經學科講義的第二編。其後,或因王氏離開之故,第二編未能列入京師大學堂頒佈的經學教科書。

表二　王舟瑶《京師大學堂經學科講義》目錄

結構	章次	篇目
自序	—	—
一、論讀經法	—	—

---

① 張百熙原擬以陳黻宸任經學科教習,後陳氏因奔陳虯喪遲到改任史學科教習。參見陳謐等《陳黻宸年譜》,陳德溥編:《陳黻宸集》(下册),第1190—1191頁。
② 王舟瑶編,王敬禮續編:《默盦居士自訂年譜》(《北京圖書館藏珍本年譜叢刊》第185册),北京:北京圖書館出版社,1999年,第453—454頁。
③ 倫明:《〈經學講義〉提要》,中國科學院圖書館整理:《續修四庫全書總目提要·經部》(下册),北京:中華書局,1993年,第1418頁。

续表

結構	章次	篇目
二、經學家法述	第一章	孔門傳授
	第二章	易家
	第三章	尚書家
	第四章	詩家
	第五章	禮家
	第六章	春秋家
	第七章	孝經家
	第八章	論語家
	第九章	孟子家
	第十章	爾雅家
	第十一章	小學家
三、群經大義述	—	通變篇
	—	自強篇

在第一部分"論讀經法"中,王舟瑶首先指出:"通經所以致用。"①怎樣才是致用呢?他舉孔子與漢儒爲例,並引孔子説:"誦《詩》三百,授之以政,不達;使於四方,不能專對。雖多,亦奚以爲?"②又引《列子》所存孔子説:"曩吾修《詩》《書》,正禮樂,以治天下,遺來世,非但修一身治魯國而已矣。"③根據這些説法,治經必須要能在個人和國家中發揮作用。王氏又説:"漢之儒者,以《禹貢》行水,《春秋》折獄,三百五篇當諫書,方可謂之經學。"④基於通經致用的鵠的,他打破漢宋門户,對清代乾嘉以來的考據學提出批評:"若拘拘於形聲訓詁之中,名物考據之末,章句陋儒,何裨實用?乾嘉以來,多坐此弊,吾輩不必復蹈也。"⑤誠如陳居淵先生所言,儘管王氏師從俞樾,是漢學出身,但王氏"走的却是融合'今古'、不廢'漢宋'的新路。"⑥

---

① 王舟瑶:《京師大學堂經學科講義》,新加坡國立大學藏本,第1a頁。該書與張鶴齡《京師大學堂倫理學講義》合刊爲一册。
② 朱熹:《四書章句集注》,北京:中華書局,1983年,第143頁。
③ 楊伯峻:《列子集釋》,北京:中華書局,1979年,第115頁。
④ 王舟瑶:《京師大學堂經學科講義》,第1a頁。
⑤ 王舟瑶:《京師大學堂經學科講義》,第1a頁。
⑥ 陳居淵:《晚清學者王舟瑶的經學史研究——以〈京師大學堂經學科講義〉爲中心》,《徽學》2018年第2期,第191頁。

那麽,如何才算通經致用? 王氏提出兩個要點。第一,求其大義。王氏認爲"一經之中,必有大義"。王氏舉《孟子》爲例説:"如《孟子》七篇,以性善爲體,以仁義爲用。其論治以民爲體,以學校、井田爲用,此其大義。學者讀一經,必求其大義所在,取其有益於心身,有關於國家者而講明之,余姑從緩也。"①這種撮取經書大義的做法,與張百熙《欽定學堂章程》規定經學科講授"自漢以來注家大義"②的課程要求大旨吻合。第二,貴乎通今。王氏認爲"欲求實用,貴乎通今,不可泥古"。王氏舉明堂、辟雍、郊祀、禘祫等爲例,認爲這些雖然是經書中重要的制度,但都已爲陳跡,没有實用,爲此他提出"必求有益於今,實可施行,心知古人之意,以救今日之失,庶足取通經之益。"③結合上文的論述,我們發現王氏的這一觀念也與張百熙"通古今"的教科書編輯旨趣一致。④

然而,群經的大義可謂不勝枚舉,"通今"的制度更是更仆難數,這樣通經致用之説落到實處不免令人覺得頭緒紛繁,難以著手。於是,王氏又有"先定宗旨"之説:

> 學問有精神、形式之判。精神之學問,必明乎物競天擇之義,優勝劣敗之理,思我國何以弱? 彼國何以强? 推究原因,知所從事。其誌志史書,知何者可行? 何者不可行? 究人群之進化,知立國之本原,坐言起行,見諸實用,此爲己之學也。形式之學問,貪多務博,西抹東塗,泛覽群書,爲古人之奴隸,涉獵新史,拾西土之唾余,此爲人之學也。故學問宜先定宗旨。⑤

王舟瑶認爲,一切學問可判爲人、爲己兩途。爲人之學只在形式上著力,爲己之學則在精神上努力。所謂在精神上努力,要求學者"必明乎物競天擇之義,優勝劣敗之理,思我國何以弱? 彼國何以强? 推究原因,知所從事。"顯然,王氏强調學術要有精神,此精神的著眼點是國家的勝敗强弱。這意味着,經學"大義"必須服務於此一根本宗旨,即服務於國家的富强與進化。因此,王氏接下來又説:"願諸君奮愛國之熱誠,明合群

---

① 陳居淵:《晚清學者王舟瑶的經學史研究——以〈京師大學堂經學科講義〉爲中心》,《徽學》2018年第2期,第191頁。
② 張百熙:《欽定學堂章程》,《中國近代教育史料彙編·晚清卷》(第1册),第56頁。
③ 王舟瑶:《京師大學堂經學科講義》,第1a—1b頁。
④ 張百熙《致瞿鴻禨論辦學書》提出四條編書旨趣:一爲"定宗旨",二爲"芟煩碎",三爲"通古今",四爲"求貫通"。其中,第三條提出"略言今日之所急,當以究心教養之原與夫通考歷朝禮樂兵刑之制,能見諸施行者爲要務,若第博考其異同沿革之跡,仍不能謂之有用也,故必知今爲主,而證以既往之陳跡,以定其損益,使人人讀書時之精神皆貫注於政治之中。"可知張氏所謂"有用"主要是指"以知今爲主""精神皆貫注於政治"。參見陳景磐、陳學恂主編《清代後期教育論著選》(下册),第36頁。
⑤ 王舟瑶:《京師大學堂經學科講義》,第1a頁。

之公理,以德育爲本,以智育、體育爲輔,共矢如傷之志,各成有用之材,以濟時艱,以報君國。"①其欲以學術服務政治的意願情見乎辭。在這一點上,王氏與梁啓超、張百熙可謂同志。

不僅如此,儘管王氏沒有像梁啓超那樣高調宣揚"民權",但政治傾向卻與梁啓超相似,王舟瑶也大力提倡"通變"與"自強"。基於這一傾向,王氏於第三部分"群經大義述"特著"通變""自強"二篇以揭櫫此旨。《通變篇》言:

> 觀一卦,則聖人之變革,用和平主義,不用衝突主義,明矣。夫變之事,有出自上者,如俄大彼得、日本睦仁;有起自下者,如英、美、法諸國。出自上者,其道順;起自下者,其事烈。聖人用和平主義,不用衝突主義,故望上之自革,不欲下之干涉。然上不自革,則下將起而革之矣,如埃及、高麗諸國;或並其國而代之革矣,如印度、越南諸國;或分其地而代之革矣,如波蘭。夫至外人代而改革,則慘亡之禍亟矣,何如己之速爲改革爲愈乎?是所望於居九五、六二之位者。②

王舟瑶特著此篇之意,顯然欲以提倡變法改革。他寄望於居九五、六二之位者推動和平改革,並反復申明"用和平主義,不用衝突主義"之義。實際上,《易經·革卦》象傳的重點是針對"革"卦六爻的時位,而闡述君子應取之行爲及其吉凶。六二、九四、九五三爻皆吉,並非專寄望於在九五、六二之位者。在王氏編纂此講義的前一年,即1901年,兩宮西狩,慈禧在西安下詔變法;次年,《辛丑合約》簽訂後,慈禧又重申變法自強:"爾中外臣工,須知國勢至此,斷非苟且補苴所能挽回厄運,惟有變法自強,爲國家安危之命脈,亦即中國民生之轉機。"③王氏蓋寄望於慈禧真正推行變法,故在講義中屢屢示意進行自上而下的改革,又特別強調用和平主義,反映的都是王氏自身的政治立場。

《自強篇》借題發揮的情況更加明顯。該篇言:

> 《仲虺之誥》曰:"兼弱攻昧,取亂侮亡,推亡固存。"《中庸》曰:"天之生物,必因其材而篤之,故栽者培之,傾者覆之。"竊謂仲虺之所言,物競之義也。《中庸》之所言,天擇之義也。物競者,物爭自存也;天擇者,天擇其宜存者也。蓋民物並生於世,相接相搆,民民物物,爭思自存。其始也種與種爭,其繼也群與群爭,卒之弱者愚者敗,而強者智者勝,其尤強尤智者尤勝。……此其義發於十八世紀英儒

---

① 王舟瑶:《京師大學堂經學科講義》,第1a頁。
② 王舟瑶:《京師大學堂經學科講義》,第23b頁。
③ 戴逸、李文海主編:《清通鑒》,太原:山西人民出版社,2005年,第8665頁。

達爾文之《物種探原》,而吾中國數千年前之聖賢,已明其理。弱者必爲強者所兼,昧者必爲智者所攻,亂者必爲治者所取,亡者必爲存者所侮,此即生存競爭,優勝劣敗,天演之公例也。①

該篇所據之義理是達爾文的進化論。所謂"物競""天擇""生存競爭,優勝劣敗",這正是嚴復介紹的《天演論》的基本觀點。② 王舟瑶將《尚書·仲虺之誥》《中庸》與達爾文物競、天擇之說相比附。今案《仲虺之誥》爲"僞古文《尚書》",該節經文僞孔安國注曰:"弱則兼之,暗則攻之,亂則取之,有亡形則侮之,言正義。"③蔡沈《書集傳》在這個基礎上發揮"正義"之說:"諸侯之亂者兼之,昧者攻之,亂者取之,亡者傷之,所以惡惡也。"④可知,《仲虺之誥》這節經文有道德含義,意爲禁暴除惡,與達爾文從生物學角度所言毫無道德意味的物種競爭之說迥然有別。同樣,《中庸》這節引文也必須配合上一句"故大德,必得其位,必得其祿,必得其名,必得其壽"來看,其意旨在申言有德者必得位、祿、名、壽。下一句"天之生物"云云,孔穎達《正義》云:"言天之所生,隨物質性而厚之。善者因厚其福,舜、禹是也;惡者因厚其毒,桀、紂是也。故四凶黜而舜受禪也。"⑤顯然也具有道德含義,而與達爾文"天擇"之自然淘汰義宗趣不侔,不宜混同。可見,在没有確定經學自身的義理系統與根本立場之前,急於從現實目的出發以西學比附經學"大義",常常不免附會失真。這裏所舉《尚書·仲虺之誥》《中庸》兩個詮釋的例子便説明了這一點。

陳居淵先生也注意到王氏"糅合西學"的治學特色。⑥ 然而,這裏需要進一步指出的是,王氏不只是借用西方概念,而是完全接受了由嚴復介紹的達爾文學説。他認爲物競天擇、優勝劣敗是"天演之公例",並以進化論作爲其提倡變法、自強的義理根據。就此而言,王氏是奉"西學"而不是經學作爲理據,是援引進化論作爲解經的根本立場,而不是基於經學"大義"自身的立場。他對《易經》《尚書》《中庸》上述各節經文的詮釋之所以牽附西方概念,没能貼緊經學原典,正是因爲他在根本立場上接受了進化論,並基於此立場反向詮釋所謂經學"大義"。令人驚訝的是,王氏作爲清末漢學重鎮俞樾的弟子,在清末時局的衝激下,幾乎完全走到了清代漢學家強調經書客觀考證的

---

① 王舟瑶:《京師大學堂經學科講義》,第23b—24a頁。
② 赫胥黎著,嚴復譯:《天演論》,北京:商務印書館,1981年,第2—3頁。
③ 阮元校刻:《十三經注疏》(上册),第161c頁。
④ 蔡沈:《書經集傳》,北京:中國書店,1994年,第68頁。
⑤ 阮元校刻:《十三經注疏》(下册),第1628b頁。
⑥ 陳居淵:《晚清學者王舟瑶的經學史研究——以〈京師大學堂經學科講義〉爲中心》,《徽學》2018年第2期,第195頁。

反面。王氏的經學講義便是一個著例,尤其是最後兩篇"大義",誠如倫明所説,"至《通變》《自强》二篇,附會新學説,乖經旨矣"。① 王氏之所以要"附會新學説",正是由於他急於借經學教科書以宣傳其政治主張,從而做出上述"乖經旨"的詮釋。

四 結論

綜上可知,教科書是伴隨清末新式學堂的興起而出現的。中國的新式教科書是西方傳教士按照西式學堂分年級、分科目的課程設置而編印的,最早出現在 1870 年代。"經學"正式列爲一門高等學堂課程,始於梁啟超 1898 年代擬的《京師大學堂章程》。1902 年,又被張百熙《欽定學堂章程》列爲"文學科"的一門。同年,京師大學堂正式開辦,新式教科書的需求也提上日程,經學教科書也由此應運而生。現存京師大學堂教科書 12 種,大致都是在 1902—1903 年間編纂,其中就包括本文考察的這本早期經學教科書——《京師大學堂經學科講義》。

從表面上看,經學教科書完全是清末學制與課程改革的産物。人們可以不假思索地推斷:正是由於"經學"課程的要求,而催生了經學教科書的編纂。然而,這只是形式的或表面的解釋。從其裏層來看,學制改革只是清末政治改革的一部分,編纂經學教科書實際上也是出於政治的需要。Cyrus H. Peake 指出清末以來的中國政治家與教育家嘗試借助教育系統灌輸國家意識(nationalist philosophy and sentiments),試圖用現代民族國家觀念取代儒家思想作爲凝聚國家的力量。② 這可以揭示清末以來教育改革的政治意圖。本文對梁啟超《讀春秋界説》《讀孟子界説》的分析表明,清末的政治改革並非一味借鑒"西學",也曾借助經學教材來詮釋、宣揚和推廣各自的政治主張。梁氏戊戌變法前夕在湖南時務學堂所撰《讀春秋界説》《讀孟子界説》便是如此,儘管它們並非課程設置所要求,也並非講授的課本,與正式的教科書有別,却無疑是刻意的

---

① 倫明:《〈經學講義〉提要》,中國科學院圖書館整理:《續修四庫全書總目提要·經部》(下冊),第 1418 頁。

② Cyrus H. Peake, *Nationalism and Education in Modern China*, New York: H. Fertig, 1970, p.71. Paul J. Bailey 研究晚清至民初的教育辯論,也注意到在這些辯論中有一個重要的訴求,那就是要求培養統一的、愛國的公民(united and patriotic citizenry),這一訴求在 1912 年民國教育部召開的臨時教育會議上發揮了重要影響。參見 Paul Bailey, *Reform the People: Changing Attitudes towards Popular Education in Early Twentieth-century China*, Edinburgh: Edinburgh University Press, 1990, p.149. William Juntung Chen 指出教育與政治關係的争議在中國是一個新事物,在 1919 年五四運動後才凸顯。此説不確,Paul Bailey 與本文的研究都説明這種争議在甲午戰爭之後就已經爆發。Chen 説見 William Juntung Chen, *Some Controversies on Chinese Culture and Education*, New York: University Microfilms, 1969, p.236.

自編經學教材,具有明顯的政治意圖。在上述意義上,梁氏這兩篇講義可以視爲經學教科書的濫觴。

這種政治意圖並非只是個人行爲,而是隨即上升爲國家教育政策。在此過程中,圍繞是否應該編纂經學教科書曾一度發生爭議。一派主張研讀經學原典,反對編纂經學教科書。這一派的代表人物是提倡"中體西用"論的孫家鼐、張之洞。另一派主張編纂經學教科書,他們聲稱"取其精華、棄其糟粕",這一派的代表人物是梁啓超、張百熙。從表面看,"取其精華、棄其糟粕"似乎非常合理,但梁啓超取捨的標準是"民權之政治論",張百熙取捨的旨趣是"精神皆貫注於政治",①則其或"取"或"棄"的標準都是各自的政治主張。

基於上述思想史的考察,我們對王舟瑤《京師大學堂經學科講義》的編纂便可以獲得深層的理解。《京師大學堂經學科講義》全書分爲"論讀經法""經學家法述""群經大義述"三部分,從結構上看,既介紹了"師承派別",也闡述了"群經大義",與《京師大學堂編書處章程》針對中小學堂經學教科書"其大義微言,師承派別,亦區分門目,略加詮次"②的規定大致符合。從編纂旨趣看,該書遵循張百熙《欽定大學堂章程》的要求,做到了"精神皆貫注於政治"。王氏又將此宗旨貫徹爲對"通變"與"自強"的政治鼓吹。王氏發揮《易經》《尚書》《中庸》中所謂"大義",但並非緊貼經書原典進行客觀的詮釋,而是藉以比附各種西學名詞,如"和平主義""物競""天擇",目的是配合當時慈禧"厲行新政"的詔書,鼓吹自上而下的政治改革。

不難看到,清末教育當局内部爭議的重點在於經學是應該謹守經書原典來闡發經學義理還是新編經學科書以服務政治需要。這個區分非常緊要,因爲前者依然相信經學是中國政治的學術基礎。換言之,前者依然要牢牢依據經書中的義理或"道"來指導"政";後者則逐漸放鬆了經書的權威性,甚至主張"取其精華,棄其糟粕"。這樣,經學的意義就下降爲服務於政治的工具而不是高於政治的"道"。這實爲清末知識份子由堅守傳統逐漸轉向反傳統的一條關鍵的心理防綫。這其中涉及政治哲學的深入討論,已經溢出本文主題之外。本文所要指出的是,戊戌變法以後,中國教育界經過一段時間的思想交鋒拉鋸,最終越來越偏向於後者。

孫家鼐、張之洞等人的警惕不無道理。編纂經學教科書實際上牽連到經書原典的割裂甚至廢棄,從而造成經學的異化。就本文的考察而言,梁啓超借經學接引西方的

---

① 張百熙:《致瞿鴻磯論辦學書》,陳景磐、陳學恂主編:《清代後期教育論著選》(下册),第36頁。
② 《京師大學堂編書處章程》,汪家熔輯注:《中國出版史料(近代部分)》(第一卷),第620頁。

民權論,王舟瑶借經學接引達爾文的進化論,以宣揚各自的政治主張,經學被轉換爲接引西方學説的跳板和包裝政治主張的工具。這並不限於梁啓超與王舟瑶,而是在清末政治激盪下誕生的一種普遍的經學新現象。① 這種經學新做法導致兩個結果:第一、經學喪失了自身的主體性,因爲一旦西學可以自由輸入,跳板的價值就會自行消失;第二、經學不再是具有超越性的本體,而成爲無"體"之"用"。質言之,如果經學家不能牢牢確立經學到底是什麽? 那麽,它的"用"隨着政治化、工具化的選編與解讀將越來越喪失其自身立場,最終必然導致"廢經"。民國肇建後,西學正大光明地入據國立大學講壇,經學作爲西學跳板和包裝政治改革主張的工具價值隨之喪失。登岸舍筏,於是甫入民國,小學就廢除讀經課程,大學也廢除經學科,其中的因果實爲勢所必至。

總之,經學教科書在清末的誕生,不只是由於外部教育制度的改革而促成,更是起於借助經學接引西方政治學説和推動政治改革的現實需要。其動議始於戊戌變法前後。1905 年,科舉考試廢除,政府更加强對學堂的管控,試圖借學堂來發揮科舉時代科舉考試的政治功能。② 1906 年,清末學部規定了教育宗旨,確定以忠君、尊孔、尚公、尚武、尚實爲教育宗旨。③ 這意味着,一切課程與教科書的編纂都必須遵循此宗旨。至此,發揮經書中的"大義"來指導現實政治的傳統經學已經形神盡失,經學與政治,"道"與"政"的地位已然逆轉。取而代之的,是根據國家教育宗旨來編纂經學教科書。這些宗旨並非盡合經義,甚至明顯取自西學,於是,傳統經學不必等到清朝覆滅,早已由於自我異化而注定式微。

作者簡介:

毛朝暉,男,1981 年生,湖南衡陽人,華僑大學哲學與社會發展學院、國際儒學研究院研究員。主要研究領域爲儒家哲學、比較哲學、經學、中國思想史,近年代表性論著有《唐文治與學堂經學的改革》(北京:中國社會科學出版社,2022 年)、《現代經學

---

① 據葛兆光考察,晚清今古文經學都有接引西方知識的現象。參見葛兆光《中國思想史》(第二卷),上海:復旦大學出版社,2001 年,第 477—493 頁。葉純芳也指出晚清經學的一個主要特點是"以西學比附經學"。參見葉純芳《中國經學史大綱》,北京:北京大學出版社,2016 年,第 475、483—497 頁。

② Renville Clifton Lund, *The Imperial University of Peking*, University Microfilms, 1969, pp.6–7.有關科舉考試兼具態度型塑(attitude-forming role)和內容表達(content-expressing)的功能,所謂"態度型塑"即具有政治功能。參見 Benjamin A. Elman, "Changes in Confucian Civil Service Examinations from the Ming to the Ch'ing Dynasty", in Benjamin A. Elman and Alexander Woodside eds., *Education and society in late imperial China, 1600–1900*, Berkeley: University of California Press, 1994, pp.111–149.

③ 《奏請宣示教育宗旨折附上諭》,舒新城編:《近代中國教育史料》,北京:中國人民大學出版社,2012 年,第 244—247 頁。

的思想史進路——勞悦强經典詮釋方法論述評》(《漢學研究》第 31 集 2021 年秋冬卷)、《二程理學的經學奠基及其結構性差異》(《雲南大學學報(社會科學版)》2022 年第 21 卷第 5 期)、《荀子人性論的義理結構與"善"的起源》(《哲學與文化》2022 年第 4 期)。

《五德終始説下的政治和歷史》與近代今文經學譜系的重塑*

郭宇懷

内容摘要 民國學術由經入史,以史學方式重探經學關鍵議題,且以此重建可靠的古史系統。古史辨運動的興起既受到晚清今文經學疑古辨僞之啓發,又承接相關學術主張,直接介入漢代經學今古文大議題之中,以此破舊立新,成爲這一學術新方向實踐的旗幟。顧頡剛作爲古史辨運動的領袖人物,《五德終始説下的政治和歷史》便是他由經學的今古文問題入手破除舊古史系統的重要實踐。同時,他又取捨利用晚近今文經學的不同方面,於事實上重塑了近代今文經學的譜系。研究者多注重康有爲對顧頡剛古史研究的影響,而較爲忽視在其學説形成過程中具有樞紐性作用的崔適。顧頡剛關於劉歆利用"五德終始説"僞造上古歷史的核心觀點不僅直接來自崔適,而且受錢玄同叙述今文經學脈絡的影響,顧頡剛還以崔適的學説爲先導理解康有爲,有選擇地強調康有爲在疑古辨僞上的貢獻。

關鍵詞 顧頡剛 崔適 錢玄同 《五德終始説下的政治和歷史》

"經學的史學化"是民國學術發展的重要方向,顧頡剛作爲古史辨運動的領袖人物,一直堅持"研究中國古史必由經學入手"欲爲今古文問題"作結算之工作",①最終事實上使"中國的史學完全脱離經學而獨立"。②《五德終始説下的政治和歷史》一文即是其中重要一環。1923 年提出"層累説"後,顧頡剛迅速成爲各方爭論的焦點,古史辨也一時佔據了民國古史研究的主流,以至留學中的傅斯年感歎:"頡剛是在史學上

---

* 論文撰寫與修改過程中得到浙江大學桑兵教授、湖南師大吴仰湘教授和中山大學於梅舫教授的指點,謹此感謝諸位老師賜教,同時感謝匿名審稿老師的寶貴建議。
① 顧頡剛:《純熙堂筆記》,《顧頡剛讀書筆記》(第 4 卷),北京:中華書局,2011 年,第 268 頁。
② 周予同:《五十年來中國之新史學》,朱維錚編:《周予同經學史論著選集(增訂本)》,上海:上海人民出版社,1996 年,第 547 頁。

稱王了。"①而1930年前後,古史研究開始轉向"重建",殷墟考古發掘也給"疑古"學說帶來了衝擊。面對挑戰,顧頡剛"急欲立一系統",②寫下了《五德終始説下的政治和歷史》一文。這篇長文不僅是"層累説"的延伸,也是他試圖解決今古文問題,從而徹底打破"僞古史"系統的關鍵。顧頡剛自身對此文抱有極高期望,欲接續崔述、康有爲、崔適的辨僞工作並超越康、崔更進一步,但胡適、錢穆等人批評此文陷入了今文經學家的立場,往往又連帶涉及康有爲,故而既往研究十分關注康有爲對於顧頡剛古史研究的影響,却較爲忽視崔適的樞紐作用。③ 近來,更多研究者注意到崔適學説對於顧頡剛的直接影響,④但尚未涉及崔適的另一重影響:一方面顧頡剛關於劉歆利用"五德終始説"僞造上古歷史的核心觀點直接來自崔適;另一方面他還以崔適《史記探源》爲先導,有選擇地強調康有爲在疑古辨僞上的貢獻。

而在顧頡剛與崔適之間發揮了重要作用的則是錢玄同。顧頡剛自述受錢玄同同時打破今古文經學的啓發,改變了認識今文經學的方式,"寫出了《五德終始説下的政治和歷史》一個長篇論文,又寫出了《秦漢的方士與儒生》這個通俗小册子"。⑤ 前人多關注錢玄同參與"層累説"形成的過程,⑥然而他叙述今文經學脈絡的影響同樣重要。

扼要言之,顧頡剛寫作《五德終始説下的政治和歷史》一文,不僅繼承了崔適論

---

① 傅斯年:《與顧頡剛論古史書》,歐陽哲生主編:《傅斯年全集》(第1卷),長沙:湖南教育出版社,2003年,第447頁。

② 顧頡剛:《遂初室筆記(二)》,《顧頡剛讀書筆記》(第3卷),第66頁。

③ 楊向奎:《論"古史辨派"》,陳其泰、張京華主編:《古史辨學説評價討論集》,北京:京華出版社,2001年,第79—100頁。王汎森:《古史辨運動的興起:一個思想史的分析》,臺北:允晨文化,1987年。彭明輝:《疑古思想與現代中國史學的發展》,臺北:臺灣商務印書館股份有限公司,1991年。

④ 蔡長林首先指出《史記探源》成書的第二重意義即是啓發了《古史辨》對於"終始五德"的激烈討論。蔡長林:《論崔適與晚清今文學》,臺北:聖環圖書股份有限公司,2002年。此後更多研究者指出崔適與顧頡剛的學術關聯,朱浩毅:《論顧頡剛對崔適"終始五德"學説的推闡與修正》,《中國歷史學會史學集刊》第43期,2011年10月,第143—179頁。李長銀:《古史之中心題目:顧頡剛的〈五德終始説〉及其影響》,《史學理論與史學史學刊》2016年第2期,第65—81頁。李長銀:《由經入史:崔適的今文家言與"古史辨運動"》,《孔子研究》2021年第4期,第96—105頁。廖娟:《中國と日本における易經學の近代の変容》,東京大學博士學位論文,2019年,第101—111頁。

⑤ 顧頡剛:《我是怎樣編寫古史辨的?》,《顧頡剛古史論文集》(第1卷),北京:中華書局,2011年,第161頁。

⑥ 既往研究多注重錢玄同促使顧頡剛由辨"僞書"走向辨"僞經"、同時打破今古文經學、使經學史學化等方面。林慶彰:《顧頡剛與錢玄同》,《中國文史哲研究集刊》第17期,2000年9月,第405—430頁。劉貴福、侯雲灏:《論錢玄同的疑古思想》,《史學理論研究》2001年第3期,第62—70頁。盧毅:《論錢玄同對顧頡剛的學術影響》,《東方論壇(青島大學學報)》2006年第6期,第85—89頁。

"終始五德"之觀點,而且受錢玄同叙述今文經學脈絡的影響,強調康有爲、崔適的繼承關係與辨僞成績,有選擇地取捨晚近今文經學的不同方面,由經學的今古文問題入手,試圖徹底打破漢人僞造的古史系統。錢、顧二人通過強調康有爲、崔適在古史辨僞上的一致性與關聯性,彌合了二者身處不同時空産生的學術旨趣差異,將康有爲放置在崔述、康有爲、崔適這一條不斷推進、逐漸精密的辨僞鏈條中,使其成爲古史辨僞之先驅,於事實上重塑了近代今文經學的譜系。

一 發揮崔適論"終始五德"之説"打碎僞古史之中堅"

1930年前後,古史研究逐漸轉向"重建",殷墟考古發掘也給"疑古"學説帶來衝擊,面對挑戰,顧頡剛寫下《五德終始説下的政治和歷史》一文。此文的重要目的在於揭示劉歆利用"五德終始"改造上古歷史,不僅這一核心觀點直接來自崔適,而且顧頡剛強調康有爲、崔適在辨僞上的繼承關係,欲接續二人的辨僞工作並自立于更進一步的超然地位,自信可以真正打破舊古史的系統。顧頡剛自期可以憑藉此文由經學的今古文問題入手"打碎僞古史之中堅",[1]劉節也稱讚"今古文的問題已給顧先生捉住了重心"。[2] 顧頡剛與劉節都堅信今古文問題的"根本癥結在陰陽五行災異讖緯説之不同",[3]故而《古史辨》第五册下卷就主要收録了這篇論文以及錢穆、劉節、范文瀾、陳槃、童書業等人的評論文章,可見顧頡剛本人將此文置於十分關鍵的地位。[4]

顧頡剛如此重視《五德終始説下的政治和歷史》一文,正是因爲其中寄託了他徹底解决今古文問題、打破舊古史系統的期望。此文固然出於急就,且未能寫完,但包含了顧頡剛數年間研究上古史的成果,也揭示了整理古史系統的新方向。已有學者指出此文源於他在中山大學和燕京大學教授上古史課程的講義,是1930年《中國上古研究講義》"古史四考"中《帝系考》系統化的成果。[5] 雖然《五德終始説下的政治和歷

---

① 顧頡剛:《顧頡剛日記》(第2册),1930年1月28日,臺北:聯經出版事業股份有限公司,2007年,第371頁。
② 劉節:《劉序》,顧頡剛編:《古史辨》(第5册),上海:上海古籍出版社,1982年,第8頁。
③ 劉節:《論今古學書》,顧頡剛編:《古史辨》(第5册),第640頁。
④ 雖然《五德終始説下的政治和歷史》在當時已經激起了多方討論,但顧頡剛本人晚年卻認爲"其時日寇侵擾東北熱河,處北平者已如釜中之魚,無以討論學術,竟未起任何影響"。側面説明他對此文期待極高。顧頡剛:《致徐仁甫》,1973年9月13日,《顧頡剛書信集》(第3卷),北京:中華書局,2011年,第513頁。
⑤ 劉俐娜:《顧頡剛學術思想評傳》,北京:北京圖書館出版社,1999年,第82頁。李長銀:《古史之中心題目:顧頡剛的〈五德終始説〉及其影響》,《史學理論與史學史學刊》2016年第2期,第65—81頁。

史》所討論的内容直接脱胎於《帝系考》,但顧頡剛對於今古文問題和"僞古史"系統的認識淵源更早。

如顧頡剛所言:"在廈門和廣州的兩個大學裏擔任了《尚書》和《春秋》兩課,聚集了許多材料,我方才對於今、古文問題有較深的認識。"①南下廈門、廣州任教是顧頡剛深入研究今古文問題的契機,初到廈門半年,他就在破壞舊古史方面取得了新進展。1927年4月7日顧頡剛在廈門青年會的演講已將矛頭對準帝系、道統、聖經,初見日後"古史四考"的構想。② 隨後任職中山大學期間,顧頡剛通過編寫《中國上古史講義》繼續探究舊古史系統形成背後的邏輯,又"把康先生辨少皞的話鈔了出來,以崔先生論終始五德的話校之,更以其他的古史系統證之,始確知《世經》和《月令》的古史系統只是王莽的古史系統"。③ 雖然顧頡剛此時尚未系統整理"五德說",但已初步找到打破舊古史系統的途徑。

1928年初他在給周予同的書信中介紹《中國上古史講義》編寫的原則:甲、乙、丙三種材料分別代表"舊古史的系統""舊古史的材料"與"所以有舊古史的原因的材料",④正可説明顧頡剛打破舊古史系統的邏輯,其中丙種材料便是揭示何以形成舊古史系統的關鍵。丙種材料中《三代改制質文》篇等被顧頡剛認爲是"僞古史原則之一部分",⑤漢人"整齊故事"的手段不僅使得孔子之學變成"爲漢制法",而且使原本茫昧無稽的上古三代歷史也被編排改造,變成了依照特定規律可以無窮推演的完備系統。⑥ 顧頡剛又在與何定生討論《山海經》傳説時説:"漢人定事物的原則於五行上,無論什麽事情總要用五行之説來分配解釋。"⑦此一時期顧頡剛已經認定漢人依照陰陽五行改造上古歷史是產生舊古史系統的根源,若要重建可靠的上古史,就需要首先破除漢人僞造的部分。

在顧頡剛看來,漢代之後的中國學術皆受漢人影響,而經學的今古文問題正是漢代學術的關鍵,陰陽五行學説又是漢人行事的原則,是以釐清陰陽五行學説就能够徹底解决今古文問題,從而打破漢人創造的舊古史系統。因此,作爲數年間反思舊古史

---

① 顧頡剛:《中國上古史研究講義·自序二》,《顧頡剛古史論文集》(第3卷),第89頁。
② 顧頡剛:《顧頡剛日記》(第2册),1927年4月6日,第34頁。
③ 顧頡剛:《中國上古史研究講義·自序二》,《顧頡剛古史論文集》(第3卷),第90頁。
④ 顧頡剛:《致周予同》,1928年2月1日,《顧頡剛書信集》(第2卷),第295—296頁。
⑤ 顧頡剛:《纂史隨筆(三)》,《顧頡剛讀書筆記》(第1卷),第431頁。(1922年《纂史隨筆(三)》附有1928年筆記十七條,自"淫聲以鄭爲代表正如伎女以蘇州爲代表"條以下記於1928年3月。)
⑥ 顧頡剛:《中國上古史講義》,《顧頡剛古史論文集》(第3卷),第20頁。
⑦ 顧頡剛:《致何定生》,1928年3月19日,《顧頡剛書信集》(第2卷),第313頁。

系統的成果,《五德終始説下的政治和歷史》一文的目的即在於揭示劉歆如何通過僞造古文經、利用"五德終始説"改造上古歷史。崔適《史記探源》認爲劉歆僞造"少皞"以配合"終始五德"改造上古歷史,這也是顧頡剛據以展開論述、進而打破舊古史系統的關鍵。甚至在多年後已知"少皞"並非劉歆僞造的情況下,顧頡剛仍部分地堅持此説。① 不僅此文的核心觀點直接來自崔適,而且正如顧頡剛批校《新學僞經考》的題録所言:"先生之爲《史記探源》,實得力於此書,其所點識,雖簡少,要自得其精要者爲我先導,所樂受也。"②顧頡剛由"五德説"辨僞上溯至康有爲"辨少皞",即是以崔適《史記探源》之觀點爲先導。

顧頡剛將康有爲放置在崔述、康有爲、崔適這一條層層推進的辨僞譜系中,爲了凸顯康有爲與崔適之間的聯繫,而特别强調"辨少皞"之功。《遂初室筆記》論及近代辨僞的進展,即勾勒了"崔述—康有爲—崔適"的脈絡:

> 崔述、梁玉繩——指出事件之妄。康有爲——指出作僞之時代。康氏但以加入少皞爲暗容三皇五帝之次(升黄帝於三皇)。崔適——指出作僞之方式。崔氏始用五德説説明之。今文家——只肯打破五德説,不肯打破三統説。我——立于超然之地位,加以系統之説明,補其所未備。
>
> 崔述均辨之,以爲非一人。(只知辨其事蹟,不知辨其系統)康有爲辨之,以爲劉歆增入,其增入之故爲欲定"三皇、五帝",擠黄帝於三皇。(知辨其系統矣,然而還看得淺)崔適辨之,以爲所以構成此系統由於要在五德之運上證明新代漢的前定。(此探驪得珠也。)但他以爲五德説悉由劉歆造作,我則正之。③

康有爲"辨少皞"本指劉歆造僞"以與今文家爲難",④但經崔適提出劉歆利用"終始五德"改造古史、加入少皞"欲明新之代漢",⑤在顧頡剛眼中,康有爲就成爲了"五德終始説"辨僞鏈條上重要的一環。而事實上,崔適的《史記探源》才是《五德終始説下的

---

① 1973年,顧頡剛在反思《五德終始説下的政治和歷史》時,承認"少皞"一名本就存在於神話中,並非劉歆僞造,但仍認爲"金天氏"一名出自劉歆之手。康、崔的錯誤僅在於將二者合併。顧頡剛:《致徐仁甫》,1973年9月13日,《顧頡剛書信集》(第3卷),第514頁。
② 康有爲:《新學僞經考》卷一,廣州康氏萬木草堂刊本,光緒十七年版。轉引自解樹明:《顧頡剛批校本〈新學僞經考〉及其學術價值》,《圖書館雜誌》2019年第10期,第108頁。
③ 顧頡剛:《遂初室筆記(二)》,《顧頡剛讀書筆記》(第3卷),第71、75頁。原文在"今文家"前用大括號包括了康有爲、崔適二人。
④ 康有爲:《新學僞經考》,姜義華、張榮華編校:《康有爲全集(增訂本)》(第一集),北京:中國人民大學出版社,2020年,第375頁。
⑤ 崔適:《史記探源》,北京:中華書局,1986年,第3頁。

政治和歷史》核心觀點的直接來源。雖然顧頡剛在讀書筆記中梳理了崔述、康有為、崔適各自的辨偽貢獻，但在他心中唯有崔適"始用五德説説明之"從而"探驪得珠"，崔述、康有為則相對"看得淺"。由此可見，顧頡剛實是由崔適考辨"終始五德"出發，上溯康有為"辨少皡"之影響，有選擇地強調他在疑古辨偽上的貢獻。

此後，顧頡剛依然反復強調康、崔二人在辨偽上的承繼關係："崔觶甫先生（適）是繼續康先生的工作的人。"①"只要我們這一册比《新學偽經考》和《史記探源》逼進一層，就可以無愧於時代的使命。"②乃至 1949 年他仍自視爲康、崔的繼承人，在日記中説："現在研究經學人士寥寥可數，只沈風笙、張西堂數君，予苟不爲，則康、崔之緒即斷。"③1961 年，顧頡剛又向童書業回憶自身受到康有為影響的過程："少年時代讀夏曾佑書，青年時代上崔適課，壯年時代交錢玄同，三人皆宣傳康學者也。"④在顧頡剛眼中，崔述、康有為、崔適不斷推進的辨偽成果奠定了基礎，他自命"立于超然之地位"，將超越"信經"的崔述與作爲"今文家"而尊孔子的康有為和崔適，真正打破舊古史的系統，重建可靠的上古信史。而作爲顧頡剛眼中的"宣傳康學者"，崔適和錢玄同在成爲他與康有為之間媒介的同時，也影響了顧頡剛理解康有為學術的方式。

二　錢玄同叙述今文經學脈絡對顧頡剛的影響

崔適在顧頡剛處理"五德終始説"這一關鍵問題時發揮了樞紐性作用，但起初顧頡剛對於崔適本人的學説並不十分注意。直到 1920 年後，錢玄同與顧頡剛在辨偽事業上引爲同道，錢玄同叙述今文經學脈絡、強調康有為與崔適的辨偽成績，才使得顧頡剛對崔適產生了更深刻的理解。

顧頡剛入讀北京大學之際，崔適正用《春秋復始》一書教授"《公羊》"學課程，彼時，趨新的顧頡剛"對崔先生的課並無好感"。⑤"深以爲漢人經説不合於二十世紀吾人之理性，憐其年老，不敢提質問也。"⑥因爲崔適"把《公羊》讀得爛熟，却只希望恢復《公羊》學的原來面目"。⑦很難引起顧頡剛的濃厚興趣。如他在《中國上古史研究講

---

① 顧頡剛：《五德終始説下的政治和歷史》，《顧頡剛古史論文集》（第 2 卷），第 384 頁。
② 顧頡剛：《古史辨第五册自序》，《顧頡剛古史論文集》（第 1 卷），第 144 頁。
③ 顧頡剛：《顧頡剛日記》（第 6 册），1949 年 1 月 5 日，第 401 頁。
④ 顧頡剛：《顧頡剛日記》（第 9 册），1961 年 11 月 17 日，第 372 頁．
⑤ 顧頡剛：《中國上古史研究講義·自序二》，《顧頡剛古史論文集》（第 3 卷），第 89 頁。
⑥ 顧頡剛：《楓林村雜記》，《顧頡剛讀書筆記》（第 13 卷），第 188 頁。
⑦ 顧頡剛：《秦漢的方士與儒生》，《顧頡剛古史論文集》（第 2 卷），第 466 頁。

義》序言中所言:"那時的見解,似乎以爲我既不想作今文家,就不必理會這些。在大學畢業之後,始見錢玄同先生。他屢屢提起今、古文問題,並以爲古文是假的,今文是口說流傳而失其真的。"①錢玄同意欲將今古文經學一起打破,給顧頡剛帶來極大刺激,正是這種超越今古文家派的觀點啓發了顧頡剛"不用了信仰的態度去看而用了研究的態度去看"②今古文問題,從而發掘其中古史辨僞的素材。作爲顧頡剛與崔適之間的橋梁,錢玄同深深改變了顧頡剛理解崔適與利用晚近今文經學資源的方式。既往研究已注意到康有爲、崔適對錢玄同分別產生的影響,並分析了他如何超越今古文經學,走向疑古辨僞。③ 但錢玄同推崇康、崔二人實際上源於崔適的啓發,他叙述的這條今文經學脈絡又影響了同時代的學者重新認識康有爲與晚清今文經學。

錢玄同一生中學術觀點常隨時而變,對於今文經學的態度也經歷數次變化。而在錢玄同善變的背後,相對不變的是他長期以來對崔適學説的重視。1909年,錢玄同初次聽聞崔適"爲歸安人,俞樾弟子,好治今文經",④但並未見到《史記探源》。此時錢玄同師從章太炎,雖對今文經學抱有好感,但十分排斥康有爲。他在日記中就曾批評康有爲抹殺堯、舜、禹、湯,即使在今文經學内部也應當排斥,這顯然與他後來極力推崇康有爲疑古辨僞之功大相徑庭。⑤ 而促使錢玄同轉變的關鍵是崔適。從1911年拜崔適爲師到1917年以前,錢玄同都以"專宗今文"自居。在崔適的極力推介下,錢玄同借讀其批註的《新學僞經考》,方才服膺康有爲、崔適闢僞經之説,並時常依據《史記探源》校訂《史記》。這段時期,他對於崔適的評價甚高,超過了劉逢禄、廖平、康有爲等人,認爲康有爲《新學僞經考》"年少氣盛,往往有過火語,文筆亦不甚經意。然闢僞經之謬,可謂東漢以來所未有",而崔適則是"經學耆儒,故言多平實,較勝康矣"。⑥ 無疑將崔適置於最高地位。此一時期錢玄同對於崔適著作的信奉,改變了他對康有爲的看法,也奠定了此後據崔適辨僞成果重新審視晚清今文經學的基礎。錢玄同因崔適之

---

① 顧頡剛:《中國上古史研究講義・自序二》,《顧頡剛古史論文集》(第3卷),第89頁。
② 顧頡剛:《中國上古史研究講義・自序二》,《顧頡剛古史論文集》(第3卷),第89頁。
③ 徐立新:《錢玄同:最後的經學及其歷史轉變》,《學海》2001年第3期,第119—123頁。李可亭:《錢玄同對康有爲經學思想的承繼與超越》,《北方論叢》2008年第2期,第99—102頁。李可亭:《崔適對錢玄同經學思想的影響》,《貴州社會科學》2009年第10期,第108—112頁。劉貴福:《錢玄同思想研究》,北京:北京師範大學出版社,2011年。王小惠:《辨别"六經"的真僞——錢玄同對清末康有爲反孔資源的接納及轉化》,《魯迅研究月刊》2018年第1期,第49—56頁。
④ 錢玄同:《錢玄同日記(整理本)》(上册),1909年9月20日,北京:北京大學出版社,2014年,第176頁。
⑤ 錢玄同:《錢玄同日記(整理本)》(上册),1910年1月11日,第208頁。
⑥ 錢玄同:《錢玄同日記(整理本)》(上册),1912年10月22日,第230頁。

故,由排斥轉爲信奉康有爲、崔適的今文經説,1917年後又由"專宗今文"轉爲"超今文"的立場,對於崔適的推崇由今文經説轉向辨僞層面,也益加堅信康有爲、崔適辟僞經的考證成果。錢玄同對於今文經學的態度前後歷經數次改變,而崔適的影響貫穿始終。

如前所述,錢玄同强調康有爲、崔適在辨僞上的成績,啓發了顧頡剛重新認識晚清今文經學。1920年後錢玄同與顧頡剛合作《辨僞叢刊》,又探討"層累説"的内涵,交往頗爲密切。商討《辨僞叢刊》事宜時,面對顧頡剛辨"僞書"還是"僞事"的提問,①錢玄同希望顧頡剛能夠在"崔東壁、康長素、崔觶甫師諸人考訂'僞書'"②的基礎上更進一步。在《論今古文經學及〈辨僞叢書〉書》中錢玄同再次肯定康、崔辨僞之功,堅信古文經爲劉歆僞造,認爲"他們關於這一點的考證是極精當的"。③ 1923年,錢玄同又與顧頡剛討論"層累説"與"六經"的性質問題,重申康有爲《新學僞經考》、崔適《史記探源》排斥僞經的價值,呼籲打破"六經"這一層最後的迷障,認清漢代學術中"無論今文家、古文家,都是'一丘之貉'"。④ 可見錢玄同超越今古文經學的觀點其實建立在堅信康、崔闢僞經、揭發漢代學者作僞之跡的基礎上。錢玄同的觀點使得顧頡剛重新審視了崔適著作中辨僞的價值,並由此進一步關注漢代產生今古文經學的時代背景。

結合顧頡剛自述:在錢玄同的啓發下"寫出了《五德終始説下的政治和歷史》一個長篇論文,又寫出了《秦漢的方士與儒生》這個通俗小册子"。⑤ 足見錢玄同與顧頡剛由"五德終始説"入手解決今古文問題、破除舊古史系統之間的密切關係。1928年顧頡剛在中山大學編寫《中國上古史講義》探究舊古史系統形成背後的邏輯,不僅將《史記探源》《春秋復始》作爲授課材料,⑥而且在籌備"近三百年思想史"課程時首先向錢玄同求助:"現在學術界中,真知道懷瑾先生的,除先生外再没有人了!"⑦足以説明在崔適相關問題上,顧頡剛對於錢玄同的信任。正是這一時期,顧頡剛通過對比康有爲

---

① 顧頡剛:《論〈辨僞叢刊〉分編分集書》,顧頡剛編:《古史辨》(第1册),第23頁。
② 錢玄同:《論近人辨僞見解書》,1921年1月27日,顧頡剛編:《古史辨》(第1册),第24頁。
③ 錢玄同:《論今古文經學及〈辨僞叢書〉書》,1921年3月22日,顧頡剛編:《古史辨》(第1册),第30頁。
④ 錢玄同:《答顧頡剛先生書》,1923年5月25日,顧頡剛編:《古史辨》(第1册),第80頁。
⑤ 顧頡剛:《我是怎樣編寫古史辨的?》,《顧頡剛古史論文集》(第1卷),第161頁。
⑥ 1928年4月間的"上古史"課程與"尚書"課程即是一例:4月12日"上'上古史'一課(〈春秋復始序證〉)。"顧頡剛:《顧頡剛日記》(第2册),1928年4月12日,第153頁。4月25日"上'尚書研究'兩課(崔適辨《書序》、龔氏《説中古文》,劉師培《中古文考》,康有爲《古文尚書辨僞》)。"顧頡剛:《顧頡剛日記》(第2册),1928年4月25日,第157頁。
⑦ 顧頡剛:《致錢玄同》,1928年4月12日,《顧頡剛書信集》(第1卷),第563頁。

"辨少皞"與崔適論"終始五德"識破舊古史系統的真相,爲後續的《五德終始説下的政治和歷史》奠定基礎。

錢玄同本就是極風趣、健談之人,①1929年後顧頡剛回到北京,錢玄同便時常登門拜訪,二人交往愈發密切。1930年,隨着《劉向歆父子年譜》《五德終始説下的政治和歷史》兩文問世,今古文問題的爭議重燃,顧頡剛在《五德終始説下的政治和歷史》中梳理了劉逢禄、康有爲、崔適辨僞《左傳》的過程,提出要將《左傳》恢復爲《國語》,更借用劉逢禄、崔適的學者身份,欲證明康有爲辨僞的學術價值與從政和傳教無關:

> 康有爲果然是個政客,但前于他的劉逢禄,後於他的崔適,則明明都是學者,他們爲什麽要説同樣的話呢? 所以康先生在研究今古文問題上,乃是一上承劉氏而下開崔氏的人,與他的從政和傳教没有關係。②

與顧頡剛的《五德終始説下的政治和歷史》相呼應,錢玄同在《〈左氏春秋考證〉書後》中叙述的"今文學運動"是一場劉逢禄、康有爲到崔適,逐步推翻僞經和僞史料的辨僞運動:"我認爲一百年來的'今文學運動'是咱們近代學術史上一件極光榮的事。它的成績有兩方面:一是思想的解放,一是僞經和僞史料的推翻。"③由此,他號召同人"以劉、康、崔三君所考辨者爲基礎,再取今本《國語》《左傳》等書與《史記》《春秋》等書仔細對勘,做成'《國語》探源'和'今本《國語》與《左傳》疏證'二書,來恢復左丘氏《國語》的本來面目"。④ 其中"《國語》探源"的思路顯然來自于崔適。崔適《史記探源》欲删去《史記》中劉歆等人竄亂的部分從而恢復《史記》的真面目,《春秋復始》欲清除《穀梁》《左傳》的影響回歸真正的《春秋傳》(《公羊》)。錢玄同提出"《國語》探源",希望恢復未經篡改的《國語》原貌,與《史記探源》一脈相承。錢玄同因崔適之故,由排斥變爲信從康、崔等人的今文經説,很長一段時間内都十分認同崔適《史記探源》等著作的觀點。隨着"整理國故"與"古史辨"運動的進行,錢玄同對崔適的認同由今文經説轉向疑古辨僞的層面,由此也更爲重視康有爲于疑古辨僞方面的開創性成就,他所設想的康、崔之間的傳承與"今文學運動"的價值在於層層推進、逐漸精密的辨僞成績。

---

① 顧頡剛稱錢玄同"有話決不留在口頭,非説得暢不止","白天上課之外,專門尋朋友談天"。見顧頡剛:《我是怎樣編寫古史辨的?》,《顧頡剛古史論文集》(第1卷),第163頁。
② 顧頡剛:《五德終始説下的政治和歷史》,顧頡剛:《顧頡剛古史論文集》(第2卷),第388頁。
③ 錢玄同:《〈左氏春秋考證〉書後》,《錢玄同文集》(第4卷),北京:中國人民大學出版社1999年版,第297頁。
④ 錢玄同:《〈左氏春秋考證〉書後》,《錢玄同文集》(第4卷),第318頁。

錢玄同緣崔適而重視康有爲,視崔適爲康有爲的發揚光大者,其實正是沿着他所接受的崔適學説去理解康有爲。受錢玄同推崇的"康有爲——崔適"這條今文經學脈絡影響,顧頡剛由並不信服崔適的今文經説,轉爲重視崔適著作中辨僞的價值,並上溯康有爲"辨少皞"之影響,試圖借經學的今古文問題打破漢人僞造的舊古史系統,最終形成了《五德終始説下的政治和歷史》。

三 錢玄同、顧頡剛對"康有爲——崔適"繼承關係的塑造

既往研究已十分關注晚清今文經學對古史辨運動的影響,但在今文經學内部,崔適往往僅以"今文派之後勁"①的形象出現,甚至完全成爲康有爲的附庸。② 根據錢玄同的叙述,崔適"對於康長素之《新學僞經考》推崇極至"。③ "于俞氏處得讀康氏這書,大爲佩服,稱爲'字字精確'‘古今無比',於是力排僞古,專宗今文。"④固然,崔適的《史記探源》建立在《新學僞經考》懷疑劉歆遍僞群經的基礎上,且如顧頡剛所言,康有爲與崔適經常"説同樣的話",⑤但二者身處時空不同,學術旨趣也相去甚遠。結合顧頡剛所録崔適對於《新學僞經考》的批語以及上海圖書館藏《史記校釋》手稿可知,崔適並非對《新學僞經考》的内容全無異議,其影響深遠的論"終始五德"之説亦非《史記探源》最初的觀點,而是逐漸形成於對《史記》的不斷懷疑中。然而顧頡剛、錢玄同直接受到崔適影響,又以崔適學説爲先導理解康有爲,事實上重新解釋與塑造了"康

---

① 梁啓超將崔適置於康有爲之後,稱其"著《史記探源》《春秋復始》二書,皆引申有爲之説,益加精密。今文派之後勁也"。梁啓超:《清代學術概論》,湯志鈞、湯仁澤編:《梁啓超全集》(第10册),北京:中國人民大學出版社,2018年,第273頁。《清代學術概論》是梁啓超影響最大的"清學史"著作,其中關於"今文學運動"的叙述是全書的核心。又因其親歷者的身份,梁著影響了此後諸多關於清代今文經學的研究。但根據夏曉虹的研究,崔適的加入實爲胡適的建議,直到《清代學術概論》完稿付印,梁啓超並未見過崔適的這兩種著作。夏曉虹:《1920年代梁啓超與胡適的學術因緣——以新發現的梁啓超書劄爲中心》,《中華文史論叢》2010年第3期,第65—100頁。崔適的加入恰可説明此前他尚未進入梁啓超叙述"今文學運動"的視野範圍。
② 蔡長林最早開始專門研究崔適,他認爲崔適利用考史的手段試圖恢復今文經學的原貌,其經學色彩較廖平、康有爲、梁啓超等人更爲純正。蔡長林:《論崔適與晚清今文學》,臺北:聖環圖書股份有限公司,2002年。此外朱浩毅指出崔適對於"終始五德"的觀點實發源於《漢書》而非與康有爲一樣來自《左傳》。朱浩毅:《論顧頡剛對崔適"終始五德"學説的推闡與修正》,《中國歷史學會史學集刊》第43期,2011年10月,第143—179頁。崔慶賀的研究認爲,崔適晚年的《五經釋要》一書也有針對康有爲"入室操戈"的部分。崔慶賀:《崔適〈五經釋要〉的思想宗旨》,《近代史學刊》2019年第1期,第228—239頁。
③ 錢玄同:《〈左氏春秋考證〉書後》,《錢玄同文集》(第4卷),第298頁。
④ 錢玄同:《重論經今古文學問題》,《錢玄同文集》(第4卷),第133頁。
⑤ 顧頡剛:《五德終始説下的政治和歷史》,《顧頡剛古史論文集》(第2卷),第388頁。

有為——崔適"于今文經學與辨僞上的繼承關係,強調康有為排斥僞經的學術價值,使其變爲古史辨僞之先驅。

崔適由懷疑《史記》的部分内容到認定劉歆僞造"終始五德"竄改上古歷史並非一蹴而就,這一點在《史記探源》的成書過程中就可體現。上海圖書館所藏崔適《史記校釋》手稿作爲《史記探源》的前身,雖然内容比起《史記探源》定本單薄許多,但恰可以展示成書過程中各部分形成的先後。① 其中手稿和定本基本一致的部分,也就是崔適最先寫定的内容,對劉歆的攻擊主要在於竄古文經入《史記》,説明崔適在此問題上較早即有自信。

對比《史記校釋》與《史記探源》,可以發現《史記校釋》最初並未十分明確劉歆假託鄒衍"終始五德"篡改歷史的觀點。與現今所見《史記探源》定本《序證》的"要略"專攻劉歆作僞不同,《史記校釋》的第一份"總論"泛言《史記》"爲妄人所竄亂與鈔胥所脱誤者既夥,其卒免乎此,而爲裴駰、司馬貞、張守節之徒摭拾僞古書以相揜擊者亦複不少"。② 未及"終始五德"之説。雖然手稿本第二份序與定本接近了許多,③但還是未見攻擊"終始五德"爲劉歆僞造的詞句。此外,《序證》"終始五德"一節與《天官書》《封禪書》《孟荀列傳》部分是定本《史記探源》直接探討劉歆在《史記》中竄入"終始五德"的重要部分,但在《史記校釋》手稿中却並未涉及。《史記探源》中,崔適認爲《史記》八書皆僞造,後人截取劉歆所作《律曆志》《天文志》《郊祀志》成《曆書》《天官書》《封禪書》,其中"五色人帝"的内容即來自劉歆作僞,所謂"終始五德"始于鄒衍也是劉歆假託之辭。④ 而崔適早期完成於光緒二十年(1894年)之前的《四禘通釋》一書尚且引用《封禪書》内容證明春秋前已存在"五色五帝"。⑤《史記校釋》手稿作爲《史記探源》的前身,其中有關《天官書》《封禪書》的内容雖已明確《史記》這部分内容録自《漢書》,但尚未涉及劉歆僞竄"終始五德"之説。⑥ 此外,《史記校釋》手稿中《三代世表》部分對於"稽其曆譜諜終始五德之傳,古文鹹不同乖異。"一句,僅言"'古文鹹不

---

① 據錢玄同的記載,崔適的《觶廬詩集》卷二《戊申除夕詩》可以説明"《史記探源》,創於一九〇八年(戊申),成於一九一〇年二月廿四日(庚戌正月十五日庚申)。"錢玄同:《錢玄同日記(整理本)》(下册),1937年3月16日,第1254頁。《史記校釋》手稿末尾有"朱祖謀拜讀"款識,雖没有記録確切年份,但應當在《史記探源》最終完成之前。
② 崔適:《史記校釋》,《上海圖書館未刊古籍稿本》(第13册),上海:復旦大學出版社,2008年,第7頁。
③ 崔適:《史記校釋》,《上海圖書館未刊古籍稿本》(第13册),第42頁。
④ 崔適:《史記探源》,第102頁。
⑤ 崔适:《四禘通释》,《四库未收书辑刊》(壹辑·第伍册),北京:北京出版社,1997年,第544頁。
⑥ 崔適:《史記校釋》,《上海圖書館未刊古籍稿本》(第13册),第52頁。

同'句後人篡入"①也没有針對劉歆僞造"終始五德"。

以上種種可以展現崔適最初構思《史記探源》一書時還未明確劉歆僞造"終始五德"的觀點，討論的内容仍不出前人爭論的話題，如《史記》中"古文"詞句、"左氏春秋"相關記載等問題。周振鶴在《史記校釋》的解題中説："由稿本到定本的發展，可見崔適本來的意圖也許只是對其所疑《史記》部分内容作簡單的校釋而已，隨着研究的深入，自信心加強，以爲由校釋進而可以探明《史記》所用史料之來源，故而定本更名曰《史記探源》。"②之所以定本較手稿本發生巨大變化，是因爲崔適逐漸明確了劉歆僞造"終始五德"並竄入《史記》這一觀點，自此遠超前人討論的範疇並樹立了自身的邏輯。他在《史記校釋》手稿中《曆書》一節的正文部分還未涉及"終始五德"的議題，而後來添加的眉批部分則列舉了數條有關少皞的材料③，顯然已逐漸注意到此一問題，但尚未得出明確的結論。而《史記探源》定本于《曆書》一條明言："五帝無少皞，故《本紀》無'終始五德'之説，此書言之甚詳。"④將插入少皞與"終始五德"相聯繫。可見，由"少皞"的加入到揭穿劉歆僞造"終始五德"之間的巨大跨越正是崔適個人的創造。

崔適固然受《新學僞經考》影響承襲了康有爲對《史記》的懷疑，同樣認爲劉歆在《史記》中竄入古文《左氏春秋》《周官》的内容，但崔適最先成型的手稿主要以校釋《史記》爲目的，與康有爲《新學僞經考》的旨趣相去甚遠。前人研究表明，康有爲"兩考"所引起的學術、政治反響不同，時人最初對《新學僞經考》的評價多站在學術層面，然而對"康學"具有整體瞭解者則頗爲警惕其中的素王改制之義。⑤ 相較康有爲於考據中隱藏微言大義，崔適的目的則始終在於恢復《史記》與五經的真相、恢復西漢今文學的真面目。總之，康有爲、崔適以不同身份、出於不同目的，於主觀上抬高今文經學的地位，與顧頡剛、錢玄同以疑古辨僞爲目的塑造今文經學譜系存在本質區別。

另一方面，崔適也並非對《新學僞經考》全無異議。山東大學圖書館所藏顧頡剛

---

① 崔適：《史記校釋》，《上海圖書館未刊古籍稿本》（第13册），第10頁。
② 崔適：《史記校釋》，《上海圖書館未刊古籍稿本》（第13册），第4—5頁。
③ 崔適：《史記校釋》，《上海圖書館未刊古籍稿本》（第13册），第51頁。
④ 崔適：《史記探源》，第101頁。
⑤ 張勇：《也談〈新學僞經考〉的影響——兼及戊戌時期的"學術之爭"》，《近代史研究》1999年第03期，第247—284頁。賈小葉：《戊戌時期的學術與政治——以康有爲"兩考"引發的不同反響爲中心》，《近代史研究》2010年第6期，第65—79頁。於梅舫：《〈新學僞經考〉的論説邏輯與多歧反響》，《社會科學戰綫》2019年第5期，第138—148頁。

批校本《新學僞經考》中保存了七條崔適的批語,這七條批語或反駁或補充康有爲的觀點。① 在《書序》的問題上,崔適即不同意康有爲的觀點,認爲"此亦劉歆所作,託之孔子,然亦穿鑿《史記》,以窟宅其鬼蜮也。"②皮錫瑞批評康有爲的《新學僞經考》:"既信《史記》,又以《史記》爲劉歆私竄,更不可據。"③崔適彌合這一矛盾的方法即是只相信刪去全部作僞內容以後的真《史記》。除《書序》外,崔適還認爲《史記》中有二十九篇出於僞造,其他各篇所記內容也"當止于元狩元年冬十月獲麟"。④ 否則皆是從《漢書》竄入。相較康有爲所説"雖其書多爲劉歆所竄改,而大體明粹"。⑤ 崔適進一步懷疑與割裂了《史記》,對今文經學真相的追求更爲純粹與徹底。

錢玄同早已發現崔適與康有爲在《書序》、六經與孔子關係上的分歧,稱康有爲"誤認《史記》中的《書序》是太史公的原文。至崔覲甫師作《史記探源》,於是始知《史記》中的《書序》也是劉歆所增竄。"⑥關於《易》與孔子的關係,崔適在《史記探源》即不贊成康説:"南海某氏謂文王惟演重卦而無《卦辭》,經文皆孔子所作者,非也。"⑦至《五經釋要》更詳細駁之。崔適對於《史記》的懷疑已經超出了康有爲的範疇,在強化今文經學的道路上更進一步。但錢玄同顯然更爲注重崔適繼承與發揮康有爲學説的一面,不僅將《新學僞經考》定義爲辨僞著作,且認爲崔適的辨僞較康有爲更爲精密:《重論經今古文學問題》一文開篇即稱:"康長素(有爲)先生的《新學僞經考》,是一部極重要極精審的'辨僞'專著。……對於《新學僞經考》因仔細研究的結果而極端尊信,且更進一步而發揮光大其説者,以我所知,唯有先師崔覲甫(適)先生一人"。⑧ 錢玄同對於康有爲、崔適在辨僞方面繼承關係的強調,使康、崔成爲了晚清今文經學脈絡中密切相連的環節,也影響了顧頡剛吸納康有爲、崔適學説的方式。

顧頡剛在處理"五德終始説"問題時,特別強調康有爲"辨少皞"的作用,但由"辨少皞"到揭穿劉歆僞造"終始五德",實是崔適在懷疑《史記》過程中創造性的見解。經顧頡剛《五德終始説下的政治和歷史》闡發,崔適對劉歆與"終始五德"的考辨成爲了

---

① 解樹明:《顧頡剛批校本〈新學僞經考〉及其學術價值》,《圖書館雜誌》2019年第10期,第110頁。
② 崔適:《史記探源》,第12頁。
③ 皮錫瑞著,吳仰湘點校:《皮錫瑞日記》(第1冊),1894年5月15日,北京:中華書局,2020年,第187頁。
④ 崔適:《史記探源》,第16頁。
⑤ 康有爲:《新學僞經考》,姜義華、張榮華編:《康有爲全集(增訂本)》(第一集),第362頁。
⑥ 錢玄同:《〈左氏春秋考證〉書後》,《錢玄同文集》(第4卷),第302頁。
⑦ 崔適:《史記探源》,第154頁。
⑧ 錢玄同:《重論經今古文學問題》,《錢玄同文集》(第4卷),第132、133頁。

打破舊古史系統的關鍵。然而崔適作爲一位深諳漢人經説的《公羊》學者,其著書目的自然不專在史學的層面,最終目的仍在於經學、政學層面恢復今文經學真相,但顧頡剛受錢玄同啓發,專從辨僞的角度重新審視崔適著作,又以《史記探源》之觀點爲先導,上溯康有爲"辨少皞",以疑古辨僞爲目的重塑了近代今文經學譜系。

顧頡剛很清楚康有爲辨僞背後的政治和學術野心,他在《古史辨自序》中説:"我對於今文家的態度總不能佩服。我覺得他們拿辨僞做手段,把改制做目的,是爲運用政策而非研究學問。"①1928年他在中山大學演講時又説:"他所以作《新學僞經考》是想奪學術之正統;他所以作《孔子改制考》是想取教主之地位。總之,他一生都是野心罷了。"②但是顧頡剛仍然納康有爲的"改制"爲己用。吕思勉早已指出這一點:

> 古史的不確實,這在今日,是人人會説的,而説起這話來,往往引起"托古改制"四個字。其實他們所謂托古改制,多非康長素的本意。……把打破崇古觀念之功,歸之于康長素,只是一個不虞之譽。③

如吕思勉所見,古史辨諸人已將人心中的崇古觀念打破,但將此史學發展的成績歸功於康有爲"托古改制"則有悖於歷史事實。究其原因,顧頡剛作爲古史辨的領袖人物,在接受晚清今文經學影響的同時,也利用與改造了康有爲的"改制"之説。顧頡剛將康有爲置於崔述、康有爲、崔適這一條層層推進的辨僞脈絡中,將康有爲論"改制"變爲對於上古三皇五帝的辨僞,才使其成爲疑古的先驅。

既往研究已指出,崔適的《史記探源》體現了近代經學動摇、轉向史學的過程。④崔適本意在於恢復西漢今文經學的真面目,不同於顧頡剛、錢玄同以疑古辨僞爲目的,但事實上成爲了顧頡剛打破舊古史系統的重要思想資源。正如顧頡剛所言:"用了它的手段達到我們的目的。"⑤雖然錢玄同、顧頡剛十分清楚康有爲與崔適的區别,但選擇以疑古辨僞的眼光重新發掘近代今文經學,並以崔適的學説爲先導,上溯康、崔二人在辨僞上的承繼關係。顧頡剛欲接續二人的工作更進一步,由經學的今古文問題入手,用史學方式分析陰陽五行學説的流變,從而徹底打碎舊古史系統、重建可

---

① 顧頡剛:《古史辨自序》,《顧頡剛古史論文集》(第1卷),第37—38頁。
② 顧頡剛:《清代"經今文學"與康有爲的變法運動》,《顧頡剛古史論文集》(第2卷),第628頁。
③ 吕思勉:《從章太炎説到康長素梁任公》,《論學叢稿(下)》,《吕思勉全集》(第12册),上海:上海古籍出版社,2016年,第1036頁。
④ 周予同:《五十年來中國之新史學》,朱維錚編:《周予同經學史論著選集(增訂本)》,第528頁。汪高鑫、鄧鋭:《今文經學與史學的近代化——以康有爲、崔適、梁啓超和夏曾佑爲考察中心》,《史學史研究》2009年第4期,第25—33頁。
⑤ 顧頡剛:《遂初室筆記(二)》,《顧頡剛讀書筆記》(第3卷),第107頁。

靠的上古歷史。顧頡剛的這一嘗試有意凸顯康、崔二人疑古辨僞的價值,使"康有爲—崔適"在辨僞上的繼承關係與近代古史研究相聯繫,將今古文之爭這一經學問題變爲古史研究的對象,從而超越今古文經學,同時於事實上重塑了近代今文經學譜系,完成由經入史的轉向。

四 結語

作爲古史辨運動的領袖人物,顧頡剛堅持以史學方式重探經學關鍵議題、構築真實古史,《五德終始説下的政治和歷史》便是他由經學的今古文問題入手破除舊古史系統的重要實踐。崔適對顧頡剛此文産生了樞紐性的影響,却常爲人所忽視:一方面此文揭示劉歆利用"終始五德"改造上古歷史的核心觀點直接來自于崔適;另一方面顧頡剛以崔適《史記探源》爲先導,追溯康有爲"辨少皡"之功,着力凸顯康有爲與崔適之間的聯繫,有選擇地强調二者在疑古辨僞上的貢獻,事實上重塑了近代今文經學的譜系。而在顧頡剛與崔適之間發揮重要橋梁作用的則是錢玄同。顧頡剛早年在北大期間,對崔適的學説並無非常濃厚的興趣。但1920年之後顧頡剛與錢玄同相識,一同從事辨僞工作,受其打破今古文經學的影響,寫出了《五德終始説下的政治和歷史》與《秦漢的方士與儒生》。由此可見,錢玄同對於康有爲、崔適在辨僞層面繼承關係的强調,使康、崔成爲了晚清今文經學脈絡中密切相連的環節,也影響了顧頡剛重新理解崔適的價值,同時改變了他認識今文經學的方式。

顧頡剛在處理"五德終始説"這一關鍵議題時深受崔適的影響,但他並非簡單地襲取今文經學家的學説。如錢玄同評價近人時所説:"超今文之史學家顧頡剛最高,今文家康、崔次之,不喜今文而亦不主古文之錢賓四又次之,專宗古文之章、劉又次之。"①錢玄同與顧頡剛二人都自認並非"今文家",而是站在"超今文"的立場,强調要同時撕破今古文經學。但另一方面,無論是取其説經或取其辨僞成果,無論對今文經學採取怎樣的態度,在錢玄同與顧頡剛眼中,作爲對象的今文經學都包括了"康有爲—崔適"這一環,因此他們對近代今文經學的理解自然受此叙述方式影響。

固然,崔適本人有意繼承康有爲的部分觀點,二人所討論的問題也時有重疊,但值得注意的是,作爲今文經學譜系中康有爲的後繼者,崔適自身特點往往隱没在"康有爲—崔適"這一叙述方式之中。同樣,站在辨僞的角度以崔適爲先導理解康有爲,也

---

① 錢玄同:《錢玄同日記(整理本)》(下册),1935年1月6日,第1061頁。

往往偏離康有為的本意。康有為本出於政治和學術野心的"改制"學說經此一轉而變爲疑古辨僞,進而成爲顧頡剛由"五德終始"入手解决今古文問題、打碎舊古史系統之憑藉。而相應的,錢、顧二人通過强調康有爲、崔適在古史辨僞上的一致性與關聯性,彌合了二者身處不同時空産生的學術旨趣差異,後人對於康有爲、崔適的認識也不可避免地受到錢玄同、顧頡剛這些思想繼承人的影響。

作者簡介:

郭宇懷,女,1994年生,江蘇南京人,中山大學歷史學系博士研究生。主要研究領域爲近代文化史。

《詩經》"楨榦"比喻新證
——《詩經》"比興"研究之一

童 超

内容摘要 本文以《詩經》中的"楨榦"比喻爲題。首先,論述本體、喻體之間的"關聯"特徵,即"楨榦"於版築作業中"匡正""屏藩"的功能,分别對應在内夾輔天子的卿士和在外拱衛宗周的諸侯,有時也將天子比作四方邦國的庇護。此外,對晉公盨"晉邦佳翰"、《韓奕》"榦不庭方"等相似辭例是否與"楨榦"之喻有關略作辨析。最後,逐一分析常與"楨榦"連言並舉的其他具有"藩翰"特徵的喻體——"藩籬""垣牆""屏障""城池""干盾"等。

關鍵詞 楨 榦 維 公侯干城

納蘭性德以爲:"六經名物之多,無逾於《詩》者。自天文地里、宫室器用、山川草木、鳥獸蟲魚,靡一不具。學者非多識博聞,則無以通詩人之旨意,而得其比興之所在。"①《詩經》名物研究的初衷是爲了探尋詩人的"比興託諷"之旨,故其難點往往不在"多識博聞",而在於"得其比興之所在"。循此思路,本文擬從《大雅》"楨榦"之喻入手,考察本體、喻體之間的"關聯特徵",重新審視相關詩句的語義、句法問題,以期逆求詩人"比方于物"的深刻用意。

一 《大雅》裏的"楨""榦"比喻

(一) "楨""榦"釋義

首先對喻體"楨""榦"的特徵略作說明。二者本皆築具,參照孫機所復原的古人版築施工過程:

---

① 蔡卞:《毛詩名物解》,《通志堂經解》(第七册),揚州:江蘇廣陵古籍刻印社,1996年,第523頁。

版築施工,須先立擋土板。《左傳·莊公二十九年》鄭注:"樹板榦而興作"。榦指在兩側擋土的木板。《尚書·費誓》馬融傳:"楨、榦皆築具,楨在前,榦在兩旁"(《史記·魯周公世家》集解引)。可見,除了兩側的榦以外,還有在前擋土的楨。……爲防止擋土板移動,須在板外立樁,並繞過樁用繩將板縛緊。此繩名縮。《詩·緜》正義引孫炎曰:"繩束版謂之縮。"將楨、榦等物縛植完畢,即可填土打夯。打夯的動作名築。……夯完以後,砍斷縮繩,拆去墙板,這道工序稱爲斬板。《禮記·檀弓》鄭注:"斬板,謂斷其縮也。"①

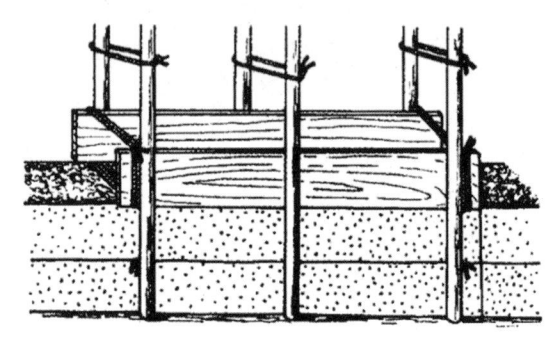

圖 1 版築

孫氏據馬融説,認爲"楨""榦"都是用來"擋土"的木板,只是位置有在前、在旁的不同;而清人孫詒讓以爲:"楨、榦皆植地之長杙,所以持版者",②則是一律視作夾持木板的立柱。二説雖判然有別,但都建立在"楨、榦一物異名"的基礎上。

實則從《尚書·費誓》"峙乃楨榦"《正義》引舍人:"楨,正也,築墻所立兩木也。榦,所以當墻兩邊障土者"③的説法來看,"楨""榦"恐怕各有司職。"榦"是兩側用以擋土的寬大木板,起屏障作用;而"楨"則是樹立於木板之外、用以綁縛縮繩的長木樁,起固定作用。二者需配合使用,故《費誓》"峙乃楨榦"屬於連類並舉,《大雅·文王》毛《傳》"楨,榦也"④屬於同類互訓,而非一物異名。

並且從語源的角度來看,凡環繞四周、起遮蔽或屏障作用的木結構框架,多取

---

① 圖、文並見孫機《漢代物質文化資料圖説(增訂本)》,上海:上海古籍出版社,2011年,第187—188頁。
② 孫詒讓:《周禮正義》,北京:中華書局,1987年,第2359頁。
③ 孔安國傳(舊題),孔穎達正義:《尚書正義》,阮刻本《十三經注疏》,上海:上海古籍出版社,1997年,第255頁。
④ 毛亨傳,鄭玄箋,孔穎達正義:《毛詩正義》,阮刻本《十三經注疏》,上海:上海古籍出版社,1997年,第504頁。

"ˊ""干"爲聲。如《説文》:"韓,井垣也",段玉裁改爲"井橋",①恐非。"橋"或名"槔",是井上用來打水的槓桿裝置;②而所謂"井垣"是指環繞水井四周、用以架設"轆轤"的欄杆。桂馥徵引了不少頗具代表性的注説:

《莊子·秋水》司馬彪注:"井幹,井闌也。"
《漢書·枚乘傳》晉灼注:"幹者,井上四交之幹,常爲汲者所契傷也。"
《郊祀志》顏師古注:"井幹者,井上木欄也,其形或四角、或八角。"
《集韻》:"韓,井欄,承轆轤者。"③

可見"韓"稱"井闌/欄",言其四交如欄杆;稱"井垣"亦取其"周垣"之義。另外,漢代把遮攔禽獸的柵欄稱爲"闌校",④《小爾雅》:"較謂之幹",胡承珙以爲與"井闌謂之幹"相仿。⑤ 又《説文》:"闌,門遮也""汝南平輿里門曰閈",也都是格柵一類。同樣,版築作業中橫向遮蔽於牆體之外的木板,本身具有"周垣"的特徵以及"屏障"的功能,因此亦得"韓"名。

至於"楨",又省作"貞",如《莊子·列御寇》"吾以仲尼爲貞幹"。⑥ 從"貞"得聲,本就有"正直""穩固""堅硬"一類的含義。除上引《費誓》舍人注"楨,正也"的聲訓之外,還有《周易》師卦《彖》曰:"貞,正也",乾卦《文言》:"貞固足以幹事",⑦ "貞""固"義近連用。又如《説文》:"楨,剛木也",段玉裁云:"此謂木之剛者曰楨,非謂木名也",⑧則"剛木"猶言"硬木"。同樣,版築作業中豎立於橫版之外的木樁,既用以固定橫版以免歪斜,又能通過調整其長度和間距來控制牆的高度與厚度,故得名"楨","楨"立而後牆"正"。

總之,"楨""韓"原本在版築作業中各自承擔不同的功用,而在文獻中由於更爲強調他們"塑型土牆"的通性,往往不加區別。楊雄所謂:"金韓玉楨,蕃輔正也",⑨很好地概括了"楨韓"在經學文獻語境中的象徵意義。《詩經》正取其"匡扶""屏障"之用,

---

① 段玉裁:《説文解字注》,上海:上海古籍出版社,1988年,第236頁。
② 如《禮記·曲禮上》"奉(捧)席如橋衡"鄭《注》"橋,井上挈皋",《莊子·天地》"鑿木爲機,後重前輕,挈水若抽,數如泆湯,其名爲槔"等。
③ 桂馥:《説文解字義證》,北京:中華書局,1987年,第462—463頁。
④ 《漢書·成帝紀》"大較獵",顏師古注:"較獵者,大爲闌校以遮禽獸而獵取也。"
⑤ 胡承珙:《小爾雅義證》,合肥:黄山書社,2011年,第123—124頁。
⑥ 王先謙《莊子集解》:"貞同楨"。
⑦ 王弼注,孔穎達正義:《周易正義》,阮刻本《十三經注疏》,上海:上海古籍出版社,1997年,第15、25頁。
⑧ 段玉裁:《説文解字注》,第252頁。
⑨ 楊雄撰,司馬光集注:《太玄集注》,北京:中華書局,2013年,第109頁。

以喻左右王身的卿士,以及拱衛宗周的邦伯、諸侯。

(二) 維周之楨/榦

具體來看,《詩經》多用"翰"字記録"楨榦"之"榦",馬瑞辰引《爾雅·釋詁》"楨、翰,榦也",謂"翰"與"榦"同,俗亦作"幹"。① 並且,常常以主題判斷句的形式來表達"楨榦"的隱喻,典型如:

> 1.《大雅·崧高》:"維嶽降神,生甫及申。維申及甫,維周之翰。"
> 2.《大雅·文王》:"思皇多士,生此王國。王國克生,維周之楨。"

《崧高》句中出現多個"維"字,語法功能不盡相同。"維申"之"維"主要表示"上下文在語意上的相承關係",②類似:

> 《秦風·黄鳥》:"誰從穆公,子車奄息。維此奄息,百夫之特",又"誰從穆公,子車仲行。維此仲行,百夫之防",又"誰從穆公,子車鍼虎。維此鍼虎,百夫之禦";
> 《大雅·皇矣》:"帝作邦作對,自大伯、王季。維此王季,因心則友",又"維此王季,帝度其心";
> 《小雅·白華》:"嘯歌傷懷,念彼碩人……維彼碩人,實勞我心";
> 《小雅·出車》:"王事多難,維其棘矣"。

尤其後二例與複指代詞連用。同樣,"維申及甫"也是承接"生甫及申"而言,意爲"正是上文提及的那個申與甫"。

至於"維周"之"維",則又不同。"維申及甫,維周之翰"構成一個二段式的主題判斷句,前段是主題,後段是述題。傳統虛詞學往往將這類"維"訓作"是"或"爲",③如閩監毛本《禮記·孔子閒居》正引《崧高》作"爲周之翰",④屬於同義換讀;又《漢書·東方朔傳》顔注解釋《文王》句爲:"文王之國生此多士,爲周室楨榦之臣",⑤將"王國克生"視作"王國克生此多士"的縮略。"維周之楨/榦"中的"周"是"楨""榦"表示領屬關係的定語,兼有政治概念和地理概念兩種内涵。僖公廿四年《左

---

① 馬瑞辰:《毛詩傳箋通釋》,北京:中華書局,1989年,第989頁。
② 裘燮君:《先秦文獻中"唯"作助詞的用法》,《第一屆國際先秦漢語語法研討會論文集》,長沙:嶽麓書社,1994年,第194—195頁。
③ 王引之《經傳釋詞》引《玉篇》"惟,爲也",又《文選·甘泉賦》李善注"惟,是也"。
④ 説詳阮校(鄭玄注,孔穎達正義:《禮記正義》,阮刻本《十三經注疏》,上海:上海古籍出版社,1997年,第1623頁)。
⑤ 班固撰,顔師古注:《漢書》,北京:中華書局,1962年,第2873頁。

傳》所謂"封建親戚,以蕃屏周","親""戚"正好與"多士""申甫"分別對應,言其分封在外藩衛宗周,有如"楨榦"屏障於土牆之外。

類似這樣的主題判斷句式在《雅》《頌》以及金文中極爲常見:

《小雅·節南山》:"尹氏大師,維周之氐。"
《大雅·文王有聲》:"豐水東注,維禹之績。"
《大雅·抑》:"温温恭人,維德之基。"
《魯頌·泮水》:"穆穆魯侯,敬明其德。敬慎威儀,維民之則。"
中山王圓壺(《銘圖》12454):"唯司馬賈,訢誇戰怒,不能寧處,遂師征郾(燕),大啓邦宇,方數百里,唯邦之榦。"

《節南山》言"尹氏、大師,是周邦之砥石",屬於另一種隱喻;《文王有聲》言"豐水東流,是大禹的遺跡";①《抑》言"温恭之人,是德行的基準"。《泮水》是説"魯侯是下民的榜樣","敬明其德""敬慎威儀"屬於插入的描述性内容;對照可知中山器主幹部分也應是"唯司馬賈……唯邦之榦",其餘文字都是在補充其率師伐燕的功績。

(三) 戎有良翰

《崧高》下文又有:

3.《大雅·崧高》:"周邦咸喜,戎有良翰。"

由於之前已經出現過"維申及甫,維周之翰"的"隱喻",於此便直接采取省略"本體"和"比喻詞"的"借喻"形式。

"周邦"爲周人自稱,習見於金文,如:柞伯鼎(《銘圖》02488)"有共(庸/功)于周邦"、逨盤(《銘圖》14543)"保奠周邦"等。至於"戎"字,較爲費解:鄭《箋》訓"汝"、孔疏訓"大",②於義皆扞格難通;黄典誠以爲"而今"合音,③屈萬里視作無義語詞,④在語法上又都缺少旁證。近來,蔣文提出新解,據金文"戎—成"以及秦漢文字"戊—成""伐—我""我—戚""式—戎"等互相訛舛的情况,推測此處"戎"爲"我"之誤字,並以莊十二年《左傳》"齊人伐戎"、《穀梁傳》作"伐我"作爲證據。⑤ 不失爲一種合理的假

---

① "禹之績",《傳》《箋》皆以爲"功績"之義,或本於《魯頌·閟宫》"奄有下土,纘禹之緒"。馬瑞辰《毛詩傳箋通釋》以爲:"九州皆經禹治,因稱禹迹",並引《左傳》襄公四年"茫茫禹迹,畫爲九州",以及哀公元年"復禹之績"下《釋文》"績,本一作迹"爲證。其説可從。《商頌·殷武》:"天命多辟,設都于禹之績"、秦公簋(《銘圖》05370):"鼏(幂)宅禹責(蹟)",都可説明"禹蹟""禹之蹟"是一個地理概念。
② 毛亨傳,鄭玄箋,孔穎達正義:《毛詩正義》,第567頁。
③ 黄典誠:《詩經通譯新詮》,上海:華東師範大學出版社,1992年,第424頁。
④ 屈萬里:《詩經詮釋》,上海:上海辭書出版社,2016年,第397頁。
⑤ 蔣文:《先秦秦漢出土文獻與〈詩經〉文本的校勘和解讀》,上海:中西書局,2019年,第68—72頁。

設,不過在缺乏出土文獻異文對讀和傳世文獻版本依據的情況下,尚難徵信。目前只能揣測整句的大意是説:"周人盡皆歡喜,正因得到申伯這樣良善的楨榦",至於"戎"字該如何落實,闕疑待考。

(四) 召公維翰

"楨榦"隱喻也出現在一般的主謂判斷句中:

  4.《大雅·江漢》:"文武受命,召公維翰。"

"維"是表示判斷的係詞,試比較:

  《小雅·十月之交》:"皇父卿士。番維司徒。家伯維宰。仲允膳夫。棸子内史。蹶維趣馬。楀維師氏。"

  《左傳》文公七年:"於是公子成爲右師,公孫友爲左師,樂豫爲司馬,鱗矔爲司徒,公子蕩爲司城,華御事爲司寇。"

《十月之交》"皇父,卿士""仲允,膳夫""棸子,内史"都屬於"A,B"式主謂判斷句,没有顯性係詞,"番維司徒""家伯維宰""蹶維趣馬""楀維師氏"則屬於"A 維 B"式,正可互相印證。此外,對照時代較晚的《左傳》,一律以"爲"字替代,可見古注"維,爲也"的説法屬於以今語解釋古語,本身亦無不妥。以今天語法學的眼光來看待"維"的係詞用法,據馮勝利推測,是由於判斷句的主語和説明語之間必須有一個語音上的停頓,故《詩經》常以"維""伊""繄"等語助詞來補足這一停頓位置。① 馮氏的看法可備一説。

前文提到"申甫""多士"爲"周之楨榦",此則謂"召公爲文武之楨榦",係宣王錫命召伯虎時,以其先祖召公奭之功績來加以勸勉的言辭。參看西周晚期册命金文"命辭"中的相應部分:

  卅三年逨鼎(《銘圖》02501)"則繇唯乃先聖祖考,夾詔先王,庸(恭)②勤大命。"

  逨盤(《銘圖》14543)"丕顯朕皇高祖單公,桓桓克明慎厥德,夾詔文王、武王達(撻)殷,膺受天魯命。"

《爾雅·釋詁》:"詔、亮、左、右、相、導也","詔"亦"輔助"義,故可與"夾"連用。鼎銘

---

① 馮勝利著,汪維輝譯:《古漢語判斷句中的係詞》,《古漢語研究》2003 年第 1 期,第 32 頁。
② 裘錫圭主據師克盨(《銘圖》05680)從"同"得聲的異體釋"庸",李春桃進一步分析此字爲從"廾""觴"聲,釋爲"庸",讀爲"恭敬"之"恭"。詳參李春桃:《從斗形爵的稱謂談到三足爵的命名》,《"中央研究院"歷史語言研究所集刊》,2018 年第 89 本第 1 分,第 89—91 頁。

"夾詔先王"的施事是"先聖祖考",而"恭勤大命"的施事却只能是"先王",正如盤銘"撻殷"和"膺受天魯命"的施事明確是"文王、武王"。這是由西周時期的意識形態所決定的,李峰已有充分論述:

> 由於天命只能由上天授權——具體講是授予文王,因此隨後的周王中没有人再聲稱自己是天命的接受者。相反地,他們作爲王的合法性首先是依據自己與文王在世系上的血緣關係,它也可以透過仿效先王、恪守良好品行的方式得到加强,從而能够保持上天授予周人的天命。①

因此,鼎銘是説"述"的先祖,於"先王恭勤大命"的事業中,有"夾詔"之功。相應的,《江漢》也是説"召伯"的先祖"召公"於"文武受命"的事業中,起到了夾輔王身、匡扶王政的"楨榦"作用。

(五)王后維翰

與"召公維翰"類似的,還有:

5.《大雅·文王有聲》"王公伊濯,維豐之垣。四方攸同,王后維翰。"

"王公伊濯",鄭《箋》:"公,事也",②馬瑞辰以爲是讀"公"爲"功"。③陳劍也已指出,《豳風·七月》"上入執宫功"、《周頌·武》"耆定爾功",漢石經"功"皆作"公";《小雅·六月》"以奏膚公"《傳》"公,功也",《大雅·靈臺》"矇瞍奏公"、《大雅·江漢》"肇敏戎公"《傳》皆訓"公"爲"事",實皆讀"公"爲"功"。④

"濯",毛《傳》訓"大";⑤《釋文》引韓詩訓"美";⑥皆爲讚美王功之辭而隨文釋義。究其根本,"濯"本有"光明"之義,《大雅·韓奕》"鉤膺濯濯"、《周南·桃夭》"灼灼其華",《説文》"焯,明也","濯""灼""焯"皆可相通。⑦《商頌·殷武》讚頌先王:"赫赫厥聲,濯濯厥靈","濯濯""赫赫"對舉,都是光明顯赫貌。

綜上,"王公伊濯"是説"文王的功績偉大光明"。其中"伊"與《小雅·采杞》"朱芾斯皇"之"斯"、《邶風·北風》"北風其涼"之"其"類似,本身都是表複指的指示成分,有一定的强調作用,猶言"王功如此之濯""朱市如此之皇""北風如此之涼"。同

---

① 李峰著,劉曉霞譯:《早期中國社會和文化史概論》,臺北:臺大出版中心,2020年,第178頁。
② 毛亨傳、鄭玄箋、孔穎達正義:《毛詩正義》,第526頁。
③ 馬瑞辰:《毛詩傳箋通釋》,第866頁。
④ 陳劍:《清華簡"庚災鼻蠱"與〈詩經〉"烈假""罪罟"合證》,《饒宗頤國學院院刊(第二期)》,香港:中華書局,2015年,第55—78頁。
⑤ 毛亨傳、鄭玄箋、孔穎達正義:《毛詩正義》,第526頁。
⑥ 黄焯:《經典釋文彙校》,北京:中華書局,2006年,第209頁。
⑦ 相關例證可參高亨:《古字通假會典》,濟南:齊魯書社,1989年,第805、806頁。

時,"王公伊濯"與"維豐之垣"又構成一個二段式主題判斷句,結合開篇"文王受命,有此武功。既伐于崇,作邑于豐"來看,是將"顯赫的王功"投射到"豐邑之城垣"這樣具體的事物上。

"四方攸同","四方"猶言"四國":

《大雅·民勞》:"惠此中國,以綏四方","惠此京師,以綏四國"。
《大雅·抑》:"四方其訓之","四國順之"。
《大雅·崧高》:"四國于蕃,四方于宣","揉此萬邦,聞于四國"。
《大雅·江漢》:"經營四方","洽此四國"。

張海認爲,西周時期金文中的"邦"才是"政治性概念",類似今天的"國家";"國"多作"或(域)",與"方"一樣,都是"區域性稱謂"。① 從上舉辭例來看,《詩經》中的"四方""四國",仍是區域性概念,與中央的"中國"相對;同時又可以泛指一大片區域中的所有邦國,因此也與"萬邦"對舉。"攸",謝明文認爲可能來自於金文中表示承接關係的連詞"卣""𠧧",相當於後來的"於是"。② "同"專指"會同","四方攸同"猶言"萬邦來朝",應係"文王城豐"的效果,即萬邦來此新城以示臣服。

"王后維翰",對照"召公維翰",即言"王后爲四方之翰"。下章"四方攸同,皇王維辟",亦言"皇王爲四方之辟"。"辟"與"翰"一樣也是名詞,鄭《箋》:"辟,君也"③之説可從。與上幾例不同的是,這裏是將君比作臣之"楨榦",美其築一城而能蔽四方。類似《大雅·民勞》"惠此中國,以綏四方""惠此京師,以綏四國",正是由於京師穩固,四方才能安定。

二 《詩經》、金文相似辭例辨析

以上對《大雅》中涉及"楨榦"之喻的句例逐一做了説明,下面對《詩經》及金文中部分易與"楨榦"之喻相混淆的辭例略作辨析。

(一) 晉邦佳韓

首先來看春秋中期的晉公器:

---

① 張海:《"邦""國"之别——兼談兩周銅器銘文所示西周王朝之國家結構》,《青銅器與金文(第一輯)》,上海:上海古籍出版社,2017年,第575頁。
② 謝明文:《談談古文字中的連詞"攸"》,《商周文字論集》,上海:上海古籍出版社,2017年,第309—318頁。
③ 毛亨傳,鄭玄箋,孔穎達正義:《毛詩正義》,第526頁。

晉公盨、晉公盤(《銘圖》06274、30952):"隹今小子,整辪(乂)爾家,宗婦楚邦。烏昭萬年,晉邦隹(唯)韓(翰),永康(虞)寶。"

該組器是晉公爲"元女孟姬"適楚所作的媵器,處處表達着對於藉由此次聯姻永結同好的殷切希望。學者多將"晉邦唯翰"與《江漢》"召公維翰"、《文王有聲》"王后維翰"等辭例相聯繫,理解爲"晉爲楚之翰",①或"楚爲晉之翰"。② 近來,謝明文通過對整段文意的把握,認爲上引文字是晉公告誡即將出嫁的女兒:"整治好你的家庭,擔任楚君的嫡妃,昭顯萬年,藩翰晉國"。③ 對於引文的理解,尚有幾點可作申述:

首先,所謂"昭"字的構形較爲費解。管文韜分析盤銘"昭"字爲從"尸"從"火"、從"召"得聲,並同意謝明文的意見,讀爲《大雅·文王》《周頌·桓》"於昭于天"的"於昭","烏"是歎詞,言其"昭顯萬年"。④ 説皆可從。《文王》《桓》分別是説文王、武王的德行昭見於上天,還可以補充《尚書·文侯之命》:"丕顯文、武,克慎明德,昭升於上,敷聞在下",言文武之"明德"上昭顯於天,下遍聞於民。銘文"元女孟姬"尚在人世,"烏昭萬年"是希望她身在異邦也能做到"令聞不已"。

其次,上舉謝文將"晉邦唯翰"視作一個提賓結構,整個句段的施事主語都是"隹今小子",即晉公對"元女孟姬"的稱謂。然而,提賓結構中的"唯"一般只出現在賓語之前,常見格式爲"唯+賓+謂",或"唯+賓+是/之+謂",才能起到提示作用。⑤ 與"晉邦唯翰"句式有明顯的區別,恐怕還需慎重考慮。

聯想到金文中還有部分用以釋因的"唯":

大盂鼎(《銘圖》02514,西周早)"我聞殷墜命,隹(唯)殷邊侯、甸,粵殷正、百辟,率肆于酒,故喪師矣。"

善鼎(《銘圖》02487,西周中)"昔先王既命汝佐胥𤔲侯,今余唯肇申先王命,命汝佐胥𤔲侯……"

塱盨(《銘圖》05683,西周晚)"厥非正命,廼敢庆訊人,則隹(唯)輔(溥)天降喪。"

大盂鼎追述殷人失墜天命的原因,"唯"與下文表示結果的"故"相對;善鼎強調册命的

---

① 楊樹達:《積微居金文説》,上海:上海古籍出版社,2013年,第115頁。
② 于省吾:《雙劍誃吉金文選》,北京:中華書局,1998年,第227頁。
③ 謝明文:《晉公盨銘文補釋》,《商周文字論集》,上海:上海古籍出版社,2017年,第207頁。
④ 管文韜:《試論晉公盤銘文及相關問題》,《青銅器與金文(第三輯)》,上海:上海古籍出版社,2019年,第101頁。
⑤ 裘燮君:《商周虛詞研究》,北京:中華書局,2008年,第200—203頁。

理據是重複先王舊命，"唯"相當於"乃""則"；塑盨更是"則""唯"連用，意謂若以"非正命"來訊人，就會遭到上天的懲罰。總之，"晉邦唯翰"的"唯"可能也是提示結果，"翰"似可讀爲《廣雅·釋詁一》之"幹，安也"，①告誡元女身在異邦也要保持令聞萬年不已，"晉邦方能得以安寧"。姑備一説。

(二) 榦不庭方

《大雅·韓奕》首章記載册命韓侯的"命辭"云：

> 韓侯受命，王親命之："纘戎祖考。無廢朕命，夙夜匪解。虔共爾位，朕命不易。榦不庭方，以佐戎辟。"

其中"榦不庭方"，鄭《箋》云："作楨榦而正之"，②則是讀爲"楨榦"之"榦"，並且用作動詞；又《文選·西京賦》李善注引薛漢《韓詩章句》亦云："幹，正也"，③可能也是由"楨榦"義引申而來。然而其問題在於：(1) 從用字習慣的角度來看，儘管"翰""幹""榦"皆從"倝"得聲，古音可以相通，然而今本《毛詩》"楨榦"字一律作"翰"，《韓奕》作"榦"，與之有别。(2) 從文意上看，將"榦不庭方"理解爲動賓結構，是正確的；不過，"楨榦"之喻一般取其"藩翰"特徵，或言卿士、諸侯藩翰周邦，或言天子守衛四國，鮮有"匡正"之例。

這裏的"不庭方"是指"不來朝廷的方國"。成公十二年《左傳》"討不庭"，杜預注："討背叛不來在王庭者"；④朱熹《詩集傳》亦謂："不來庭之國"。⑤ 周建邦引今本《文子·道德》"諸侯輕上，則朝廷不恭"以及《大戴禮記·曾子立事》"祭祀而不畏，朝廷而不恭"，説明"朝廷""祭祀"對舉，則"朝""廷"均爲動詞，屬於同義連用；⑥李家浩更是對金文相關辭例作了較爲全面的匯總，同時指出："方"謂"方國"，與"不廷"類似的還有"不享"，"享"即"獻享"，"不廷方"是説"不朝於王庭、不致送獻享的方國"。⑦ 反之，方國前來歸服就叫"來庭""來享""來王"，如《大雅·常武》"徐方來庭"、《商頌·殷武》"莫敢不來享，莫敢不來王"等。

---

① 王念孫：《廣雅疏證(附索引)》，北京：中華書局，1983年，第13頁。
② 毛亨傳，鄭玄箋，孔穎達正義：《毛詩正義》，第570頁。
③ 高步瀛撰：《文選李注義疏》，北京：中華書局，1985年，第272頁。
④ 杜預注，孔穎達正義：《春秋左傳正義》，阮刻本《十三經注疏》，上海：上海古籍出版社，1997年，第1910頁。
⑤ 朱熹：《詩集傳》，北京：中華書局，2017年，第326頁。
⑥ 周建邦：《先秦朝覲考》，臺灣清華大學碩士學位論文，指導教師：朱曉海教授，2009年7月，第22—23頁。
⑦ 李家浩：《説"貓不廷方"》，《安徽大學漢語言文字研究叢書·李家浩卷》，合肥：安徽大學出版社，2013年，第15頁。

而一般文獻中對待"不廷方"的態度無非兩種,一者訴諸武力:

《左傳》隱公十年:"以王命討不庭",成公十二年:"謀其不協,而討不庭",襄公十六年:"同討不庭"。

《大戴禮‧五帝德》:"舉干戈以征不享、不庭、無道之民。"①

五祀㝬鐘(《銘圖》15583,西周晚):"用盜(討)不廷方";

逨盤(《銘圖》14543,西周晚):"方狄不享";

晉公盤(《銘圖》30952,春秋中):"左右武王,教威百蠻,廣闢四方,至于不廷,莫不秉敬"。

㝬鐘之"盜",蔣玉斌讀爲《左傳》"討不庭"之"討";② 逨盤之"狄",上引李家浩讀爲《大雅‧抑》"用遏蠻方"之"遏","翦除"之義,《魯頌‧泮水》"桓桓于征,狄彼東南"亦作"狄";晉公盤則是晉公追述其先祖追隨武王開疆拓土的功績,刻意強調"教威百蠻",恩威並施,折服不廷方。

一則偏於懷柔:

毛公鼎(《銘圖》02518,西周晚):"率懷不廷方,亡不閈于文、武耿光";

戎生鐘(《銘圖》15240,春秋早):"用㲃不廷方";

佣戟(《銘圖》17355,春秋晚):"用燮厥不廷";

秦公鎛(《銘圖》15827,春秋晚):"鎮靜不廷"。

毛公鼎"率懷"、佣戟"燮"、秦公鎛"鎮靜",皆爲安撫、和睦之義。尤其毛公鼎下文緊接着又說"亡不閈于文、武耿光",態度宜與上文一致。該句蒙前省略主語"不廷方",如果改成簡單的主動句式,即是"文、武閈不廷方",正可與戎生編鐘"㲃不廷方"、《韓奕》"榦不庭方"合參,"閈""㲃""榦"記錄的應是同一詞彙。林義光以爲"閈"有"捍蔽"之義,言"不廷方"無不"覆被"於"文武耿光";③ 頗有可取之處。前引《廣雅‧釋詁一》"榦,安也",恐怕也與"捍蔽""藩翰"等詞彙有關。"不廷方無不安于文武耿光",意思十分通順。《韓奕》"榦不庭方"、戎生鐘"㲃不廷方"也都可以理解爲"安不庭方"。

---

① 王聘珍:《大戴禮記解詁》,北京:中華書局,1983 年,第 125 頁。
② 蔣玉斌:《釋西周春秋金文中的"討"》,《古文字研究》第二十九輯,北京:中華書局,2012 年,第 275—281 頁。
③ 林義光:《詩經通解》,上海:中西書局,2012 年,第 379 頁。

三　其他具有"屏藩"特徵的意象

(一)藩、垣、屏、城

除"楨榦"之外,《詩經》還將卿士、諸侯比作其他具有"屏障"特徵的意象,並且常與"楨榦"連言或對舉,如:

> 6.《大雅·板》:"价人維<u>藩</u>,大師維<u>垣</u>,大邦維<u>屏</u>,大宗維<u>翰</u>,懷德維寧,宗子維<u>城</u>。"

引文以類似"召公維翰"的主謂判斷句作了一系列隱喻。其中"价人",胡承珙業已指出,今古文存在異説:古文如毛《傳》訓"价"爲"善",《説文》"价,善也",《爾雅·釋詁》"介,善也";今文則如鄭《箋》以"价人"爲"被甲之人,謂卿士掌軍事者",《月令》名車右爲"保介";①于省吾又謂三家詩"介人"係"尔人"之誤,"尔人"猶言"近臣"。② 由於下文"大師""大邦""大宗""宗子"都是比較具體的職官或身份,古文家"善人"説與之不類,于氏"尔人"説也没有可靠的版本依據,姑從今文"甲士"説。以"甲士"爲"藩籬"、以"大師"爲"垣牆"、以"大邦"(實力較强的封國)爲"屏障"、以"大宗"(王之同姓世嫡子)③爲"楨榦"、以"宗子"(王之嫡子)爲"城池"。

又如《崧高》"維申及甫,維周之翰"後,緊接着説:

> 7.《大雅·崧高》:"四國于<u>蕃</u>,四方于<u>宣</u>。"

馬瑞辰讀"宣"爲"垣",④説似可從。"翰(榦)""蕃(藩)""宣(垣)"並舉,與《板》篇類似。"四國于蕃,四方于宣",也都是提賓結構,"蕃(藩)""宣(垣)"皆爲動詞,即"藩衛四國、垣護四方"。猶《小雅·出車》"赫赫南仲,玁狁于襄""赫赫南仲,玁狁于夷",正是"施事主語(赫赫南仲)+受事賓語(玁狁)+于+謂語動詞(襄除/夷平)"的結構。⑤《崧高》既已將申、甫比作周之楨榦,又美其能安定四方。

類似這樣在倒裝句中將喻體動詞化的例子還有:

> 8.《小雅·桑扈》:"君子樂胥,萬邦之屏。之屏之翰,百辟爲憲。"

---

① 胡承珙:《毛詩後箋》,合肥:黃山書社,1999年,第1385—1386頁。
② 于省吾:《雙劍誃群經新證·雙劍誃諸子新證》,上海:上海書店,1999年,第179—180頁。
③ 鄭《箋》:"大宗,王之同姓之適子也。"相臺本作"王之同姓世適子也"。馬瑞辰《毛詩傳箋通釋》據《禮記·大傳》"繼别爲宗"鄭注:"别子之世適子也",以爲相臺本是。
④ 馬瑞辰:《毛詩傳箋通釋》,第989頁。
⑤ 楊樹達:《詞詮》,北京:中華書局,2004年,第434頁。

"萬邦之屏","之"是前置賓語"萬邦"的複指代詞。下句"之屏之翰",蒙上文省去了前置的賓語,猶言"萬邦是屏、萬邦是翰","屏(屏障)""翰(楨榦)"也都用作動詞,言"君子"屏翰"萬邦",百辟君士以其爲師法。

(二)公侯干城

《大雅》諸篇立足於周王室的視角,多取"藩""垣""屏""翰"等意象,比喻王國的卿士、諸侯。《國風》則是站在諸侯角度,將武士比作"干城":

9.《周南·兔罝》:"赳赳武夫,公侯干城。"

《説文》:"赳,輕勁有才力也",段玉裁引《周南》毛《傳》"武貌"及《爾雅·釋訓》"洸洸、赳赳,武也",[①]並可參看。"干城",從下兩章"公侯好仇""公侯腹心",以及北大簡《周訓》引作"公侯之干城"[②]來看,應同"好仇""腹心"一樣,都是名詞性詞組,是對武夫的三種譬喻。"赳赳武夫,公侯之干城"是與"維申及甫,維周之翰"類似的主題判斷句,區别只在於沒有顯性係詞。

而毛《傳》:"干,扞也"、[③]《吕覽·慎大》高注:"可爲公侯扞難其城藩也",[④]却都理解爲動賓結構,恐不可信。他們的説法似皆本於《左傳》成公十二年郤至的闡釋:

> 世之治也,諸侯……此公侯之所以扞城其民也,故詩曰:"赳赳武夫,公侯干城。"及其亂也,諸侯……略其武夫,以爲己腹心、股肱、爪牙,故詩曰:"赳赳武夫,公侯腹心。"天下有道,則公侯能爲民干城,而制其腹心。亂則反之。

不過,利用這段文字來理解"公侯干城"尚有幾個問題需要注意:首先,《左傳》屬於"斷章取義",將"公侯干城"和"公侯腹心"作爲治世和亂世的對照;而就《詩經》文本而言,三章都是襃揚"武夫"的平行結構,不存在治、亂的對比。其次,《左傳》上文説"扞城其民","扞""城"確實都用作動詞,而下文又有"爲民干城"和"制其腹心"對舉,仍將"干城"視作"腹心"一類的名詞性詞組。從其用字習慣來看,動詞作"扞城"、名詞作"干城","扞"正可視作"干"用作動詞時的分化字。

總之,可以確定"干城"整體是一個名詞,其結構無外乎兩種可能:

(1)並列結構。鄭玄《箋》:"干也、城也,皆以禦難也",孔穎達《正義》申之:"言以

---

① 段玉裁:《説文解字注》,第64頁。
② 北京大學出土文獻研究所編:《北京大學藏西漢竹書(叁)》,上海:上海古籍出版社,2015年,第134頁。
③ 毛亨傳,鄭玄箋,孔穎達正義:《毛詩正義》,第281頁。
④ 許維遹:《吕氏春秋集釋》,北京:中華書局,2009年,第375頁。

武夫自固,爲扞蔽如盾,爲防守如城然";①何楷既已指出,"干"即《説文》之"戦,盾也"。② 又《方言》:"盾,自關而東或謂之瞂、或謂之干,關西謂之盾。"③當代《詩經》注本多從此説。④ 另外,聞一多讀"干"爲"閈",《文選·西京賦》注引《蒼頡篇》:"閈,垣也","垣""城"皆"牆",故可並舉。⑤ 總之,都是將"干""城"視作兩種並列的防具,類似於"腹心"的結構。

（2）偏正結構。《韓非子·八説》:"干城距衝,不若埋穴伏櫜",梁啓雄注:"干城,謂捍衛之城","距衝,即拒敵的衝車"。⑥ 又馬瑞辰據《太平御覽》所引《白虎通》"天子曰崇城,言崇高也;諸侯曰干城,言不敢自專,禦於天子也",以及定公十二年《公羊傳》"天子周城,諸侯扞城",何休注"軒城者,缺南面以受過也"等漢人舊説,認爲"干/扞/軒"爲諸侯城名。⑦ 總之,都是將"干"視作"城"的修飾語,類似於"好仇"的結構。

比較來看,後一種説法缺點明顯:第一,《韓子》是説要抵禦敵人的進攻,與其在明處守備,不如在暗處伏擊。"干城""距衝"與"埋穴""伏櫜"一樣都是名詞,後二者爲野外藏身之處,前二者則是守備據點的防具。"衝"既然是攻城的"衝車","距衝"當爲攔截衝車的路障,類似攔截騎兵的"拒馬",而不是"拒敵的衝車"。將"干城"理解爲"捍衛之城"也於語法習慣不合。第二,所謂諸侯"軒城",與"周城"相對,據《公羊》何注,"周"是指四垣周備,"軒"則是三面有牆而空出一面。《周禮·春官·小胥》:"正樂縣之位:王宮縣,諸侯軒縣,卿大夫判縣,士特縣","宮縣"謂懸掛四面,"軒縣"則是懸掛三面而空出一面。⑧ "軒城""軒縣"相類,皆與詩之"干城"無涉。

至於聞一多提出的"垣城説",恐怕也有待商榷。氏著所引《蒼頡篇》"閈,垣也",即《説文》之"韓,井垣也","垣"爲"周垣"之義,而非"垣牆",上文已有討論。因此,"干"還是理解爲"盾"一類的防具最爲合理,與"城"爲並列結構。"赳赳武夫,公侯干城",是將雄健的武夫比喻爲公侯的"干楯"與"城垣",以凸顯其"捍禦"諸侯的職能。

---

① 毛亨傳,鄭玄箋,孔穎達正義:《毛詩正義》,第281頁。
② 何楷:《詩經世本古義》,《詩經要籍集成（修訂本）》第十六册,北京:學苑出版社,2015年,第259頁。
③ 錢繹:《方言箋疏》,北京:中華書局,2013年,第308頁。
④ 如屈萬里《詩經詮釋》:"干,盾也",高亨《詩經今注》:"干,盾牌",程俊英、蔣見元《詩經注析》:"干,盾"等等。
⑤ 聞一多:《古典新義》,上海:上海古籍出版社,2013年,第48頁。
⑥ 梁啓雄:《韓子淺解》,北京:中華書局,1960年,第440頁。
⑦ 馬瑞辰:《毛詩傳箋通釋》,第57—58頁。
⑧ 孫詒讓:《周禮正義》,第1823頁。

四　結語

本文觀點概括如下：

（1）作爲築具的"楨榦"，在施工過程中承擔不同的功用："榦"是遮蔽土牆兩側的橫木板，"楨"是樹立在木板之外、用以綁縛縮繩的長木樁。而在文獻語境中二者往往渾言無別，並且從用字情況來看，"楨"或省作"貞"，"榦"多作"翰""幹"。

（2）《大雅》多取其"匡正""夾輔"的特徵來比喻王國的卿士，如《江漢》之"召公"；或取其"周垣""屏藩"的特徵來比喻外服的諸侯，如《文王》之"多士"、《崧高》之"申、甫"；也有將天子比作四方的庇護，如《文王有聲》之"王后（文王）"。

（3）比喻的形式，大多出現在主謂判斷句和主題判斷句中，前者如"召公維翰""王后維翰"，後者如"維申及甫，維周之楨""王國克生，維周之翰"；或直接以借喻形式出現，如"戎有良翰"。

（4）另外，同樣具有"屏藩"特徵的喻體，還有"藩（籬）""垣（牆）""屏（障）""城（池）""干（盾）"等，分別見於《大雅·板》《崧高》，《小雅·桑扈》以及《周南·兔罝》諸篇。

在《詩經》之後，"楨榦"比喻已然成爲一種文學傳統，進入到士大夫階層的話語體系之中，多見於漢、唐時期的敕令、奏議、碑刻等：

> 《漢紀·孝哀皇帝紀》載李尋對詔問曰："陛下秉四海之衆，曾無楨榦之臣。"[①]
> 王維《京兆尹張公德政碑》："及我聖朝，亦生邦翰。"[②]
> 《唐大詔令集·崔鉉淮南節度平章事制》："周用邵公爲楨榦之臣，以正天下。"[③]

都將朝廷股肱重臣稱爲"楨榦之臣"或"邦翰"；更有徑以"翰臣"爲名、字或別號者，如《爾雅經注集證》的作者、晚清學者龍啓瑞，即號"翰臣"，可見其影響之深遠。

作者簡介：

童超，男，1992年生，上海人，華東師範大學中國語言文學系博士研究生。主要研

[①] 荀悦、袁宏撰：《兩漢紀》，北京：中華書局，2017年，第493頁。
[②] 王維撰：《王維集校注》，北京：中華書局，1997年，第698頁。
[③] 宋敏求：《唐大詔令集》，北京：中華書局，2008年，第282頁。

究領域爲經學、出土文獻學,近年代表性論著有《"嬌兒不離膝,畏我復却去"之"却"字解》(《文藝理論研究》2022 年第 3 期)、《〈論語·泰伯〉"予有亂臣十人"考》(《經學文獻研究集刊》2020 年第 1 期)。

董逌《廣川詩故》引漢唐佚籍考論

朱學博

内容摘要 北宋末期董逌的《廣川詩故》中大量援引三家《詩》、《孔子三朝記》、崔靈恩、孫毓舊注等古書古注,其中大部分材料後世亡佚,且所引的崔靈恩舊注與《毛詩正義》中的引文還有相異之處。經全面比勘引文,可判斷董氏所引《齊詩》、漢唐古注多非原本,而是出於轉引或後世編纂的別本。但不少内容於古有據,並非憑空杜撰。董氏所引《韓詩》《字書》等還關乎後世對各書亡佚時間的判斷,背後更涉及從寫本時代到刻本時代古書舊注與知識信息傳播、接受的問題。

關鍵詞 宋代 董逌 《廣川詩故》 《詩經》學

董逌《廣川詩故》四十卷,是北宋末期一部重要的《詩經》學著作,其中大量引用了亡佚已久的漢唐古書、石經。南宋以後《廣川詩故》亡佚,使得後人難知其內容。然此書在當時影響不小,多種《詩經》注解曾援引其文。今人吳國武先生有《董逌〈廣川詩故〉輯考》一文,[1]自吕祖謙《讀詩記》、朱熹《詩集傳》等書中輯得董逌《詩故》佚文238條。吳文考證嚴謹,搜羅細緻,使得今人可一睹董書的部分内容,實是嘉惠學林。其後,虞萬里先生撰《董逌所記石經及其〈魯詩〉異文》一文,[2]揭示了董書中所載熹平石經的《魯詩》異文及其重要價值。

其實,董逌《廣川詩故》中還大量記載了失傳已久的《韓詩》《齊詩》、崔靈恩、孫毓舊注等,且多不見於他書,甚至其引崔靈恩舊注還與今傳孔穎達《毛詩正義》引崔氏文字相異。但因其書散佚,其名不彰,學界研究較少,這些問題至今無人梳理、研究。而在董書所引古書異文的背後,還包含了關於宋代社會中流傳的部分漢唐舊籍的真偽、

---

[1] 吳國武:《董逌〈廣川詩故〉輯考》,《北京大學中國古文獻研究中心集刊》第七輯,2008年。
[2] 虞萬里:《董逌所記石經及其〈魯詩〉異文》,《文獻》2015年第3期。

古書古注寫本或寫本內容信息①的傳播與整理等問題。當然,最首要的是今人如何認定董氏所引的《詩經》異文、漢唐文獻的性質,此點關乎判定這些舊注的真僞和價值。筆者據吳國武先生《輯稿》統計,董氏討論《詩經》異文共 78 則,引據的古代文獻約二十種,下面詳細討論。(本文所引董逌《詩故》皆據吳先生《輯稿》,後文不再注出)

一　董逌所引《韓詩》《齊詩》考辨

在南宋很多學者就已注意到董書大量記載三家《詩》異文的問題,如陳振孫《直齋書錄解題》卷二載:

> 《廣川詩故》四十卷,董逌撰。其説兼取三家,不專毛、鄭。謂:《魯詩》但見取於諸書,其言莫究;《齊詩》尚存可據;《韓詩》雖亡缺,猶可參效。案:逌《藏書志》有《齊詩》六卷,今館閣無之。逌自言隋唐亦已亡久矣,不知今所傳何所從來。或疑後世依託爲之。然則安得便以爲《齊詩》尚存也? 然其所援引諸家文義與毛氏異者,亦足以廣見聞、續微絶云耳。②

馬端臨《文獻通考》引《中興藝文志》云:

> 逌謂班固言《魯詩》最近,今徒於他書時得之。《齊詩》所存不全,或疑後人託爲,然章句間有自立處,此不可易者。《韓詩》雖亡闕,《外傳》及《章句》猶存。《毛詩》訓故爲備,以最後出故獨傳。乃據毛氏以考正於三家,且論《詩序》決非子夏所作。建炎中,逌載是書而南,其志公學博,不可以人廢也。③

以上兩段文字揭示了一個很重要的信息,即董逌明確表示自己收藏《齊詩》六卷。且其言"《齊詩》尚存可據",而《魯詩》"今徒於他書時得之"、"《韓詩》雖亡闕,《外傳》及《章句》猶存"。這其中關於《齊詩》的説法,與今人的認知相差很大。一般學界認爲三家《詩》中最早亡佚的就是《齊詩》,約在三國時;宋代學者也未有稱説得見《齊詩》者。顯然陳振孫也不認爲其有《齊詩》,遂言"逌自言隋唐亦已亡久矣,不知今所傳何所從來。或疑後世依託爲之。然則安得便以爲《齊詩》尚存也?"可見董逌自己對收藏的

---

① 行文將"寫本內容"與"寫本"區別,意指不同于寫本實物的直接流傳,而是經過不同時代文獻的記載、引用,寫本內容信息不斷保留得以間接流傳。
② 陳振孫:《直齋書錄解題》卷二,長春:吉林出版集團有限責任公司,2005 年,第 27 頁。
③ 馬端臨:《文獻通考》卷一七九,北京:中華書局,1986 年,第 1547 頁。

《齊詩》也有疑問。至於引文提及"《外傳》及《章句》猶存"的問題也較複雜。雖然《韓詩外傳》至今尚存,但漢代薛漢的《韓詩章句》一般認爲宋代以前就已亡佚。今人馬昕曾撰寫《〈韓詩薛君章句〉成書、流傳及亡佚考》,正是據董逌的記載,認爲北宋末此書尚存。①

對上述種種問題,如今文獻並沒有直截了當的答案,但通過細緻辨析董逌引文我們能有所判斷。此外,關於《魯詩》的問題,虞萬里先生《董逌所記石經及其〈魯詩〉異文》一文論述已詳,茲不贅述。下面分述《韓詩》《齊詩》。

(一)引《韓詩》異文

董逌書中大量引用《韓詩》以及《薛君章句》的言論。上文引及董逌《藏書志》言:"《韓詩》雖亡闕,《外傳》及《章句》猶存。"則董氏所見到的應該是《韓詩外傳》和《薛君章句》,《韓詩》他亦未見,故才説"亡闕"。可知,《廣川詩故》中所引,或出於其所見版《韓詩外傳》和《薛君章句》,或是自他書轉引。據筆者統計,董逌引用《韓詩》一共24處,注明《薛君章句》者5處,還有兩則爲《韓詩序》的內容。這其中可以分爲兩類:

第一是今猶可見于其他文獻引用,爲《韓詩》文字明白無疑,古來亦無異議。譬如《毛詩》"彼其之子",《韓詩》作"彼己之子";"匪其止共",《韓詩》作"匪其止恭"等;猶見今之《韓詩外傳》《文選》等書。第二類是今未見董逌之前有古書援引,或者逌所引與其他有異。其中有3例頗爲重要,先列舉如下,再作總論:

1.**考槃在阿**。董逌曰:"阿",《韓詩》作"干",《章句》曰:"地下而黃曰干。"

今按:《釋文》云:"澗,《韓詩》作'干'。"②異文屬"考槃在澗"句。《文選·吳都賦》:"《韓詩》曰:'考盤在干。'地下而黃曰干。"③《文選》所據或是《薛君章句》。而董逌以"阿"作"干",已與《釋文》不同。再者,董如所見與《文選》相同,則應見"槃"作"盤"。且《爾雅》郭注、《漢書》顏師古注引亦作"考盤"。王先謙《詩三家義集疏》云:"槃,三家《詩》皆作盤。"④此點董書無説,似其所見《韓詩》與前人有異。

2.**《常棣》**。董逌云:《韓詩序》:"《夫栘》,燕兄弟也,閔管蔡之失道也。"

今按:此《韓詩序》文字與《毛詩序》同,頗費解。歐陽詢《藝文類聚》:"《夫栘》,燕兄弟也,閔管蔡之失道。"又引:"夫栘之華,萼不煒煒。"⑤然未云《韓詩》,清馬瑞辰等

---

① 馬昕:《〈韓詩薛君章句〉成書、流傳及亡佚考》,《中國典籍與文化》2012年第2期,第69頁。
② 陸德明:《經典釋文》卷五,上海:上海古籍出版社,1985年,第237頁。
③ 蕭統編,李善等注:《六臣注文選》卷五,北京:中華書局,2012年,第108頁。
④ 王先謙:《詩三家義集疏》卷三,北京:中華書局,2011年,第274頁。
⑤ 歐陽詢:《藝文類聚》卷八九,上海:上海古籍出版社,1995年,第1546頁。

言《藝文類聚》引《韓詩》云云皆無據。或因見董氏引作《韓詩》,又與《藝文類聚》引文同,遂有是言。《爾雅》曰:"唐棣,栘也。"注云:"似白楊,江東呼夫栘。"①《詩》云:"何彼襛矣,唐棣之華。"毛云:"唐棣,栘也。"②皆不言《韓詩》。此外,董迪引此序似非轉引《藝文類聚》。因後"鄂不韡韡"一句,董迪據《文選》注謝靈運詩,僅出異文爲"萼","韡韡"無異説,而《藝文類聚》此條引異文作"萼不煒煒"。

3.《雨無正》,大夫刺幽王。董迪曰:《韓詩》作"《雨無政》,正大夫刺幽王也。"《章句》曰:"無,衆也。"《書》曰:"庶草繁蕪。"《説文》曰:"蕪,豐也。"則雨衆多者,其爲政令不得一也,故爲正大夫之刺。

今按:董氏此説,未見它書。然《上海博物館藏戰國楚竹書(一)》中《孔子詩論》第8簡作"雨亡政",③則知戰國時即有作"政"。宋馬永卿《元城語録》引北宋劉安世言:

> 某嘗記少年讀《韓詩》有《雨無極》篇,序云:"正大夫刺幽王也。"首云:"雨無其極,傷我稼穡。浩浩昊天,不駿其德。"如此類者不可勝舉。因曰:"詩中云'正大夫離居',豈非序所謂'正大夫'乎?先生曰:"然凡此事但欲吾友知耳,若又以先儒爲非,則啓後生穿鑿,害愈大矣。"④

劉安世此言影響頗大,呂祖謙、嚴粲、李樗等皆引之。然亦不見于前代之書,朱熹頗疑之。輔廣《詩童子問》卷十二云:"劉氏之説,雖似有理,然《韓詩》之序亦失詩意,而所添兩句又與詩例乖舛不合,故先生寧從闕疑之例,而不敢從也。"⑤

以上引文反映出不少問題。首先,董迪所引的《韓詩》及《章句》是直接引用,還是據它書轉引並不十分確定。其次,即便董迪擁有薛漢《韓詩章句》之書,此版本《韓詩章句》是有所傳承之舊鈔本,還是北宋坊間私纂的俗本,亦是一大疑點。由《元城語録》中劉安世之言看,其少年時看過《韓詩》,與《毛詩》異文較多。又結合董迪的引用,可能北宋坊間確實有號稱《韓詩》的本子流行,但只有少數學者看過。至南宋朱熹就無法見到《韓詩》及《章句》,故懷疑之。

而劉安世所引的《雨無正》作《雨無極》,董迪作《雨無政》,則二人所見的《韓詩》

---

① 周祖謨:《爾雅校箋》卷中,昆明:雲南人民出版社,2004年,第133頁。
② 毛亨傳,鄭玄箋,孔穎達疏:《毛詩注疏》卷九,上海:上海古籍出版社,2013年,第809頁。
③ 馬承源:《上海博物館藏戰國楚竹書(一)》,上海:上海古籍出版社,2001年,第130頁。
④ 馬永卿:《元城語録解》卷中,北京:中華書局,1985年,第26頁。
⑤ 輔廣:《輔廣集輯釋》卷一二,福州:福建教育出版社,2017年,第300頁。

內容還有不同。《常棣》篇董逌引《韓詩序》:"《夫栘》,燕兄弟也,閔管蔡之失道也。"與歐陽詢《藝文類聚》完全一致,然而《藝文類聚》中並未言是《韓詩》。《藝文類聚》引:"夫栘之華,萼不煒煒。"董逌却云:"萼不韡韡。"最值得注意者,此序文字與《毛詩序》相同。原本三家《詩》皆是各家解説《詩經》之作,小序不該完全相同。如不是韓、毛二家皆襲用了同樣來源的《詩序》,那即是原本《藝文類聚》所引是《毛詩序》後來傳寫的異文,董逌所見的《韓詩》本子的編者將其鈔纂下來,僞託作《韓詩序》。但是,董逌引文却和一些古注有所照應,顯示出漢代古注淵源綫索。尤其所引"雨亡政"與上海博物館藏戰國楚簡相應。似乎董氏所據之本也不像當時憑空杜撰的僞劣之書。

綜上,筆者認爲,對於董逌所引的《韓詩》及《章句》,未必在當時尚有古本流傳,可能其時少量流傳的坊間後出本,或原本的内容信息以轉載的方式流傳于他書。當然,這並不能否定董逌所引的《韓詩》及《章句》的異文的價值,不少異文在其他漢唐文獻都有應證,那些僅見董逌稱引的亦很有文獻價值。

此外,這對我們認識《詩經》的流傳和異文亦有其他的啓示:即便《毛詩》本身在流傳轉鈔,或者歷代學者引用、轉注的過程中也會產生異文。而今出土簡帛的《詩經》材料也表明,《毛詩》《韓詩》等小序、注釋,皆有更早的文本淵源,在先秦就有各種版本的序説、注解流傳。這些學説、訓詁被漢人吸取、使用、傳播,甚至訛誤、變異。而董逌引用的舊注和異文,正是這些信息的遺存。所以會有他和劉安世所見的《韓詩》"雨無極""雨無政"的相異,也會出現爲何《毛詩》小序和《韓詩》小序相同。而宋代以後,歷代學者汲汲營營以異文分别三家《詩》,甚至清人出現了大量違背學理的方法,很大原因是由於對寫本時代與刻本時代,經傳、注疏文字信息傳播異質之觀念認知的隔膜所致。其實,在寫本時代三家《詩》各自流傳的版本可能皆有異文,清人很多異文歸屬的考證,尤其是互斥法的運用,在學理上即是不成立的。

(二) 引《齊詩》異文

董逌一共有三處明確稱引《齊詩》:

1. 猗彼女桑。董逌曰:《齊詩》"猗彼女桑"作"掎",蓋掎而束也。《毛傳》亦曰:"角而束之。"則毛亦爲"掎"也。

今按:猗、掎二字義不同。《説文》:"猗,犗犬也。"①《玉篇》:"猗,嘆辭也。"②掎,

---

① 許慎:《説文解字》卷一〇,上海:上海書店出版社,2016年,第256頁。
② 顧野王:《大廣益會玉篇》卷二三,北京:中華書局,2019年,第814頁。

《説文》云:"偏引也。"① 董逌言《毛傳》作"角而束之",亦是"掎"。其實《孔疏》此詩下引《左傳》云:"譬如捕鹿,晉人角之,諸戎掎之。"② 則正是此意。然董逌所引云《齊詩》,不見它書。南宋吕祖謙、段昌武等俱從之,清人王先謙則疑之,其云:"惟吕氏《讀詩記》引董逌曰:'《齊詩》掎彼女桑。'出僞撰,今不取。"③

2. 四國是皇。董逌曰:《齊詩》作"四國是匡",賈公彦引以爲據。

今按:董逌所言的"賈公彦引以爲據",見《周禮·大司馬》篇,賈公彦引《詩》云:"四國是遑。"④ 此頗費解。一者,賈公彦並未云《齊詩》,二者賈氏作"遑",不作"匡"。值得注意者,董逌所引崔靈恩《集注》、舊本等,往往與今本《正義》所引不同(見後文論述)。則此處其引賈氏之言,可能因所見之本與今本不同。而原本《毛傳》云:"皇,匡也。"《孔疏》云:"《釋言》云:'皇、匡,正也。'《傳》以'皇'爲'匡'。"⑤ 從《爾雅·釋言》"皇""匡"二字並舉來看,漢代以前可能確實存在作"四國是匡"的異文,但尚不能確定是《齊詩》。

3. 爲下國駿厖。董逌曰:《齊詩》作"駿駹",謂馬也。

今按:董氏此言是針對《注疏》而言,因《毛傳》云:"駿,大。厖,厚。"⑥ 董氏二字皆從馬,意指駿馬而言。《荀子·榮辱》曾引《詩》此句,作"駿蒙"。⑦《大戴禮記》引作"恂蒙"。⑧ 王先謙以《荀子》言作《魯詩》,《大戴禮》者爲《齊詩》。⑨ 此缺少實據。

上面三例都只見董逌所引,没有古書的印證,所以難以確定真僞。董逌所引《齊詩》是否可信,頗讓人懷疑。同樣兩宋之際的葉夢得即云:"今《韓詩章句》不存,而《齊詩》猶有見者。然唐人謂之既亡,則書之真譌未可知也。"⑩ 葉氏不但認爲《齊詩》真僞可疑,連《韓詩章句》一書亦認爲不存。上第三個例子,由於《大戴禮記》所引與董逌不同,清代陳壽祺據此抨擊云:"《大戴記》所引則《齊詩》作'恂蒙',信而有徵。董氏不

---

① 許慎:《説文解字》卷一二,第 319 頁。
② 毛亨傳,鄭玄箋,孔穎達疏:《毛詩注疏》卷八,第 713 頁。
③ 王先謙:《詩三家義集疏》卷一三,第 514 頁。
④ 鄭玄注,賈公彦疏:《周禮注疏》卷二九,上海:上海古籍出版社,1997 年,第 837 頁。
⑤ 毛亨傳,鄭玄箋,孔穎達疏:《毛詩注疏》卷八,第 752 頁。
⑥ 毛亨傳,鄭玄箋,孔穎達疏:《毛詩注疏》卷二〇,第 2146 頁。
⑦ 王先謙:《荀子集解》卷二,北京:中華書局,1988 年,第 71 頁。
⑧ 王聘珍:《大戴禮記解詁》卷六,北京:中華書局,1983 年,第 109 頁。
⑨ 王先謙:《詩三家義集疏》卷二八,第 1112 頁。
⑩ 馬端臨:《文獻通考》卷一七八,北京:中華書局,2011 年,第 5297 頁。

見《齊詩》,《讀詩記》無稽之言,謬妄殊甚。"①陳鱣《簡莊疏記》亦云："其言《齊詩》及石經、崔靈恩《集注》、江左古本,多僞託。"②其實如董逌所言："《齊詩》所存不全,或疑後人託,爲然章句間有自立處,此不可易者。"即他所見到的這個《齊詩》是缺略不全的,很像是坊間流傳的僞本,董氏自己也很懷疑,只是覺得"章句間有自立處",所以才沒有輕棄。

二　董逌所引崔靈恩《集注》考辨

除了三家《詩》,董氏還援引了很多唐前的古本舊注,如崔靈恩的《集注》、江左本等。其中大部分是關於異文,小部分關於字詞訓詁。這些書在後世皆亡佚,所以董氏所引的內容,具有特殊的文獻價值,其中亦有很多問題,需要辨證。

據筆者統計,董氏一共引崔靈恩《集注》24 次,所引皆不見孔穎達《正義》,亦完全不見董逌之前的文獻記載。唯一一條孔穎達《正義》雖有涉及,但所引的文字和董氏却不同,此點很值得注意。下面具體分析:

1. **挑兮達兮**。董逌曰:崔靈恩《集注》"達"作"達",《說文》兼用此二字。

今按:《說文》未言出處,不知是三家《詩》異文,還是《毛詩》别有異文。董逌之前未見它書引崔靈恩《集注》有此,後世皆自董逌轉引。毛、孔皆以"挑達"爲往來相見貌。南宋《增修互注禮部韻略》云："挑達,往來相見貌。又行不相遇也。《詩》'挑兮達兮',古本作'𡍁',達字從𡍁,今作幸。"③則與董書應證。

2. **素衣朱繡**。董逌曰:崔靈恩《集注》本作"素衣朱綃"。

今按:僅見董逌言引此《集注》。《鄭箋》云："繡,當爲綃。綃黼丹朱中衣。中衣以綃黼爲領,丹朱爲純也。"④《儀禮注》引《魯詩》作"素衣朱綃"。⑤ 則知《毛詩》作"繡",《魯詩》作"綃"。

3. **胡不佽焉**。董逌曰:崔靈恩《集注》"佽"作"次"。

---

① 陳壽祺:《三家詩遺說考》卷四,《續修四庫全書》(第76冊),上海:上海古籍出版社,2002年,第409頁。
② 陳鱣:《簡莊疏記》卷三,《續修四庫全書》(第1157冊),上海:上海古籍出版社,2002年,第169頁。
③ 毛晃等:《增修互注禮部韻略》卷五,《文淵閣四庫全書》(第237冊),上海:上海古籍出版社,2003年,第559頁。
④ 毛亨傳,鄭玄箋,孔穎達疏:《毛詩注疏》卷六,第542頁。
⑤ 鄭玄注,賈公彥疏:《儀禮注疏》卷五,上海:上海古籍出版社,2014年,第112頁。

今按:《毛傳》云:"伙,助也。"《孔疏》曰:"伙,古次字。欲使相推以次第助之耳,非訓伙爲助也。"① 又《詩經·車攻》"决拾既伙"句,《文選·東京賦》引《詩》爲"决拾既次",高步瀛言此毛鄭異義,鄭解"次"爲"手指相比"。② 原詩"人無兄弟,胡不伙焉",意指孤獨無依,困頓時希望有人相助。《毛傳》"伙,助也",言之有理。本篇鄭毛並無異説,而《車工》篇異説。孔穎達或受影響,故作迂曲,牽于"相推以次第"之言。然言"伙"古字爲"次",可見,孔氏亦以"次"爲古,崔靈恩《集注》作"次"或亦于古有據。

4. **棘人欒欒**。董逌曰:"棘人",崔靈恩《集注》作"㦸人"。

今按:不見他書言自崔靈恩。《毛傳》言:"棘,急也。"《孔疏》:"棘,急也。《釋言》文,彼'棘'作'㦸',音義同。"③《江漢》《文王有聲》兩篇"匪棘"詞下亦有此語。《爾雅》:"㦸,褊急也。"邵晉涵《爾雅正義》云:"《小雅·六月》云'我是用急',《鹽鐵論》引作'我是用戒'。《大雅·文王有聲》云'匪棘其欲',《禮器》引作'匪革其猶'。《檀弓》云'夫子之疾革矣',《文選》注引《倉頡篇》云'革,戒也'。"④ 又,《經典釋文》卷七"匪亟"云:"或作棘。"⑤ 故,棘、革、㦸古通用,作"㦸人"或有所本。

5. **何戈與祋**。董逌曰:崔靈恩《集注》作"何戈與綴",鄭康成《樂記》引《詩》亦曰:"何戈與綴。"綴,表也。《説文》曰:"高懸羊皮,以驚牛馬曰祋。"則以祋爲表矣。

今按:不見他書言自崔靈恩。熹平石經亦作"綴",⑥ 則知《魯詩》作"綴"。《禮記正義》曰:"引《詩》云'荷戈與綴'者,證綴爲表也。今按:《詩》'荷戈與祋'不同者,蓋鄭所見齊、魯、韓《詩》本不同也。"⑦ 崔氏如與漢石經同作"綴",則是從《魯詩》也。

6. **薈兮蔚兮,南山朝隮,婉兮孌兮**。董逌曰:"薈",《集注》作"䆘","婉"作"嬽",《説文》同。

今按:"南山朝隮",《毛傳》云:"隮,升雲。"《孔疏》云:"定本及《集注》皆云:'隮,升雲也。'"⑧ 此句《孔疏》既引《集注》,却不言"薈""婉"有異文。董氏所見崔靈恩書可能與孔穎達所見有出入。

---

① 毛亨傳,鄭玄箋,孔穎達疏:《毛詩注疏》卷六,第556頁。
② 高步瀛:《文選李注義疏》卷三,北京:中華書局,1985年,第670頁。
③ 毛亨傳,鄭玄箋,孔穎達疏:《毛詩注疏》卷七,第664頁。
④ 邵晉涵:《爾雅正義》卷三,北京:中華書局,2017年,第178頁。
⑤ 陸德明:《經典釋文》卷七,上海:上海古籍出版社,1985年,第359頁。
⑥ 馬衡:《漢石經集存》,台北:台灣藝文印書館,第16頁。
⑦ 鄭玄注,孔穎達正義:《禮記正義》卷三九,上海:上海古籍出版社,1997年,第1545頁。
⑧ 毛亨傳,鄭玄箋,孔穎達疏:《毛詩注疏》卷七,第682頁。

7. **其儀一兮**。董逌曰:崔靈恩《集注》作"其義一兮"。

今按:不見他書言自崔靈恩。《韓詩外傳》《禮記》引《詩》皆作"儀"。古未見有作"義"者。《鄭箋》云:"儀,義也。善人君子,其執義當如一也。"《正義》曰:"以'儀'、'義'理通,故轉'儀'爲'義'。言善人君子執公義之心均平如壹。"①"儀"、"義"古通假,董氏所引《集注》或據通假之義僞託,或有更早的古書淵源。

8. **二之日栗烈**。董逌曰:"栗烈",《集注》作"栗冽"。按:烈從火,不得爲寒氣。

今按:《孔疏》于《下泉》下云:"《七月》云'二之日栗冽',字從冰,是遇寒之意,故爲寒也。"②《文選》李善注曰:"《毛詩》曰:'二之日栗冽',毛萇曰:'栗冽,寒氣也。'"③則孔穎達、李善所見本即作"冽"。然《經典釋文》"栗烈"云:"並如字,栗烈,《說文》作'颲颲'。"④可見,唐本"冽""烈"皆有,陸德明所見本即爲"烈"。孔穎達前後矛盾,是因《正義》衆手成之。

9. **四國是遒**。董逌曰:"遒"《集注》本作"揫"。

今按:《說文》:"揫,束也。"⑤明何楷《詩經世本古義》卷十曰:"董氏云:集本作揫。豐本同。"⑥"豐本"即豐坊《魯詩世學》,乃僞託之書,難以爲信。董逌引稱《集注》,未見它書印證。《毛傳》:"遒,固也。"《箋》云:"遒,斂也。"《孔疏》:"《箋》以爲之不安,故易之。《釋詁》云:'遒,斂,聚也。'彼'遒'作'揫',音義同。是'遒'得爲'斂'。"⑦孔穎達所謂"音義同",又見《爾雅》:"揫,聚也。"《疏》文引郭氏《音義》云:"音遒。"⑧又《爾雅》注云:"《禮記》曰:'秋之言揫,揫,斂也。'"⑨今本《禮記》作"愁",孫詒讓引《釋名》"秋,緧也,緧迫品物使時成也"而言:"緧與遒音義同。"⑩《商頌·長發》"百祿是遒",《說文》引作"是揫"⑪。由上知,作收斂之意,遒、揫古通。《集注》作"揫"或本《爾雅》。

---

① 毛亨傳,鄭玄箋,孔穎達疏:《毛詩注疏》卷七,第684頁。
② 毛亨傳,鄭玄箋,孔穎達疏:《毛詩注疏》卷七,第688頁。
③ 蕭統編,李善等注:《六臣注文選》卷二九,第542頁。
④ 毛亨傳,鄭玄箋,孔穎達疏:《毛詩注疏》卷八,第705頁。
⑤ 許慎:《說文解字》卷一二,第317頁。
⑥ 何楷:《詩經世本古義》卷一〇,《文淵閣四庫全書》(第81冊),上海:上海古籍出版社,2003年,第249頁。
⑦ 毛亨傳,鄭玄箋,孔穎達疏:《毛詩注疏》卷八,第752頁。
⑧ 周祖謨:《爾雅校箋》卷上,第11頁。
⑨ 周祖謨:《爾雅校箋》卷上,第11頁。
⑩ 孫詒讓:《周禮正義》卷六五,北京:中華書局,2013年,第2709頁。
⑪ 許慎:《說文解字》卷一二,第317頁。

10. **赤舄几几**。董逌曰：崔靈恩《集注》作"掔"，《説文》一作"己己"，一作"掔掔"。

今按：《説文》："掔，固也。"①又《説文》"㠯"字下引《詩》作"己己"。②㠯，謹身有所承之義。故此"己己"爲謹身貌。原作"几几"，彎曲貌。《白帖》引《詩》仍作"几几"。《説文》前後不一，是所引三家《詩》各異。

11. **脊令在原**。董逌曰：《集注》作"鶺鴒"，《爾雅》作"鵙鴒"，《左氏》與《爾雅》同。

今按：《經典釋文》云："又作鵙鴒。"③《小宛》篇"題彼脊令"，《漢書·東方朔傳》引作"鵙鴒"。④《文選·答客難》《潛夫論》引作"鶺鴒"。可見唐前古書即混同。

12. **伐鼓淵淵**。董逌曰：《集注》作"伐鼓䜌䜌"，《説文》引字同。

今按：《有駜》篇"鼓咽咽"句，《經典釋文》云："咽，本又作鼝。"⑤又《説文》："䜌，鼓聲也。《詩》：'鼛鼓䜌䜌。'"⑥此引《商頌》"鞉鼓淵淵"之句異文。董氏言《説文》引字同，然今本《説文》此字下"淵"字多水旁，則董氏所見或爲別本。

13. **約之閣閣**。董逌曰：崔靈恩《集注》作"約之格格"。《周禮·冬官》先儒引《詩》爲據，亦作"格格"。

今按：《周禮》"索約"鄭注："約，縮也。"⑦引此爲據。《爾雅》："格格，舉也。"邵晉涵《爾雅正義》云："《周禮》注引《詩》云'約之格格'，言縮板之舉也。"⑧是以《爾雅》亦作"約之格格"。

14. **胡爲虺蜴**。董逌曰：崔靈恩《集注》以"虺"爲"蝮"。陸璣以"虺蜴"爲"蠑螈"，鄭康成以"虺蜴"爲"蜥蜴"，考《詩》《書》無以"虺"爲"蜴"者。⑨

今按：陸璣《毛詩草木蟲魚疏》云："虺蜴，一名蠑螈。"⑩《斯干》篇"維虺維蛇"句，《孔疏》云："《釋魚》云：'蝮，虺，博三寸，首大如擘。'舍人曰：'蝮，一名虺。江淮以南曰蝮，江淮以北曰虺。'孫炎曰：'江淮以南謂虺爲蝮，廣三寸，頭如拇指，有牙，最毒。'

---

① 許慎：《説文解字》卷一二，第317頁。
② 許慎：《説文解字》卷一四，第386頁。
③ 毛亨傳，鄭玄箋，孔穎達疏：《毛詩注疏》卷九，第812頁。
④ 班固：《漢書》卷六五《東方朔傳》，北京：中華書局，1962年，第2866頁。
⑤ 陸德明：《經典釋文》卷七，第408頁。
⑥ 許慎：《説文解字》卷五，第122頁。
⑦ 孫詒讓：《周禮正義》卷八五，第4235頁。
⑧ 邵晉涵：《爾雅正義》卷四，第269頁。
⑨ 原吳國武輯稿闕"無"字，今據呂氏《讀詩記》、段氏《毛詩集解》補。
⑩ 陸璣：《毛詩草木鳥獸蟲魚疏》卷下，北京：中華書局，1985年，第63頁。

郭璞曰：'此自一種蛇，人自名爲蝮虺。今蛇細頸、大頭、色如艾綬文，文間有毛似猪鬣，鼻上有針。大者長七八尺，一名反鼻。如虺類，足以明此自一種蛇。'如郭意，此蛇人自名蝮虺，非南北之異。"①孔穎達引孫炎、郭璞等古注，皆以爲虺是蛇類。董逌亦從此說，故其引《集注》之言，並以《詩》《書》無以"虺"爲"蜴"者。

15. **悠悠我里，亦孔之痗**。董逌曰："'里'，顧野王作'瘇'。《爾雅》以瘇爲病，《集注》同之。今毛以里爲病，蓋當毛作《傳》時字爲瘇也。"

今按：董逌所言"毛以里爲病"，然今本《毛傳》云："里，居也。痗，病也。"②並未"以里爲病"，《鄭箋》亦言："里，居也。"然，孔穎達《疏》解此句《毛傳》云："爲此而病，亦甚困病矣。"又言：鄭玄"悠悠乎，我居今之世，亦甚困病"之言與毛氏異義。則孔穎達所見《毛傳》似應作："里，病也。"又《經典釋文》云："里如字，本或作'瘇'，後人改也。"③《玉篇》"瘇"字條下云："病也。《詩》云：'悠悠我瘇。'"④《爾雅·釋詁》作"悠悠我悝"。⑤《說文》："悝，病也。"⑥由此可見，董逌所引頗合古本。其"當毛作《傳》時字爲瘇"之言，甚有識力。

16. **謀猶回遹**。董逌曰：《集注》作"謨猷回遹"。

今按：董逌之言不見前人引及，唐前文獻所引"謀"字未見異文。然"猶"有作"猷"者，如《文選·西征賦》李注引《韓詩》作"謀猷回沇"。⑦謀、謨二字音義同，古書多通用。

17. **是用不集**。董逌曰："是用不集"，《韓詩》作"是用不就"，《集注》亦作"就"。

今按：今《韓詩外傳》引亦作"是用不就"。⑧《毛傳》："集，就也。"⑨"集""就"二字音近，古書多假借。

18. **哆兮侈兮**。董逌曰：崔靈恩《集注》作"侈兮哆兮"，《說文》作"誃兮哆兮"。

今按：《毛傳》："哆，大貌。"⑩《說文》云："張口也。"⑪而《說文》"誃"字注引《詩》

---

① 毛亨傳，鄭玄箋，孔穎達疏：《毛詩注疏》卷一一，第988頁。
② 毛亨傳，鄭玄箋，孔穎達疏：《毛詩注疏》卷一二，第1046頁。
③ 毛亨傳，鄭玄箋，孔穎達疏：《毛詩注疏》卷一二，第1046頁。
④ 顧野王：《大廣益會玉篇》卷一一，第386頁。
⑤ 周祖謨：《爾雅校箋》卷上，第13頁。
⑥ 許慎：《說文解字》卷一〇，第277頁。
⑦ 蕭統編，李善等注：《六臣注文選》卷一〇，第191頁。
⑧ 韓嬰撰，許維遹校釋：《韓詩外傳集釋》卷六，北京：中華書局，1980年，第236頁。
⑨ 毛亨傳，鄭玄箋，孔穎達疏：《毛詩注疏》卷一二，第1057頁。
⑩ 毛亨傳，鄭玄箋，孔穎達疏：《毛詩注疏》卷一二，第1100頁。
⑪ 許慎：《說文解字》卷二，第30頁。

作"侈兮哆兮"①,與董逌所引小異,然確是倒文。《爾雅》"誃,離也。"郭注云:"誃,見《詩》。"②故知其作"誃兮",然不知道是否有倒文。胡承珙《毛詩後箋》云:"崔靈恩《集注》本作'侈兮哆兮',然則《毛詩》古本上侈下哆,唐後乃倒易之。"③此是信從董逌及《説文》之言。

而馬瑞辰《毛詩傳箋通釋》則云:"傳箋先解'哆'而後釋'侈',此經文上哆下侈之證。王伯厚言崔《集注》作'侈兮哆兮',臧玉林據《説文》本或作'侈兮哆兮'者,皆誤倒也。"④此較爲合理。傳箋既先"哆"後"侈",可見漢人所見亦如今本,胡承珙"唐後乃倒易"之言不可從。其實《毛詩》流傳本多異文,或正或倒,詩義無別。

19. **不斂穧**。董逌曰:崔靈恩《集注》:"不斂笘,亦音穧。"

今按:此條頗有問題。今《孔疏》云:"定本、《集注》'穧'作'積'。"⑤董逌所引崔靈恩《集注》之言,皆不見《孔疏》援引,唯此詩文下《孔疏》有引崔氏《集注》文,然與董逌所引文字不同。孔穎達言定本、《集注》皆作"積",可見孔氏親見多本,言之有據。董氏所引《集注》與其不同,就很可疑了。清陳啓源《毛詩稽古編》云:"夫《集注》一書,唐尚存,宋已無之,董所見不如孔之真也。"⑥

又《釋詁》:"穧,穫也。"郭注云:"穫禾爲穧。"⑦《聘禮》"四秉曰笘"注云:"此秉爲刈禾盈手之秉。笘,穧名也。"⑧"笘""穧"二字義同,然字音不同,一般不通假。而董引文云:"不斂笘,亦音穧。"可能有兩種情況。一者,在宋前的寫本世代,崔靈恩《集注》傳寫過程中誤鈔"積"爲"笘",因使董逌所見有異。但此兩字字形差異較大,似不太可能誤鈔。二者,董氏所見《集注》並非原本,有淆亂改易之處,甚至是後人僞造。

20. **亹亹文王**。董逌曰:"亹亹文王"《集注》作"娓娓文王"。按《説文》:"娓娓,勉也。"然則字當作"娓"。

今按:《毛傳》:"亹亹,勉也。"⑨義同《説文》,故董逌以爲當據改之。明何楷《詩經

---

① 許慎:《説文解字》卷一四,第368頁。
② 周祖謨:《爾雅校箋》卷上,第23頁。
③ 胡承珙:《毛詩後箋》卷一九,《續修四庫全書》(第67冊),上海:上海古籍出版社,2002年,第489頁。
④ 馬瑞辰:《毛詩傳箋通釋》卷二〇,北京:中華書局,1989年,第661頁。
⑤ 毛亨傳,鄭玄箋,孔穎達疏:《毛詩注疏》卷一四,第1220頁。
⑥ 陳啓源:《毛詩稽古編》卷一五,《文淵閣四庫全書》(第85冊),上海:上海古籍出版社,2003年,第545頁。
⑦ 郭璞注:《爾雅》卷上,中華書局,2020年,第27頁。
⑧ 鄭玄注,賈公彥疏:《儀禮注疏》卷二四,北京:中華書局,2009年,第2326頁。
⑨ 毛亨傳,鄭玄箋,孔穎達疏:《毛詩注疏》卷一六,第1372頁。

世本古義》亦云:"'亹亹',豐本作'娓娓'。"①《毛詩稽古編》曰:"宋徐鉉以《説文》無亹字,欲改'亹'作'娓'。董氏從而和之,又引崔《集注》作'娓娓文王',爲謬説也。經典字不載《説文》者多矣,可勝改乎?"②此陳啓源之説非完全有理。《周易》"天下之亹亹者",荀爽、虞翻本亦作"娓娓"。③可見古書二者常相通假。其認爲董逌是從徐鉉之説,亦非事實。但其云"經典字不載《説文》者多",不必皆改,甚是。又鑒於《國語》韋注、《爾雅》郭注、《周易》等皆引作"亹亹",可見古本或即作"亹",董氏言當作"娓"略武斷。

21. **瓜瓞唪唪**。董逌曰:崔靈恩《集注》"唪"作"莑"。《説文》亦云"唪"字讀若"瓜瓞莑莑"。

今按:《毛傳》:"唪唪,多實也。"而"莑莑",本指草盛貌。《説文》口部"唪"下及玉部"珄"下兩引《詩》作"瓜瓞莑莑"。④則"唪""珄"應與"莑"通用,古本應有作"瓜瓞莑莑"者無疑。《經義述聞》卷七云:"家大人曰:'唪唪',茂盛之貌,不必專訓'多實'。"⑤

22. **實方實苞**。董逌曰:《集注》以"方"爲"房"。

今按:《傳》云:"方,極畝也。"《箋》云:"方,齊等也。"⑥然《大田》篇"既方既皁"句下,《鄭箋》云:"方,房也。"⑦指米粒外之糠皮長成。則董氏所引《集注》以"方"爲"房",與此相證,頗有據,可見並非憑空杜撰的僞劣之本。

23. **子之昌兮,遭我乎猇之陽兮**。董逌曰:還、茂、昌,崔靈恩《集注》以三者皆地名也。

今按:《毛傳》云:"還,便捷貌";"茂,美也";"昌,盛也。"⑧然《漢書·地理志》載:"臨淄,名營丘。故《齊詩》曰:'子之營兮,遭我虖嶩之間兮。'"⑨故知,漢有本"還"作"營",指營丘。故清人陳喬樅等則從之説,以"還、茂、昌"皆作地名。然胡承珙《毛詩後箋》云:"《讀詩記》引崔《集注》已以'還、茂、昌'三者皆地名,而未實指其處。此詩

---

① 何楷:《詩經世本古義》卷一〇(下册),第348頁。
② 陳啓源:《毛詩稽古編》卷一七,第571頁。
③ 李道平:《周易集解纂疏》卷九,北京:中華書局,1994年,第680頁。
④ 許慎:《説文解字》,卷一,第7頁;卷二第32頁。
⑤ 王引之:《經義述聞》卷七,上海:上海古籍出版社,2016年,第383頁。
⑥ 毛亨傳,鄭玄箋,孔穎達疏:《毛詩注疏》卷一七,1538頁。
⑦ 毛亨傳,鄭玄箋,孔穎達疏:《毛詩注疏》卷一四,1217頁。
⑧ 毛亨傳,鄭玄箋,孔穎達疏:《毛詩注疏》卷四,第461頁。
⑨ 班固:《漢書·地理志》卷二八下,第1659頁。

三章第二句皆言猶,若"還、茂、昌"爲三地,何以每往輒遇于猶？此不煩言而破者矣。'還',《韓詩》作'嫙',雖與毛異,亦不以爲地名也。"①

24.**蕃衍盈升**。董逌曰:崔靈恩《集注》謂:"古者爲升,上徑一寸,下徑六分,其深八分。"《本草》同。今以兩手爲匊,則匊大於升矣。

今按:孫思邈《備急千金要方》載:"藥升方作上徑一寸,下徑六分,深八分。"②亦見唐王燾《外臺秘要》。與董逌所引《集注》同,此外不見其他宋前文獻印證。

綜上所述,董逌引崔靈恩《集注》的問題較爲複雜。一般認爲崔氏《集注》在唐代後就亡佚不存,北宋的學者都沒有提及見過此書。董逌引用數量較多,而且皆不見任何古籍曾引過是自《集注》。而且上第 19 則明顯看出,他所引的崔靈恩《集注》和孔穎達《注疏》所引崔注相異。孔氏引《集注》"不斂穧"作"不斂積",而董逌引作"不斂笞"。使人疑惑其所見的是不是坊間傳寫的俗本或是僞託之書。在上文《齊詩》第 2 則"四國是匡"例,董氏所據賈公彦之文和今《注疏》所載亦不同。然通觀所有引文,其引的《集注》內容皆有道理,尤其是第 3、4、5、15 則和古書頗有印證,不像胡編亂造。第 22 則還與《詩經・大田》篇的鄭箋呼應。故董氏所見的崔靈恩《集注》肯定與唐代孔穎達等所見不同,或是後人傳寫編纂的本子。不過其內容不是出自杜撰僞造,而是有很高的文獻價值。

三 董逌所引其他古書舊注辨正

董逌解《詩》無證不立,多引唐前古書爲據。其中孫毓注文、《字書》《孔子三朝記》等今皆亡佚,關係到較爲複雜的問題,下面逐一討論一下。

(一)引用孫毓、王肅舊注

1.**不我能慉**。董逌曰:孫毓、王肅《詩》並作"能不我慉",《説文》亦然。

今按:《説文》"慉"字下作"能不我慉"。③《正義》中未言孫毓、王肅注作此,然《孔疏》有云:"《傳》:'慉,養。'《箋》:'慉,驕。'徧檢諸本,皆云'慉養'。孫毓引《傳》云:'慉,興。'非也。《爾雅》不訓'慉'爲'驕',由養之以至於驕,故《箋》訓爲驕。"④而陸

---

① 胡承珙:《毛詩後箋》卷八,第 217 頁。
② 孫思邈:《備急千金要方》卷一,北京:中醫古籍出版社,1999 年,第 21 頁。
③ 許慎:《説文解字》,第 218 頁。
④ 毛亨傳,鄭玄箋,孔穎達疏:《毛詩注疏》卷二,第 204 頁。

德明《經典釋文》此"愔"字下注云:"許六反。毛,興也。鄭,驕也。王肅,養也。"①

可見,陸德明曾見的王肅本訓"愔"爲"養也",《毛傳》爲"興"。這與孔穎達所言"孫毓引《傳》云:'愔,興。'"一致。然而孔穎達言"徧檢諸本,皆云'愔養'",可見孔氏所見的不少版本與孫毓、陸德明已不同。臧庸《拜經日記》卷五云:"《釋文》序錄云:'晉豫州刺史孫毓爲《詩評》,評毛、鄭、王肅三家同異。今孫引《傳》云'愔興',是毛公不訓'養'矣。陸德明謂'毛,興也。王肅,養也。'最有區別,與孫所引《傳》正合。"②胡承珙《毛詩後箋》卷三亦云:"今本《傳》云'愔,養也',乃王肅所改。"③

又孔疏云:"'不我能愔',當倒之,云不能愔我。"④孔氏完全未提及有合于董逌所引作"能不我愔"的舊本,但依文義其認爲應倒作"不能愔我"。而上述孔氏明確引用了孫毓"愔,興"之言,則孔氏所見孫文僅有異文,未有倒文。

綜上,唐代流傳的各家注本都有不同,而即《毛傳》的本子,孔、孫等看到的亦有區別。董逌所引的孫、王之言,不見它書,可能是孔穎達等未見的版本。

2.**遹求厥寧**。董逌曰:孫毓引《詩》曰:"欥求厥寧。"

今按:《説文》:"欥,詮詞也。從欠從曰,曰亦聲。《詩》曰:'欥求厥寧。'"⑤古書"欥""聿"二字通,皆發語詞。戴震云:"凡《詩》中言聿、言曰,皆欥之通借。"⑥此詩《鄭箋》:"遹,述。",《毛傳》無釋,孔氏從鄭義。董逌所引作孫毓之言不見它書,然有《説文》印證,可見漢代即有此異文。

(二) 引用《字書》

《字書》見《隋書·經籍志》所載,有三卷及十卷兩種,不著作者,是南北朝時期的一部辭書,亡佚於宋代。⑦而南朝梁顧野王《玉篇》、唐陸德明《經典釋文》以及《一切經音義》等書大量引用《字書》的條目。清代龍璋、任大椿等學者依據這些文獻的援引,進行過輯佚,共得一千餘條。然而董逌所稱引的"字書"是泛指一般辭書字典,還是專指《字書》?是轉引它書,還是其親見此書?這些問題關係到《字書》的亡佚時間,須作一番推考,下面逐一進行分析。

---

① 陸德明:《經典釋文》卷五,第226頁。
② 臧庸:《拜經日記》卷五,《續修四庫全書》(第1158冊),上海:上海古籍出版社,2002年,第94頁。
③ 胡承珙:《毛詩後箋》卷三,第96頁。
④ 毛亨傳,鄭玄箋,孔穎達疏:《毛詩注疏》卷二,第204頁。
⑤ 許慎:《説文解字》卷八,第224頁。
⑥ 馬瑞辰:《毛詩傳箋通釋》卷二四,第865頁。
⑦ 以往對於《字書》研究較詳的是王燕《〈字書〉研究》(河南大學2008年碩士論文)、許啓峰《〈字書〉研究》(上海師範大學2008年碩士論文)然均對《字書》的亡佚時間考證未詳。

1. 兕觥其觩。董逌曰：《字書》作"兕觥其斛"，《説文》曰："兕角可以爲飲者也。"①後世作"觥"，誤也。許慎《説文》作"兕觵其斛"，"斛，角貌。"

今按：吳國武先生輯稿據《呂氏讀詩記》引文，云《字書》作"兕觥"。然檢《説文》云："觵，兕牛角可以飲者也。"②董逌又言後世"觥"有誤，則是以《説文》"兕觵"爲是。推敲原文，應是先舉《字書》作"兕觵"，次言後世作"觥"誤，復舉《説文》"兕觵其斛"爲據。故董逌原文應是："《字書》作'兕觵其斛'。"

《漢書·五行志》引《詩》同今本。《釋文》："觵，字又作觥。"《毛傳》："兕觥，角爵也。"《鄭箋》作"罰爵"。③而《毛詩·絲衣》篇亦有"兕觥其觩"句，下《釋文》云："觥，古橫反，罰爵也。字又作'觵'，同。斛，音虯，本又作'觩'。"④又《説文》云："俗觵從光。"⑤則知，觥'爲'觵'之俗字，音義無別。而此《詩》下《釋文》云："觩音虯，本或作'斛'。"⑥《左傳》引作"兕觵其觩"。《説文》無"觩"字，以"斛"爲"觩"，"角貌"。《周頌·良耜》"有捄其角"下，孔穎達云："此'有捄其角'與'兕觥其觩'、'角弓其觩'，觩皆與角共文，故爲角貌。"⑦

2. 威儀忯忯。董逌曰：《字書》以"忯"爲"儀"。毛以爲"媟嫚"。蓋溺於儀而不知禮，此宜以其媟嫚終也。

今按：《説文》："忯，威儀也。《詩》曰：'威儀忯忯。'"⑧《附釋文互注禮部韻略》："忯，媟慢也。《詩》：'威儀忯忯。'新制添入。"⑨(無忯字)後人多以毛《傳》爲正，董氏引《字書》，是從《説文》之義。

3. 小人所腓。董逌曰：按，《字書》："腓，脛腨也。"《易》之《咸》《艮》皆取象以著，其隨物以動也。

今按：《周易·咸卦》："咸其腓。"鄭注曰："腓，膊腸也。"⑩慧琳《一切經音義》卷七

---

① 此處吳國武輯稿據呂祖謙《讀詩記》，有脱字，今據段昌武《毛詩集解》補。
② 許慎：《説文解字》卷四，第111頁。
③ 毛亨傳，鄭玄箋，孔穎達疏：《毛詩注疏》卷一，第50頁。
④ 毛亨傳，鄭玄箋，孔穎達疏：《毛詩注疏》卷一九，第2014頁。
⑤ 許慎：《説文解字》卷四，第111頁。
⑥ 毛亨傳，鄭玄箋，孔穎達疏：《毛詩注疏》卷一四，第1237頁。
⑦ 毛亨傳，鄭玄箋，孔穎達疏：《毛詩注疏》卷一九，第2010頁。
⑧ 許慎：《説文解字》卷八，第201頁。
⑨ 丁度：《附釋文互注禮部韻略》卷五，《文淵閣四庫全書》(第237册)，上海：上海古籍出版社，2003年，第280頁。
⑩ 楊軍：《周易經傳校異》，北京：中華書局，2018年，第261頁。

十四云:"《字書》云:'蹲'謂腓腸也。《古今正字》从足尚聲,或作'腨'。"①《説文》:"腓,脛腨也。""腨,腓腸也。"②即小腿肚之義。值得注意者,此則董逌引《字書》與《一切經音義》所引相合,即知是《隋書·經籍志》所載六朝時之《字書》。

4. **四牡龐龐**。董逌曰:按《字書》訓釋、《説文》並以"龐"爲"高屋",蓋馬之高大也。

今按:《玉篇》云:"龐,高屋也。"③顔師古注《急就篇》云:"龐者,高屋之名。"④此董逌將《字書》與《説文》並舉,可見《字書》非是泛指,乃是專書。

綜上,由3、4兩則可知,董氏所引不是泛指,而和《一切經音義》等同類,即是《字書》。董逌之前北宋没有學者引用過《字書》,而南唐徐鍇的《説文解字繫傳》曾引用《字書》達七十餘則,且不見於的《玉篇》《一切經音義》等文獻。其解釋的詞語内容涉及草木、鳥獸、器具、地名、疾病等。這和《一切經音義》等引用規律相似(詳見王燕《〈字書〉研究》)。徐鍇卒于宋太祖開寶七年,故知北宋初年《字書》還存世。然而從現存文獻看,北宋之後,再無人大量引用過《字書》内容,零星所引的條目,都見於《説文繫傳》及《玉篇》《一切經音義》等書。可見在北宋中《字書》逐漸消亡。至北宋末年董逌《廣川詩故》又引用《字書》,今《詩故》輯稿雖僅有4則,除一則與《一切經音義》相合,餘不見它書。以《詩故》原書四十卷推理,則董逌引用數量可能更多。應是董氏見過當時還流傳的《字書》,並非是轉引自其它文獻。整個北宋僅見徐鍇與董逌集中引用過《字書》,其後學者偶爾稱引《字書》再未見出於前人援引範圍。可見隨北宋滅亡,原本流傳稀少的《字書》最終亡佚不存了。

(三) 引用《孔子三朝記》

1. **鞙琫有珌**。董逌曰:此本出于《三朝禮》,故許慎以此證書。

今按:此所言出《三朝禮》者不見它書所載,所謂"許慎以此證書",乃指《説文》:"珌,屬。从玉必聲。《禮》:'佩刀,士珌琫而珧珌。'"⑤吴國武先生輯稿云是《説文》所引《逸禮》。筆者以爲即《孔子三朝記》。《孔子三朝記》七篇,又稱《三朝記》《禮三朝》等,據傳是孔子門徒所作。最早見《别錄》所載:"孔子見魯哀公問政,比三朝,退而

---

① 徐時儀校點:《一切經音義三種校本合刊》,上海:上海古籍出版社,2008年,第1821頁。
② 許慎:《説文解字》卷四,第103頁。
③ 顧野王:《大廣益會玉篇》卷二二,第762頁。
④ 《急就篇》卷一,《文淵閣四庫全書》(第223册),上海:上海古籍出版社,2003年,第13頁。
⑤ 許慎:《説文解字》卷一,第11頁。

爲此記,故曰"三朝",凡七篇,並入《大戴》。"①

又陳壽《三國志》卷三十八裴松之注云:

> 劉向《七略》曰:"孔子三見哀公,作《三朝記》七篇,今在《大戴禮》。"臣松之案:"《中經部》有《孔子三朝》,八卷。一卷目録,餘者所謂七篇。"②

然此書早已亡佚,偶見《白虎通義》《五經異義》《水經注》等古籍有所引用。其成書時間、作者、内容及流傳情況,學界聚訟紛紜。宋人除董逌此條外,再未有稱引《三朝記》超出前人範圍者。③且一般認爲《三朝記》漢代時合入《大戴禮記》,單行本逐漸失傳。至於收入《大戴禮記》的部分,亦隨《戴禮》散佚而湮没。後王應麟提出《大戴禮記》中的《千乘》《四代》《虞戴德》《誥志》《小辨》《用兵》《少間》七篇,即是此書。(王應麟《漢藝文志考證》卷四)然缺乏實際依據,且前人明確引用的《三朝記》文字多與此七篇不同。

上董逌言《詩》"鞞琫有珌"一句出《三朝記》,很難考證是出自轉引還是董氏猶見此書。其云《説文》亦據《三朝記》,而許慎所引除了"《禮》'佩刀士珕琫而珧珌。'"一句外,《説文》尚云:

> 鋆,金之美者,與玉同色。《禮》:"佩刀,諸侯鋆琫而璆珌。"
> 珧,蜃甲也。《禮》云:"佩刀,天子玉琫而珧珌。"④

則此亦是董氏所謂《三朝禮》者。而此句《毛傳》云:"鞞,容刀鞞也。琫上飾,珌下飾也。天子玉琫而珧珌,諸侯鋆琫而璆珌,大夫璙琫而鏐珌,士珕琫而珧珌。"⑤正與《説文》内容相合,但《毛傳》並未言出自《禮》書。

又明代何楷《詩經世本古義》云:"愚按,《三朝禮》言:'天子玉琫而珧珌,諸侯鋆琫而璆珌。'則琫字雖从玉而非玉名,乃刀鞘受飾之處。"⑥雖然何楷時代較晚,且《詩經世本古義》所引古佚書情況十分複雜,不過此句作《三朝禮》與前所述頗有印證。清代丁晏《毛鄭詩釋》卷二曾總結:

---

① 司馬遷:《史記》卷一,北京:中華書局,1982年,第4頁。
② 陳壽:《三國志》卷三八《秦宓傳》,北京:中華書局,1982年,第974頁。
③ 朱贊贊《〈孔子三朝記〉考述》(曲阜師範大學2011年碩士論文)第14頁,認爲南宋羅泌《路史》尚引"西王母來獻白玉琯"一則是自《三朝記》。其實此是羅氏轉引晉郭璞《山海經注》。
④ 皆見《説文解字》卷一,第13頁。
⑤ 毛亨傳,鄭玄箋,孔穎達疏:《毛詩注疏》卷一四,第1228頁。
⑥ 何楷:《詩經世本古義》卷一,第21頁。

《説文》所稱"禮"者,蓋《逸禮》也。《爾雅》者,六經之訓詁也。其《釋器》一則云:"黄金謂之璗,其美者謂之鏐。白金謂之銀,其美者謂之鐐。"又云:"以蜃者謂之珧。"豈非以禮有成文而爲是説與?毛公《詩傳》多識,故實可以補傳記之缺。學者省之。①

雖然丁晏因爲没有見到董逌和何楷的言論,而不明此句毛公是引自《三朝記》,不過其通過漢代文獻,意識到《毛傳》此句是"禮有成文",確有識力。其實所謂的《逸禮》即是《三朝記》。

(四)引用江左本及其他古本

1. **静女其姝**。董逌曰:隋得江左本作"静女其妭"。妭,好也。

今按:《説文》:"妭,好也。"②《正義》僅引《説文》作"妭",未言江左本,董逌所言江左本亦不見其它文獻。何楷《詩經世本古義》云:"董氏云:隋得江左本作'妭'。豐氏、石經本亦作'妭'。"③

2. **鞙鞙佩璲**。董逌曰:古《爾雅》曰:"皋皋、琄琄,刺素餐也。"《釋》曰"琄琄佩璲",則古字作"琄"。今《爾雅》作"鞙"。

今按:董逌言:古作"琄",今《爾雅》作"鞙"。然今本《爾雅·釋訓》即作"琄琄,刺素食",下郭注引《詩》作"鞙鞙佩璲"。④《毛詩正義》等同,獨《附釋文互注禮部韻略》云:"鞙鞙佩璲,《爾雅》:'皋皋、鞙鞙,刺素餐也。'"⑤董逌所言古《爾雅》却與今版同,或宋時尚有别版《爾雅》,或董逌錯據《禮部韻略》。

3. **嘉殽脾臄**。董逌曰:舊書作"加殽",定本作"嘉",唐改從定本。

今按:《毛傳》:"臄,函也。"《鄭箋》曰:"以脾函爲加,故謂之嘉。"《孔疏》云:"定本、《集注》經皆作'嘉',《箋》以脾函爲加,故謂之嘉,是嘉美之嘉也。"又云:"以脾函爲加助,故謂之嘉"⑥

以此看,孔穎達見到有異文作"加"的古本,其又檢定本、《集注》,"經皆作嘉",故不敢破。而鄭玄見到的版本是作"嘉",所以其云"以脾函爲加,故謂之嘉"。孔氏云:

---

① 丁晏:《毛鄭詩釋》卷二,《續修四庫全書》(第71册),上海:上海古籍出版社,2002年,第369頁。
② 許慎:《説文解字》卷一二,第325頁。
③ 何楷:《詩經世本古義》卷二〇,第707頁。
④ 周祖謨:《爾雅校箋》卷上,第41頁。
⑤ 丁度:《附釋文互注禮部韻略》卷三,第219頁。
⑥ 毛亨傳,鄭玄箋,孔穎達疏:《毛詩注疏》卷一七,第1564頁。宋單疏本作"嘉",監本、毛本、閩本作"加",今點校本據單疏本。

"正饌以外,所加嘉殽,則脾之與臄。"可見是暗申《鄭箋》。不過鄭玄用"加"來解釋"嘉",言正饌之外,另有加膳,是其好以禮學解經,並非表示有古本作"加"。推敲董逌話意,所謂的"舊本"似就是據《鄭箋》《孔疏》推測,並非親見有舊本。又《玉篇》《文選》王粲詩注皆引作"嘉殽",亦見董逌"唐改從定本"之言不安。

4. 贈之以勺藥。董逌曰:《古今注》謂"勺藥,可離",《唐本草》:"可離,江離。"然則勺藥,江離也。

今按:《毛傳》:"藥芍,香草。"陸璣《草木疏》云:"今藥草芍藥無香氣,非是也。"①《經典釋文》引《韓詩》云:"離草也。言將離別贈此草也。"②毛公以藥芍爲香草,然陸璣云無香氣,非是。《韓詩》作離草。各家相異。故董逌引《古今注》《唐本草》爲證,申《韓詩》之義。《唐本草》今已散佚,然宋人引此書頗多,是其時尚有傳本。

5. 遭我乎峱之間。董逌曰:"考於《地記》,巎、峱、巙皆山名,在齊之郊,故諸書或異。"

今按:《説文》云:"峱山在齊。"③《經典釋文》曰:"'峱',崔《集注》本作'巎'。"④《漢書·地理志》顏師古注云:"《毛詩》作'還',《齊詩》作'營'。巎,山名也,字或作峱,亦作巙。"⑤由於此句異文較多,故董氏引《地記》之言,意在言此皆齊郊之山名。

關於此處所引《地記》是何書,亦有疑問。吳國武先生輯稿中認爲即是《新唐書》著録的晏模《齊地記》兩卷。是書久已亡佚,難以印證。吳文理由是董逌的《廣川書跋》中亦引過此書,此外可能亦因此條記録的是齊地山名。然筆者查檢《廣川書跋》,見董氏引《地記》三則,皆未云晏模或《齊地記》。其中卷二"石鼓文辯"條,董氏云:"宣王狩于敖,其在《地記》則著敖亭。"⑥而敖亭在河南,並非齊地。再者,晏模之《齊地記》,或作晏謨《齊記》,似乎無省稱《地記》者。即便是記録齊國地理的《齊地記》,漢唐之間尚有、伏琛《齊記》、解道康《齊地記》等。相關論述可參考崔敏、胡阿祥的《晏謨及其〈齊記〉》。⑦

---

① 陸璣:《毛詩草木鳥獸蟲魚疏》卷上,第11頁。
② 毛亨傳,鄭玄箋,孔穎達疏:《毛詩注疏》卷四,第446頁。
③ 許慎:《説文解字》卷九,第237頁。
④ 陸德明:《經典釋文》,第255頁。
⑤ 班固:《漢書》卷二八《地理志》,第1660頁。
⑥ 董逌:《廣川書跋》,杭州:浙江人民美術出版社,2016年,第24頁。
⑦ 崔敏、胡阿祥:《晏謨及其〈齊記〉》,《南京曉莊學院學報》,2015年第1期。

而宋段昌武《毛詩集解》引此云:"董曰:'考《輿地記》:巘猲巇皆山名,在齊之郊。'"①則南宋時段氏所見董逌之文,乃是出自《輿地記》。上吳文所引"考於《地記》"之言,似是因呂祖謙《讀詩記》誤"輿"爲"於"。而董逌所引《輿地記》應是南朝顧野王之《輿地記》,又作《輿地志》,其《廣川書跋》中亦引過此書。

四 結語

綜上,董逌《詩故》中所引的各種古書逸文,對現今研究漢唐注疏和寫本時代到刻本時代的文獻信息傳播、定型有很大啓發。通過逐條梳理,目前不宜定論董逌引據的三家《詩》、江左本、漢唐古注的來源。此包含兩層:一者不確定董氏是見到單行的成書還是他書轉引的零散文句,二者不確定所見文獻是後世杜撰還是漢唐寫本內容的可靠流傳。董逌也曾對自己看到的《齊詩》表示"或疑後人託",也無怪陳鱣云"其言《齊詩》及石經、崔靈恩《集注》、江左古本多僞託"。基於此,現今若據董逌引用而推定唐前一些古書在北宋後期尚存便要極其審慎了。

但董逌提供的古注文字,依然透露了大量與漢唐傳世文獻有重要應證的信息。尤其那些和漢人若合符契的例證,顯示了這些古注異文有更早的淵源。同時表明《毛詩》異文有一部分是在漢代以後傳寫形成的異文,與三家《詩》無涉。此外,大量不見於孔穎達《正義》中的崔靈恩《集注》文字,除了可補崔靈恩學術研究和討論孔穎達取捨唐前舊注;更説明寫本時代崔靈恩《集注》在被傳鈔、引用過程中形成了歧異。這些歧異信息經過唐、五代進入宋代,有的進入刻本被固定、繼續傳播,有的被掩蓋、淘汰。董逌的援引則將部分掩蔽的遺跡保存下來,但由於源流的暗昧,使得這些本來可能同源的信息,成了用來比勘、質疑傳世刻本的材料。

此外,在這些複雜、淆亂的文字中,我們比較容易體會到寫本時期那種文獻傳寫不定、歧異蜂出的景象。但更應指出的是,在北宋學者漸漸沉浸在刻本時代的環境,他們面對這樣的過渡和變化是什麼樣的心態,抑或大部分當時學者並沒有一種自覺去體認。所以北宋的學者僅僅是作爲訓詁的異文記載下這些材料,南宋朱熹等學者僅僅是懷疑董逌引書的出處。而由於像董逌這樣專嗜搜集、研討與漢唐經典定本歧異材料的學者鳳毛麟角,這樣的著述在當時不多,被同時代學者認可、推揚的更少。可知傳世的

---

① 段昌武:《毛詩集解》,《文淵閣四庫全書》(第74冊),上海:上海古籍出版社,2003年,第559頁。

漢唐經典注疏的定本,在北宋即是被學者傳播、接受的對象。這和後代的明清有本質的區別,因爲北宋學者尚可看到不少唐、五代的文本實物,完全有機會和條件搜集。究其原因主要是北宋學者對這些歧異文字的觀念,他們潛意識中已經形成傳世刻本經典的定型意識,又尚未有清代那樣成熟的樸學。所以客觀上無力深究複雜、淆亂的歧異材料,主觀上棄置、忽視那些定本外流傳的歧異文字,可能形成一種"集體無意識"。董逌《詩故》的引書問題,除了文獻材料的保存,價值更在於提供了分析北宋,這一從寫本時代到刻本時代古書古注、知識信息傳播、接受問題的綫索和標本。

作者簡介:

朱學博,男,1989 年生,安徽合肥人,重慶大學人文社科高等研究院副教授。主要研究領域爲宋代《詩經》學、宋代文獻學,近年代表性論著有《楊時身後形象的人爲塑造》(《復旦學報(社科版)》2020 年第 3 期)、《歐陽修〈韓文公別傳後序〉辨僞》(《文學遺産》2019 年第 5 期)。

内野本《古文尚書》旁注《經典釋文》考論*

吴揚廣

内容摘要 内野本《古文尚書》的旁注文本十分豐富,其中以《經典釋文》最爲重要。在對全卷文本進行細讀的基礎上辨認出《釋文》文本,參校敦煌本《釋文》和其他日藏古鈔本《尚書》,分爲"異文"和"佚文"兩部分進行詳細考證,進而推測其文本來源於未經開寶改定的古本《釋文》系統。藉助内野本《釋文》,可以訂正今本的譌誤,恢復《尚書釋文》原貌,也有利於重新認識開寶改字以及《經典釋文》的文本社會史。

關鍵詞 内野本《古文尚書》 《經典釋文》 文獻價值

内野本《古文尚書》十三卷,鐮倉後期影鈔本,①現藏於日本静嘉堂文庫。此本係據沙門素慶刊本(元亨二年,1322)影鈔,而後者又承唐寫本而刻之,②故内野本《尚書》實即唐寫本之支流餘裔,其祖本保存了許多天寶年間衛包改《尚書》古字爲今字以前

---

* 拙文初稿撰成於2019年11月,次年7月15日宣讀於湖南大學嶽麓書院"第十一届全國高校史哲論壇",2021年3月30日有幸得到錄用。後見陳亮亮《日藏内野本〈古文尚書〉附〈經典釋文〉考論》一文(2022年7月17日宣讀於"第三届華中大語言論壇",發表於《古漢語研究》2022年第4期),其中涉及的不少問題與筆者所論頗爲接近,而論證思路與側重點有所不同。考慮到筆者對内野本《釋文》的文本源流問題已有新的看法,擬另撰一文展開討論,故今删去舊稿第三節"論内野本《釋文》的性質與年代",僅保留其中關於版本來源的論述,其他内容基本上因仍舊稿,不避剿説之嫌,亦不事於論辯,讀者不妨合觀。在修訂過程中,蒙業師許建平教授、嶽麓書院蔣鵬翔老師、馬濤老師以及陳肖杉、肖鴻哉、羅遠、謝葆瑭、洪鎬男等學友指正,特此致謝!

① 此據日本天理館《善本叢書·解説》,見劉起釪:《日本的尚書學與其文獻》,北京:商務印書館,1997年,第94頁。島田翰則以爲鈔寫時間在曆應(1338—1342)、貞和(1345—1350)年間,見氏著:《古文舊書考》,杜澤遜、王曉娟點校,上海:上海古籍出版社,2014年,第233頁。關於内野本概況,亦可參李慶:《内野皎亭本〈尚書〉和有關的幾個問題》,劉玉才、潘建國主編:《日本古鈔本與五山版漢籍研究論叢》,北京:北京大學出版社,2015年,第10—12頁。

② 劉起釪:《日本的尚書學與其文獻》,第78、93—95頁。

的文本樣貌。① 唐寫本今已不存,素慶刊本亦止見載於島田翰《古文舊書考》,欲考究《古文尚書》全帙唐本舊貌,可據的最早版本即爲此本。② 吉川幸次郎跋云:

> 按孔《傳》舊本首稱敦煌石室唐人鈔本,我邦九條、岩崎、神田諸本亦可驂靳。然皆爛脱,非復完帙,多僅盈卷,少則數行,圭斷璧零,覽者恨之。惟此册鈔寫稍晚,而首尾無闕,枚本完帙存乎今者,蓋莫舊於此焉,是以當世嘖嘖稱之。然未有取而細讀焉者,有之,蓋自我室始。……此本古字與唐鈔合,與薛士龍本不合,明隸古真傳在此而不在彼。……此本行間坿記《釋文》與今本多異,當採自陸氏原本。……此本和訓甚密,當出於明經博士舊讀。③

由此可見内野本《古文尚書》的文獻價值之一斑。目前學界主要將其作爲一種重要的《尚書》經注版本,用作校讎學之資;④或者重點關注其中所保存的隸古字,以爲文字學之助。⑤ 而對於此本行間與卷眉所附的《經典釋文》條目(以下簡稱"内野本《釋文》"),却並未見專事蒐羅考證者。雖然吉川氏在跋文中已經舉示了其中文例若干,並認爲其"當採自陸氏原本",但不無遺憾的是,其所主持編撰的《尚書正義定本》因旨意在於"庶此疏讀,傅彼經傳",⑥而不及《釋文》之校定。與此同時,《經典釋文》的校勘與考訂亦尚未注意到日本所存《尚書》寫本中附有的《釋文》。⑦

由於内野本《古文尚書》的旁注文本較爲複雜,我們進行考論的前提是區分不同文本的類别和歸屬,從而劃定出我們的研究對象,即内野本《釋文》。將其與敦煌本、今本對校,⑧爲了叙述的方便,並更好地展現其文本特點,我們將分"異文"和"佚文"

---

① 島田翰、俞樾以爲此本出於吕大防刻本,吉川幸次郎非之。見島田翰:《古文舊書考》,第233、239—240頁;俞樾:《内野本跋》,載顧頡剛、顧廷龍編:《尚書文字合編》,上海:上海古籍出版社,1996年,附錄三,第457頁;吉川幸次郎:《内野本跋》,載顧頡剛、顧廷龍編:《尚書文字合編》,附錄三,第462—463頁。
② 據島田氏所述,又有所謂永正三年(1506)覆元亨本(元亨本即素慶刊本),不知今日尚存與否。而足利學校所藏舊鈔本,即山井鼎《七經孟子考文》所引古本,又據此永正本傳鈔,其卷十以下又依他本補鈔,距離素慶刊本原貌更遠。島田翰:《古文舊書考》,第234—235頁。
③ 吉川幸次郎:《内野本跋》,收入顧頡剛、顧廷龍編:《尚書文字合編》,附錄三,第459—462頁。
④ 如東方文化研究所經學文學研究室編:《尚書正義定本》,南京:鳳凰出版社,2016年。
⑤ 如小林信明:《古文尚書の研究》,東京:大修館書店,1959年;林志強:《古本〈尚書〉文字研究》,廣州:中山大學出版社,2009年。
⑥ 東方文化研究所經學文學研究室編:《尚書正義定本》,第5頁。
⑦ 如黄焯:《經典釋文彙校》,北京:中華書局,1980年。
⑧ 本文對校的"今本",爲宋元遞修本《經典釋文》(上海:上海古籍出版社,1985年)。參校通志堂經解本(北京:中華書局,1983年),並參黄焯《匯校》(北京:中華書局,1980年)。

兩部分進行考證,①在此基礎上探討內野本《釋文》所具備的文獻價值。

一　內野本《釋文》異文考

內野本《釋文》所有條目中,最爲直觀的異文有三類:一是異音、義訓、提示文之刪削,②二是語助、副詞之增易,三是文字之異形或俗寫。不過,這三類異文皆屬於內野本《釋文》的"寫本個性",因系寫鈔,便難以避免部分文字的衍奪,且鈔者本身有着較爲明確的旨趣,在鈔録《釋文》時傾向於取音而捨義。因此,上述異文並不能反映另一種《經典釋文》的版本,故非本文關注的重點。我們主要考察的是關係《釋文》文本之是非與源流者,共輯得175條,其中明確可考爲優於今本者,釐爲兩類,加以辨證。

（一）訂今本之謁

篇目	出文	內野本③	今本
《堯典》	放	放往反。注同。徐云：鄭如字。	方往反。注同。徐云：鄭王如字。

按："放"屬《廣韻》幫紐,"方"分屬幫、並二紐,於《釋文》音系屬幫紐,④故"方往反"與"放往反"同音,然切上字與被切字同作"放",《釋文》無此例,蓋有譌誤,同篇"放齊"內野本亦音"方往反"可證。又孔《傳》云："言堯放上世之功化。"《正義》曰："曰此帝堯能放效上世之功。"則放猶倣也,讀上聲;其如字讀者,爲去聲。《經典釋文》於《舜典》一篇既用王肅注,而敦煌本《舜典釋文》"帝乃殂落"作"放勳乃殂落",注音"方往反",然則王音實與孔音同,非如字讀,內野本無"王"字,蓋非無據,今本"王"字當衍。今本"王"字,疑據"方命圯族"《釋文》"徐云：鄭、王如字",以爲鄭、王並讀爲放之去聲,故於此增補一"王"字。不知彼乃鄭、王讀"方"爲"放",此則鄭讀"放"爲"倣"而王如字讀之,必不可牽合。

篇目	出文	敦煌本	內野本	今本
《舜典》	刲	扶貴反。（後略）	扶貴反。（後略）	扶味反。（後略）

按："貴"與"味"皆屬《廣韻》去聲未韻合口三等,皆可通。"扶貴反"今本《釋文》

---

① 二者的劃分標準是《釋文》條目,所以同一條目中內野本《釋文》較今本《釋文》多出的注文將歸入"異文"而非"佚文"。
② 異音包括又音和各家之異讀；提示文指《釋文》中"下同""注同""上……下……"等類型的文字。
③ 爲省篇幅,表頭不盡出,本節音義出兩欄者,前爲內野本,後爲今本。
④ 《釋文》之音系,皆參邵榮芬：《〈經典釋文〉音系》,臺北：學海出版社,1995年。

僅一見,且爲"蜚"字之音,"扶味反"則屢見。然内野本與敦煌本同,蓋有所承。頗疑《釋文》經宋人改動時,不僅有改其音切以適應當時實際語音的做法,① 而且還有一定程度上的整齊劃一之舉,以求《釋文》音切的統一,但並未過於嚴苛,故兩類更改都仍保留痕跡,前者如改"仕居反"爲"仕俱反",後者即如此例與下一例。以音切正誤而論,固皆不誤,但以更加接近古書原貌的角度而言,"貴"字當是。

篇目	出文	敦煌本	内野本	今本
《舜典》	黜	勅律反。(後略)	勅律反。	丑律反。

按:"勅"屬《廣韻》來紐,爲"敕"字之俗寫,段玉裁謂"俗誤用爲'敕'字"。"敕"徹紐,"丑"亦徹紐,皆可通。二者皆爲《釋文》經見,而内野本合於敦煌本。又《尚書序》"讀《易》道以黜八索",内野本《釋文》注"丑律反",同今本;《周官》"大明黜陟",内野本注"勅律反",而今本無之。此外,《益稷》傳"泥乘輴",今本《釋文》"丑倫反",内野本作"勅倫反",皆爲同一組異文。

篇目	出文	内野本	今本
《大禹謨》	戾	力計反。	連弟反。

按:"力""連"《廣韻》皆屬來紐,"計"屬去聲霽韻開口四等,"弟"分屬上聲薺韻、去聲霽韻開口四等,"弟"於《釋文》音系亦然。"力計反"爲《釋文》"戾"字常音,"連弟反"音切僅此一見,内野本當是。何煌云:"弟,元版注疏附音作悌。"② 盧文弨謂作"弟"字譌,改從"悌"。③ 按"悌"於《廣韻》《釋文》亦分屬上聲薺韻、去聲霽韻開口四等,但《釋文》"弟"如字讀屬上聲,④ 讀去聲即通"悌",用作反切下字,"弟"與"悌"別,作"悌"當出後人改正,音切固無不合,而非《釋文》原貌。

《益稷》	殄	徒典反。	徒現反。

按:"典"《廣韻》屬上聲銑韻,"現"屬去聲霰韻。今本《釋文》"殄"皆音"徒典反","徒現反"僅此一見,當誤。《九經三傳沿革例‧音釋》云:"有一音而前後自差雜者,如《書‧舜典》'朕聖讒説殄行',殄訓絶,凡書中'殄'字皆'徒典反',係上聲,惟《益稷》'用

---

① 參張美:《日本金澤文庫手鈔本〈春秋經傳集解〉所附釋文的校勘價值》,《成都大學學報》(社會科學版)2019年第5期。
② 黃焯:《經典釋文彙校》,第31頁。
③ 盧文弨:《經典釋文考證》,民國十二年(1923)北京直隸書局影印常州龍城書院刊本。
④ 參金周生:《〈經典釋文〉"如字"用法及音讀考》,載中國訓詁學會主編:《訓詁論叢》,臺北:文史哲出版社,1994年,第138頁。

殄厥世'乃'徒現反',則去聲矣。及考監韻只收上聲,不收去聲,烏有義同而音異哉? 合改爲'徒典反'。"①其說雖是,終非就《釋文》以論《釋文》,今得內野本《釋文》,方爲確據。

篇目	出文	內野本	今本
《益稷》	弗子	如字。徐將吏反。	如字。鄭將吏反。

按:《禮記·樂記》"易直子諒之心",《釋文》:"如字,徐將吏反。"《祭義》"易直子諒之心",《釋文》:"如字,徐將吏反。下及注同。"《中庸》"子庶民",《釋文》:"如字,徐將吏反,愛也。下句放此。"則"將吏反"必爲徐音甚明。今本作"鄭"當譌,賴內野本以證其非。若非如此,則或本當作"徐云:鄭將吏反",《釋文》所引鄭音有轉據徐邈者,吳氏謂此音爲後人比附鄭意,又以徐音同鄭,②不爲無見;若然,則今本奪"徐"字,內野本又偶奪"鄭"字。要皆以內野本"徐"字必有所據。

| 《禹貢》 | 道:音導。 | 導:音道。 | |

按:P.5522《禹貢》殘卷、九條本、王朋甫本《尚書》經文皆作"道",則《釋文》出文當作"道",注文當爲"音導",此於《釋文》全書常見。後人改經文作"導",開寶間並改《釋文》出文與注文。③ 內野本此經文已從後來作"導"之本,鈔者所見《釋文》與之不合,故並取出文於前,而其注文"音導"當不誤。

| 《禹貢》 | 伾 | 備悲反,又鄙皮反。 | 本又作岯,音丕,又皮鄙反。徐扶眉反,又敷眉反,韋音嚭,郭撫梅反。字或作䱛。 |

按:兩本所出各音,除"備悲反"與"扶眉反"《廣韻》同屬並紐脂韻開口三等之外,各音分別不同。"鄙皮反"屬幫紐支韻,"丕"屬滂紐脂韻,"皮鄙反"屬並紐旨韻,"敷眉反"屬滂紐脂韻,"嚭"屬滂紐旨韻,"撫梅反"屬滂紐灰韻。九條本旁注"備悲反"與"皮鄙反",④可證內野本前音當有據,後音誤倒。又《爾雅·釋山》"坯"字注:"或作'伾',備悲反,又備美反。沈五窟反。韋昭音《説文》作'坏'。"亦可爲證,其"備美反"亦屬並紐脂韻開口三等,與《禹貢》"伾"字又音相同。內野本此處當爲節錄,故諸音不全。

篇目	出文	今本
《盤庚上》	弇。	掩:本又作弇。

---

① 岳濬:《相臺書塾刊正九經三傳沿革例》,清嘉慶十九年汪昌序影刻本,第14頁。
② 黃焯:《經典釋文彙校》,第32頁。
③ 黃焯:《經典釋文彙校》,第33頁。
④ 顧頡剛、顧廷龍編:《尚書文字合編》,第382頁。

按:今本"弇"字前有"本又作"三字。"掩",敦煌本 P.2643 殘卷、P.3670 殘卷及岩崎本之經文皆作"弇",①可證原本《尚書》當爲"弇",則《釋文》注文當作"掩"。按《禮記・檀弓下》"揜坎",《釋文》:"本又作掩,於檢反。"《王制》"諸侯不掩群",《釋文》出文作"揜",云:"音掩,本又作掩。"《禮記・雜記上》"豚肩不揜豆",《釋文》出文作"弇",云:"於檢反,本亦作揜。"然則"弇""揜""掩"三字異文由來有自,而《釋文》多從"弇"和"揜",以"掩"爲別本。此内野本經文作"掩",旁注一"弇"字,不附"扌"與"本"字,蓋其所據《釋文》出文作"弇",注文作"掩",鈔者僅録出文。若非如此,則内野本所據《釋文》亦同今本,鈔者略去"本又作"三字,然此於内野本《釋文》更無他例。

篇目	出文	内野本	今本
《梓材》	爲	于僞反。	于威反。

按:"威"《廣韻》屬平聲微韻,與"僞"屬去聲寘韻、"爲"屬平聲支韻或去聲寘韻不合。今本《釋文》"爲"或"如字",或音"于僞反",前音於《廣韻》屬支韻。今本誤,内野本是。

| 《吕刑》 | 俾我 | 絶句。俾必尒反。(後略) | 絶句。上必尒反。(後略) |

按:今本《堯典釋文》"復求:上扶又反""共工:上音恭""都於:下音烏""朝臣:上直遥反""女:上惡據反",《舜典釋文》"共工:上音恭""伯與:下音餘",P.3315 並無"上""下"字,論者以爲開寶所加,②雖未必然,但内野本作"俾必尒反",當有所據。

(二)補今本之闕

1.釋音

| 《尚書序》 | 夏 | 户雅反。 | 禹天下號也,以金德王,三王之最先。 |

按:《釋文》"户雅反"爲"夏"字常音,今本於此當奪。若謂此"唐""虞""夏""商""周"皆釋義,故皆省其音,則不然,檢《釋文》於"夏"以外四字皆不釋音,有之則因有異讀之故,如《周易・兑卦》"商兑未寧",《釋文》:"如字。商,商量也。鄭云:隱度也。"鄭蓋音"章"。又《費誓》"我商賚爾",《釋文》:"如字,徐音章。"此外未見。《釋文》全書於此首音"夏"字,當本有音,内野本諸字釋義皆不取,唯此釋音則存之。

| 《大禹謨》 | 楯 | 食允反,又音允。 | 食允反。 |

---

① 顧頡剛、顧廷龍編:《尚書文字合編》,第 862、865、874 頁。
② 趙曉東、錢宗武:《〈尚書音義〉刪改發微——以〈堯典釋文〉爲考察中心》,《遼寧大學學報(哲學社會科學版)》,2015 年第 1 期。

按:今本無"又音允"三字。"食"屬船紐,"允"屬以紐。今本《釋文》"楯"字(或"盾"①)有此又音者二十三見,於此或奪。

篇目	出文	内野本	今本
《益稷》	粉米	徐方憤反。徐本作絥,音米。	《說文》作黺絥。徐本作絥,音米。

按:"粉"與"方憤反"《廣韻》同屬幫紐上聲吻韻合口三等。今本《釋文》音"粉"字者僅一見,《周禮·冬官·慌氏》"淫之以蜃"郭《注》"玄謂淫,薄粉之",《釋文》:"如字,劉方問反。""問"去聲,則此處徐音"方憤反"即是"如字"讀上聲,蓋此字常見,諸家不音,唯徐音之,《釋文》收錄,後人又以"粉"字常見而刪去。内野本引徐音必有據,無容虛造,今本奪之。而今本所引《說文》,轉爲内野本所捨,當亦陸書原有。

| 《禹貢》 | 逮 | 音代。《字林》大計反。 | 音代。 |

按:《周易·旅卦·六五》之《象傳》"終以譽命,上逮也",《釋文》:"音代,一音大計反。"此音他卷概不少見,按陸德明《條例》云:"其'或音''一音'者,蓋出於淺近,示傳聞見,覽者察其衷焉。"則"大計反"《釋文》以爲俗音,後世於此輒刪之,賴内野本以知其出於《字林》。② 内野本必非無憑虛造。若謂内野本鈔者自取《字林》音於此,則非是,因爲《字林》應當已不存世,若得見《字林》原本而僅錄其三條於内野本《古文尚書》行間,尤不合情理。

| 《禹貢》 | 匯 | 徐胡罪反,《字林》口淮反,韋空爲反。 | 徐胡罪反,韋空爲反。 |

按:《廣韻·皆韻》"匯"字注云:"澤名,苦淮切。又胡罪切。""苦""口""空"同屬溪紐,則此《字林》音合於《廣韻》之正讀,徐音合於《廣韻》之又讀。然而"口淮反"現存韻書雖無此切,但内野本既引《字林》,則必有據,《廣韻》博採舊時音義,蓋即取自《字林》或者別本《釋文》。"淮"屬皆韻,與韋音"爲"屬支韻異。此條所引《字林》音在徐、韋二音之間,可證此《字林》爲《釋文》原文所引無疑。

| 《禹貢》 | 滎 | 岐扃反,渠營反。 | 岐扃反。 |

按:"滎"《廣韻》在群紐清韻,"岐""渠"聲同,"扃""營"韻不同,於《廣韻》分別屬青、清二韻。按"渠營反"見於《一切經音義》,今本《釋文》有"其營反""求營反""巨

---

① "楯"字段玉裁《說文注》:"古亦用爲'盾'字。"
② 《字林》輯者並未及此條,下同。參任大椿:《字林考逸》(附陶方琦補本),江蘇書局光緒十六年(1890)刻本;簡啓賢:《〈字林〉音注研究》,成都:巴蜀書社,2003年。

營反",與"渠營反"同,此音有據。又島田本所附《釋文》亦列二切,① 可爲補證。

篇目	出文	内野本	今本
《吕刑》	刵	徐如志反,截耳也。《字林》牛𠂹反。	徐如志反。

按:今本此條在"劓"字條之後,《尚書》原文作"劓刵"。孔《傳》云:"於是始大爲截人耳鼻。"《正義》曰:"刵,截人耳。劓,截人鼻。"似其底本亦作"刵劓",今本倒,内野本《古文尚書》存原本。"截耳"爲"刵"字常訓,所引《字林》必當有據。《集韻》"刵"字有"牛吠切"一音,"𠂹"疑即是"吠"字。

2.釋形

篇目	出文	敦煌本	内野本	今本
《舜典》	蓺	(前略)又馬、王云:禰也。本又作祢。(後略)②	(前略)馬、王云:祢也。或本又乍祢。	(前略)馬、王云:禰也。

按:據《說文》,"尒"訓爲"詞之必然也",經典假借"爾"字爲之,而後世寫本多從簡寫作"尔",故推"禰"字寫作"祢",其實並無古字依據。内野本兩字皆作"祢",前者當爲鈔寫者偶誤,而所出或本,則與敦煌本合,今本爲後人所删。

篇目	出文	内野本	今本
《益稷》	距	音巨,或乍岠。	音巨。

按:《詩經·小雅·雨無正》鄭《箋》"又患不能距止之",《釋文》:"本又作岠,③音巨。"《爾雅·釋言》郭注《釋地》曰:'岠齊州以南。'",《釋文》:"又作岠,同音巨。"皆與此内野本近。今本蓋奪之。

《盤庚上》	射	又乍躲。	食夜反。

按:岩崎本作"射",旁注"食亦反""食夜反"二音,④ 可證今本"食夜反"爲是,内野本不録此音。今本《釋文》音"射"以"食夜反"(神夜反同)、"食亦反""音亦"三音,但見"食夜反"爲"音亦"之又音,未見"食亦反""食夜反"互爲又音之例,"夜"與"射"

---

① 見顧頡剛、顧廷龍編:《尚書文字合編》,第1485頁。
② "本又作祢。乃礼反。考𤔲"爲另一出文"禰"之注文,爲今本所無。按原本《釋文》中,《舜典》系用王肅注,王注既云"禰也",故《釋文》音之,今本删去,以今本已改用姚方興本故也。與此相類但情況不同者,今本《釋文》"夷,萊夷也……"當是另一條目"夷",而今本誤與"嵎"相綴連,使得"夷"字之注無出文以統之。盧文弨補一"夷"字,似不若以注中"夷"字爲出文。敦煌本單見一"嵎"字,出文"夷"字適在殘缺之内,黃氏謂寫本無"夷"字,其實未必。黄焯:《經典釋文彙校》,第24頁。
③ 此據通志堂本,宋元遞修本作"岠"。
④ 顧頡剛、顧廷龍編:《尚書文字合編》,第874頁。原作"夜夜反",前"夜"字顯譌。

《廣韻》同屬禡韻,"亦"屬昔韻,二韻相去甚遠。又按《説文》:"躲,篆文射。"段《注》:"則躲者古文。"《玉篇·矢部》:"躲:時柘、時益二切。今作射,又亦、夜二音。"《玉篇·寸部》:"射:市柘切,矢也。又作躲,以近窮遠也。又以柘、羊益二切。"① 然則"射"與"躲"同,或有别其音讀者,或乃並通。岩崎本蓋並録二音,非陸書之舊。而内野本"又作躲",不云"扌""或",當非據别本校之,或爲《釋文》釋形之僅存者,或出於後人增益,亦未可知,姑且存疑,暫歸此類。

篇目	出文	内野本	今本
《盤庚中》	話	胡快反。或乍善也,言也。又乍 ㄊㄜ 。馬云:言也。言猶告也。	胡快反。馬云:言也。

按:孔《傳》:"話,善言也。""話"可訓"善"與"善言",不可云"或作",内野本"或乍善也,言也"不可通,當有譌字。蓋先取孔《傳》之義,後收文字異形,"ㄊㄜ"蓋"話"之古字;又録馬氏别義,"言猶告也"蓋釋馬之語。《釋文》原本必不盡如内野本,然内野本必當有據。

《武成》	貃	亡白反。《説文》乍貊。	亡白反。

按:《説文》無"貃"字,有"貊"字。《釋文》常引"《説文》作"以釋形,内野本當近原本。與此同者尚有兩例,可以互證。内野本《釋文》之《堯典》"賓:如字,徐云殯,導也。馬云:從也。《説文》古乍賔",《康誥》"杍:音子。《説文》以爲古李字",今本並無《説文》釋形一句。

3.釋義

篇目	出文	敦煌本	内野本	今本
《堯典》	胤	引信反,國名。馬云:嗣也。	引信反,國名。馬云:嗣也。	引信反。馬云:嗣也。

按:孔《傳》"胤,國",《正義》:"《顧命》陳寶有胤之舞衣,故知古有胤國。"是内野本所引"國名"即據孔《傳》。此釋義並非内野本《釋文》鈔者自取孔《傳》爲之,原因有四:一是"國名"以下仍有馬融釋義,鈔者不至於其中間鈔入孔《傳》;二是内野本《釋文》附經傳而行,更不必再重鈔釋義,其鈔寫旨趣以釋音爲主;三是《釋文》本有鈔録所釋傳注義訓之例;四是敦煌本可以互證。故知此當本爲《釋文》原有,而今本無之者,反出於後人避重而刪改,後同。這種情況也出現在《禮記釋文》中。

---

① 顧野王:《大廣益會玉篇》,北京:中華書局,1987年,第80頁下欄、133頁下欄。

篇目	敦煌本	內野本	今本
《堯典》	嬪:本又乍姘,皆古嬪字。毗真反,婦也。	嬪:毗真反,又毗人反,□□□。本又乍姘,皆古嬪字。	嬪:毗人反。

按:"人"亦屬真韻開口三等,是"毗真反"與"毗人反"同音,按今本《釋文》"毗人反"凡八見,"毗真反"只一見,蓋亦後人劃一《釋文》音切而遺留痕跡者,原本《釋文》"毗真反"與"毗人反"二切當互見,此處當本作"毗真反"。內野本既同敦煌本,而又出一又音同於今本,蓋鈔者據後來之本鈔入,合二音爲一。① 其中殘缺者,或與敦煌本同爲釋義。

篇目	出文	敦煌本	內野本	今本
《舜典》	濬	荀俊反,深也。	荀俊反,深也。	荀俊反。

按:孔《傳》"濬,深",內野本與敦煌本"深也"即取爲訓,今本删之。

篇目	敦煌本	內野本	今本
《舜典》	俎:莊吕反。王云:難也。馬本作徂,云:始也。	阻:莊吕反。王云:難也。馬本云:始也。	阻:莊吕反。王云:難也。

按:王義與孔《傳》同,馬訓爲"始"者,與《史記·五帝本紀》作"黎民始飢"同。又其字作"徂",《詩經·小雅·四月》"六月徂暑",鄭《箋》"徂,猶始也",是馬本文本、訓釋並異。內野本奪"作徂"字,但其録馬本釋義,爲今本所無,是其優於今本。

篇目	出文	敦煌本	內野本	今本
《舜典》	播(畚)	波佐反,敷也。(後略)	波佐反,敷也。	波左反。

按:"左""佐"屬《廣韻》皆並屬上聲哿韻及去聲箇韻開口一等,《釋文》"左"讀上聲,②"佐"如字當讀去聲。按《禮記·禮運》"播五行於四時",《釋文》:"彼左反。"《左傳·昭公四年》"播於諸侯",《釋文》:"波佐反,又波可反。""可"亦哿韻開口一等,是《釋文》本有二音,以上聲者爲又一音。"敷也"爲今本奪,敦煌本可證。

篇目	出文	內野本	今本
《洪範》	殛	紀力反。本又乍極,音同,誅也。	紀力反。本或乍極,音同。

---

① 與此類似者尚有二例,可以互證。《堯典》"妻",敦煌本"七計反,下同",今本"千計反",內野本合爲"七計反,又千計反";《舜典》"還",敦煌本"如字,下同",今本"音旋",內野本合爲"音旋,又如字"。

② 金周生:《〈經典釋文〉"如字"用法及音讀考》,載中國訓詁學會主編:《訓詁論叢》,第142頁。

按：經文"鯀則殛死"，孔《傳》："鯀則放殛，至死不赦。"《正義》："《傳》嫌'殛'謂被誅殺，故辨之云'放鯀至死不赦'也。"則孔不訓"誅也"。由是觀之，內野本《釋文》"誅也"二字似非節錄《傳》訓。又按《微子》"用乂讎斂"孔《傳》"而又亟行暴虐"，《正義》："又急行暴虐"，"亟，急也。"《釋文》："欺忌反，數也，又紀力反。本又作'極'，如字，至也。"則孔《傳》既有異文"極"字，而釋者解《傳》又有異義"至"。再按《左傳·僖公二十八年》"明神殛之"，杜預《集解》："殛，誅也。"《釋文》："紀力反，本亦作極，誅也。"（注疏所附奪"誅也"二字）然則"殛""極"本有"誅"訓。蓋解經多異，解傳亦容不同，如所舉《微子》之《傳》即是其例。然則此處《釋文》蓋釋《傳》文而非釋經文，"誅也"與《正義》之說不同，後世不解而刪之，以合於《正義》。

4.其他

篇目	出文	內野本	今本
《尚書序》	濟	子礼反。濟南，郡名也。	子礼反。郡名也。

按：內野本《釋文》於所釋之字多用"丨"標識，此處有之，當即"濟南"二字之省。按《釋文》之例，若所釋爲專名，而單音其中一字者，常復舉此專名而釋之，如同篇"昊"，《釋文》："胡老反。少昊，金天氏，名摰。（後略）"同篇"頊"，《釋文》："許玉反。顓頊，高陽氏，姬姓。（後略）"同篇"科斗"，《釋文》："（上）苦禾反。科斗，蟲名，蝦蟆子，書形似之。"皆是其例。此處今本當奪之。

| 《泰誓中》 | 十人 | （前略）本乍乱臣十人，臣衍字也。 | （前略）。 |

按：內野本"臣"字旁亦注"衍字"。按《正義》曰："《論語》引此云：'予有亂臣十人。'而孔子論之有一婦人焉（後略）。"翫《正義》此意，似其所據本與所引《論語》有異文，蓋即指"臣"字之衍奪。《論語釋文》："'予有亂十人'，本或作'亂臣十人'，非。"可證。《左傳·昭公二十四年》："萇弘引《太誓》曰：'紂有億兆夷人，亦有離德。余有亂十人，同心同德。'"《左傳·襄公二十八年》："叔孫穆子曰：'武王有亂十人。'"亦可證。《唐石經》於《尚書》《論語》及《左傳》凡四見，皆無"臣"字。① 後世以"予有亂十人"不通，孔《傳》亦云"我治理之臣"，故從"亂臣"之本，並刪《釋文》校文，唯賴內野本以存之。

---

① 以上參劉寶楠《論語正義》，北京：中華書局，1990年，第310頁。

篇目	出文	内野本	今本
《康誥》	往盡	徐子忍反。下盡孫同。	徐子忍反。

按:《康誥》篇"盡"字凡二見,此"往盡乃心"及下"乃汝盡遜曰時叙"是也。按《釋文》之例,一篇之中,同一字有不煩數訓者,又有從省者,多用"下同""下及注同""注及下同""下注同""注下同"等術語,皆有義例。此孔《傳》雖云"往當盡汝心爲政",有"盡"字,而不云"注及下同"者,以德明《條例》云"先儒舊音,多不音注",此所取徐邈之音蓋亦不音注,故云"下同",以符其實。《禮記·祭統》"盡此三道者",《釋文》:"盡,徐子忍反,下同。"與此同。然《咸有一德》"不獲自盡",《釋文》乃云:"盡,徐子忍反,注同。"則或者以《傳》云"則下無所自盡矣,言先盡其心,然後乃能盡其力","盡"凡三見,故申徐音於《傳》,未必是徐音《傳》。此今本奪"下盡孫同"四字,當無疑義。

| 《酒誥》 | 畏相 | 息亮反。下注皆同。 | 息亮反。下同。 |

按:《酒誥》篇經文"相"字凡一見,孔《傳》云"畏敬輔相之臣""其輔佐畏相之君""言皆化湯畏相之德","相"字凡三見,則此《釋文》原本有"注皆"二字爲是,云"皆"亦有其意義,可見《釋文》提示文本的體例之嚴格,亦可見内野本必有據,後世不察而奪之。P.3315《舜典釋文》"之長:丁丈反。及下注同",今本作"下同",亦提示文脱落之證。與此近似者尚有三例,可以互證。内野本《説命中》"喪:息浪反,下同",《酒誥》"賈:音古。注同",《多士》"秉爲:于僞反,注同",今本無"下同、注同"之提示文。

二　内野本《釋文》佚文考

同樣從最直觀的層面來看,内野本《釋文》似乎是今本的一個削減版,除了删削同一條目中的部分内容外,還删去一些條目。而事實上,内野本《釋文》所有的條目佔今本《釋文》的七成到八成之間,已經較爲完備。今本有而内野本無者,當是内野本鈔者有意不取,主要包括兩類,一是常出而又常見易識字的釋音,如"上""好""朝""見""治""易"等字之音;另一類則是内容較長的義訓,如《尚書序》"黄帝"、《堯典》"日月所會"、《舜典》"三苗"、《禹貢》"九州"等,由此亦可體現鈔者對《釋文》的閲讀和鈔録傾向。至於我們所統計的"佚文",則主要是符合《釋文》釋音和義訓的特徵,即音系、反切可得今本《釋文》參證,訓詁與孔《傳》相符合,其内容符合《釋文》音義體例,並基本可以排除鈔自他書的可能,而爲今本所無的條目。對於能夠確定的佚文,亦分爲兩類加以考證。

（一）别本之参證

自敦煌本 P.3315《尚書釋文》殘卷發見以來,研究者頗衆,大抵皆謂此卷保存陸書原貌。① 不過,寫本固然可貴,但寫本本身難以避免地存在傳鈔的譌誤,且作爲"孤本",畢竟缺少參證。而值得慶幸的是,内野本《釋文》與敦煌本正可互相滿足這一條件,吉川氏已經將敦煌本與内野本進行了部分比對,指出二本多有相合之處。② 不過,其所舉例證尚未完備,並且着眼點僅僅在於説明二本相合。本節的重點在於考明佚文,推定二本所有而今本所無的條目,當爲陸書原有。

篇目	出文	敦煌本	内野本
《堯典》	格	加百□。古作蛠。	加百反。
《堯典》	内	□□□如字。③	音納,或如字。
《堯典》	昴	□□徐又音矛,古文作卯。	音卯,徐又音矛,古文乍夘。
《堯典》		定:如字,古文作㞢,《説文》以㞢爲古文正字也。	定:如字,古文乍主,《説文》以主爲古文正字也。
《堯典》	不能別	彼列反。又一本作不能分別。	彼列反。
《舜典》	内	音納。下同。	音納。
《舜典》	肆	音四字。王云:次也。馬:故也。	音四。王云:次也。馬:故也。
《舜典》	爲天子	于爲反。下舜爲同。	于僞反。
《舜典》	灾	本又作災,皆古灾字。害也。《説文》云:災,籒文烖字也。灾,或烖字也。古文作秋。	本又災,皆古字也。《説文》:災,籒文烖字也。災,或烖字也。古文□□
《舜典》		柏尼:伯夷,臣名也。馬本作伯異。	伯尼:栢,或古乍。馬本乍伯昪也。
《舜典》		奡:五報反。	傲:五報反。
《舜典》	分北	並如字。（後略）	方云反,徐扶問反。

以上諸例,雖然内野本相較於敦煌本,存在着釋形、釋義和提示文的不同程度删削,以及助詞方面的差異,但是兩本的相合程度還是較高的,尤其是"定"字、"災"字二例,尤其可證内野本古有所承。而今本所以無此諸條者,多與其爲解釋字形別本相關,

---

① 參狩野直喜:《唐鈔古本尚書釋文考》,載顧頡剛、顧廷龍編《尚書文字合編》,附錄二,第267頁;王重民:《敦煌古籍叙錄》,北京:中華書局,2010年,第26頁。
② 吉川幸次郎:《内野本跋》,載顧頡剛、顧廷龍編:《尚書文字合編》,附錄三,第461—462頁。
③ 見顧頡剛、顧廷龍編《尚書文字合編》,第11頁。"如字"之前所闕字數不明,據内野本擬之。

當出於開寶刪定(詳參後文論述)。

此外,又有九條本《古文尚書》附注《釋文》,可與內野本《釋文》相參者得兩條:

篇目	出文	九條本	內野本
《禹貢》	荷	工何反。	工何反。
《五子之歌》	隊	隊:直類反。	墜:直類反。

按:分別爲《禹貢》經文"又東至于荷"、《五子之歌》經文"荒墜厥緒"旁注之音,今本"荷"作"菏"。

(二)本書之理證

除了《堯典》部分與《舜典》全篇以外,內野本《釋文》多出的條目也別無他本可以互證爲原書的佚文。然而,這並不意味着對這些條目就束手無策,通過音韻、訓詁以及《釋文》本書的體例,相當一部分仍然可以進行考定。

篇目	出文	內野本
《大禹謨》	降	徐古巷反。

按:今本《釋文》全書音"降"以"古巷反""江巷反"者各二見,皆未注明取自何家之音。此以"古巷反"繫於徐氏,非虛造可爲,必有所據。

篇目	出文	內野本
《益稷》	左	音佐。

按:此經文"予欲左右有民"旁注之音。孔《傳》云:"左右,助也。"按《詩經·周南·關雎》"左右流之",《釋文》:"王申毛,如字。鄭上音佐,下音佑,助也。"然則"左"訓"助"則音"佐","左"上聲,"佐"去聲,即今人所謂"變調構詞"。今本《釋文》於《尚書》"左"字無音,蓋後人不識其音義異同而奪之。下"右"字同。

篇目	出文	內野本
《益稷》	右	音又。

按:此經文"予欲左右有民"旁注之音。孔《傳》云:"左右,助也。"按《詩經·文王·假樂》"保右命之",鄭《箋》"群臣保右而舉之",《釋文》:"音又,助也。注同。"又《周頌·我將》"天其右之",鄭《箋》"言神饗其德而右助之",《釋文》:"音又,注及下同。本又作佑。"然則"右"訓"助"時音"又",字通作"佑"。

篇目	出文	內野本
《益稷》	九成	馬乍九奏,云:九成。①

---

① "九成"二字據內野本《釋文》體例補。見顧頡剛、顧廷龍編《尚書文字合編》,第298頁。

按：此經文"蕭韶九成"旁注之音。孔《傳》云："备乐九奏而致凤皇。"《正義》曰："每曲一終，必變更奏，故經言'九成'，傳言'九奏'，《周禮》謂之'九變'，其實一也。"然則馬本作"九奏"而訓"九成"，與孔義不異。除《釋文》外，別無此馬本異文可據，此當爲《釋文》原書所有。

篇目	出文	內野本
《禹貢》	道	如字。《史記》、徐乍"導"。

按：此經文"九河既道"旁注之音。今本《史記》亦作"道"，《漢書》同，與內野本《釋文》所據不同。內野本必有據，無容虛造二本異文，當出自《釋文》原書。

《盤庚上》	彭	□字，謀也。馬：安。亦乍靖。

按：此經文"自作弗靖"旁注之文。按《左傳·定公七年》"曹竫"，《釋文》："才井反，本亦作靖。"此"□"似即"竫"字。內野本又有馬融之訓，必有據，當是陸書原有。

《盤庚中》	猷	□□，注同。

按：此經文"女分猷念以相從"旁注之文。內野本鈔者鈔撮他書時不用"注同"之例，故此當取於所據《釋文》。下同。

《泰誓中》	烏	又乍於，音同。下火□□□相連皆同。

按：此經文"烏虖"（今本作"嗚呼"）旁注之文，疑磨滅處作"故反，烏虖"。按內野本鈔者鈔撮他書亦不用"下某某同"之例，故此當取於所據之《釋文》。下同。

《金縢》	墜	直類反，注同。

按：此經文"亡墜天之降寶命"旁注之音。

《大誥》	害	何末反，下皆同。

按：此經文"予害亣弗亏耇盗人"（今本作"予曷其弗亏前寧人"）旁注之音。

《康誥》	伐	馬：殺也。

按：此經文"成王旡伐管叔、蔡叔"旁注之文。孔《傳》云："滅三監。"《正義》曰："既伐叛人三監之管叔、蔡叔等。"皆不訓"伐"字。內野本引馬訓爲"殺"，必取自《釋文》無疑。"伐"之訓"殺"，見《廣雅·釋詁》。

《洛誥》	佚	音逸。馬云：史逸，人名。

按：此經文"王命作册,俏祝册"旁注之文。今本"俏"作"逸",P.2748同。按"俏"與"逸"聲韻同,《廣韻》屬以紐質韻開口三等。《正義》曰："乃使史官名逸者祝讀此策。"孔《傳》不解"逸祝册",唯後文"作册逸誥"注云"使史逸誥伯禽封命之書",故《釋文》於此引馬融説以足之。内野本必有據,疑作"俏"本爲《釋文》所據底本,本與《正義》底本不同,後人使之劃一。

篇目	出文	内野本
《多方》	霛	善也。馬云：神也。

按：此經文"弗克霛承亐㫃"（今本作"不克靈承于旅"）旁注之文。孔《傳》云："言桀不能善奉於眾民。"是孔訓"靈"爲"善"。"靈"之訓"神"爲經傳常訓,《泰誓上》"惟人萬物之靈",孔《傳》亦然。内野本當據《釋文》。

《周官》	賄	𠋫罪反,徐凶倍反。

按：此經文"王俾榮伯作賄肅𢻱𡴄命"（今本作"肅慎之命"）旁注之文。"𠋫"蓋"呼"字,"呼罪反"爲《釋文》"賄"字常音。"凶倍反"於韻書未見,"罪"《廣韻》屬賄韻,"倍"屬海韻,"呼""凶"皆曉紐,其聲同韻異。内野本當有據,不容僞託於徐氏。

《顧命》	迓	五駕反,迎也。鄭音如字。

按：此經文"敬迓天畏"旁注之文。按《牧誓》"迓",盧文弨《經典釋文考證》云："本是'御'字,開寶所改,書内並同。"盧説當是。"迓"《廣韻》屬禡韻,若"如字"讀,即"五駕反",是經文本當作"御",破讀爲"五駕反",而此鄭仍讀"如字"。此内野本所據《釋文》出文蓋作"御",與内野本經文不合,鈔者未録《釋文》出文。以鄭如字讀,必有所據,非可虛造。

《吕刑》	贖	音蜀,又音樹。

按：此孔《傳》"出金贖罪"旁注之音。按《舜典》"金作贖刑",《釋文》："石欲反,徐音樹。"《詩經·秦風·黃鳥》"如可贖兮",《釋文》："食燭反,又音樹。"盧文弨《考證》曰："此條舊無,據注疏本脱。"又按"音蜀"與"石欲反"《廣韻》皆屬禪紐燭韻開口三等,"食"在船紐,《釋文》與禪紐同。然則此當爲《釋文》本有,亦爲後世流傳所奪。

三　内野本《釋文》的文獻價值

以上我們考證内野本《釋文》中的異文與佚文,對内野本《釋文》有了大致的印象。

這是一個有着較早文本來源的《經典釋文》版本,既能訂今本之譌、補今本之闕,亦可規敦煌本之過。① 而內野本《釋文》本身除了因節錄而不全外,也存在着寫鈔產生的錯亂。

我們認爲,內野本《釋文》來源於於未經北宋開寶五年(972)陳鄂等修定的《經典釋文》版本系統。自衛包改定《尚書》以後,《尚書釋文》與所謂"今字《尚書》"經傳之間便存在着文字上的差異(即《釋文》出文與《尚書》文本字形不同),這種差異常常在《釋文》注文當中有所解說;開寶年間又據衛包本《尚書》改定《尚書釋文》,這種差異便被抹除,因而連同解說字形的文字(部分是校勘和釋音)一併刪削或改定,這應當是開寶修定《釋文》的主要工作。② 內野本《釋文》不僅於此等文字多有保存,且多合於敦煌古本。內野本《釋文》因附於《古文尚書》行間與卷眉,故皆省出文,其並錄出文者,即因所據《釋文》出文與內野本《古文尚書》經文不合,如《堯典》"內"字、《舜典》"摯"字、《禹貢》"道"字等,③皆與今本相異,而今本當遠承陳氏所定新本,亦可證明內野本《釋文》之經傳未經更定,故符合原本。不過,內野本《釋文》中也有明顯與《釋文》舊本不合的條目,如《禹貢》"島"字、《說命上》"喆"字等。這種現象反映出,在衛包改定《尚書》之後,讀者面對着保存部分《古文尚書》經傳原本的《經典釋文》,亦傾向於改《釋文》以從新本《尚書》。因爲《尚書》隸古字本不通行,今字本又經官方推行,則《釋文》古字益不適時宜。與《古文尚書》一樣,有率爾改易者,亦有據守古本者,至開寶年間乃由官方統一更定,亦猶天寶之改定《尚書》。內野本《釋文》或改或存,正如天寶改字之前的敦煌本《尚書》,故其文本年代當早於開寶改字,可以稱之爲"古本《釋文》"。因此,內野本《釋文》自然具備較高的文獻價值。

首先,內野本《釋文》作爲另一種《經典釋文》版本,其異文可以訂正今本《釋文》的部分譌誤,應當成爲校勘《尚書釋文》的重要參校本。具體體現在三個方面:其一,今本《釋文》的出文和注文分別具有不同程度的譌誤,如《禹貢》出文"導"、《盤庚上》出文"掩"等以及各篇之音切,雖然其中部分可以根據古音學考據進行判斷,一些音切一望即知其誤,然終無版本可以參照,不易遽改,今得內野本《釋文》,則可爲引據;其二,敦煌本 P.3315《釋文》殘卷出,學者紛紛考證,引以爲陸氏原書,然古寫本多屬"孤

---

① 如《堯典》"氄"之又音,內野本與今本皆繫之徐氏,而敦煌本但作"又";《舜典》"胄子"注"天下",敦煌本譌爲"天子",是其例。
② 參趙曉東、錢宗武:《〈尚書音義〉刪改發微——以〈堯典釋文〉爲考察中心》,《遼寧大學學報(哲學社會科學版)》,2015年第1期。
③ 其中"道"字,參段玉裁:《古文尚書撰異》,賴永海主編:《段玉裁全書》,南京:江蘇人民出版社,2015年版,第130頁下欄。

本",難得確證,甚至其是否《釋文》本有亦不無疑問,由内野本以相參證,則可定其爲是者,如《堯典》"胤""鯀"等,亦可訂其爲誤者,如《舜典》"胄子"等,以及補其奪者,如《舜典》"復"字等;其三,宋元遞修本與通志堂本系今存兩大《釋文》全書單行合刻本,文字互有差異,内野本或同宋元遞修本,或同通志堂本,其涉及文字正誤者,凡内野本所同者多是,所異者多非,如《禹貢》"夢"、《湯誥》"戮"、《吕刑》"并"字等,①可説明二本分别在遞修和重刊的過程中逐漸産生謁舛,可據内野本以校正二本之異同與是非。

其次,内野本《釋文》保存了今本部分或全部删削的内容,有助於恢復《經典釋文》原貌。亦表現於三個方面:其一,今本《釋文》釋音、義訓、校文、提示文、引書等内容存在不同程度的脱落,其中尤以義訓最爲突出,當是由於《釋文》或取孔《傳》"某,某也"以爲釋,如《堯典》"賓"、《大誥》"蠢";或根據孔《傳》之訓以爲解,如《大誥》"忱";或孔《傳》無訓而補之,如《微子》"沈";或與《傳》義不同而出之,如《洪範》"殛"。② 後世讀者嫌其重複或矛盾,故漸次删削,或存或否,究無定準,此寫本在所難免者,而内野本《釋文》所據仍存,鈔者雖節録,部分仍予以保留;其二,内野本《釋文》保存的馬融和鄭玄音義、徐邈和《字林》音切,條數雖皆屈指可數,然古書不存,吉光片羽,不容忽視。據此可以蠡測馬、鄭二家之《尚書》經義,而徐邈、《字林》音韻亦得管窺,後之輯佚者,不必以其僅有數條而輕之;其三,據其校文可見《釋文》所據《尚書》底本與校本,如《益稷》"距"、《盤庚上》"射"、《泰誓中》"十人",可知《釋文》所據異本有作"岠""躲"者,原本無"臣"字;據其提示文可識陸書之體例,如《尚書序》"濟"、《康誥》"往盡"、《酒誥》"畏相"等,可證《釋文》有重録所釋專名之例,又"下同""下注皆同"等語各隨諸篇文字情況而用之,原書體例較爲嚴格。

復次,内野本《釋文》雖來源於未經開寶改字的版本,但是已經表現出《釋文》逐漸適應衛包新定本《尚書》的明顯傾向,其年代當距開寶改字不遠,因而對於重新認識開寶改定《尚書釋文》的性質具有重要的意義。清人盧文弨《經典釋文考證》、段玉裁《古文尚書撰異》分别對開寶改定《釋文》進行過不同程度的論述,大都是將認定爲衛包所改之字對應的《釋文》也認定爲陳鄂等所改,如《堯典》"餞納"、《禹貢》"導"、《盤庚中》"迋"等。今人則多根據敦煌本《釋文》殘卷,與今本參照,其間的異同多歸爲開寶

---

① 《禹貢》"夢",宋元遞修本云"云弄反",通志堂本云"亡弄反",内野本同通志堂本;《湯誥》"戮",宋元遞修本云"力洛反",通志堂本云"力消反",内野本同通志堂本;《吕刑》"并",宋元遞修本云"力政反",通志堂本云"力致反",内野本同宋元遞修本。按:《洪範》"别"字,内野本與宋元遞修本作"方列反",九條本與通志堂本作"彼列反","方"與"彼"皆幫紐,皆通,但今本《釋文》經見"彼列反",未見其他"方列反"之切,此蓋亦後人劃一《釋文》音切,"方"與"别"字類隔,故從"彼"字,内野本與宋元遞修本皆遺留此例。

② 内野本分别有義訓"導也""動也""誠也""没也""誅也",今本並無之。

改之,如删削形文字、增加"上""下"等提示性文字;① 又或以爲開寶改字使得《釋文》條目更加簡潔,利於傳播,值得肯定。② 然而,清人所言多揣測之論,今人所論亦未免混淆敦煌本與陸書原本的差別,其共同的特徵則是將可以考見的古今《釋文》異同認定爲開寶所改,實則並無實據。今據内野本《釋文》,對於這一公案可以有兩方面的認識:一方面,在開寶改字之前,《釋文》就已經遭到讀者和鈔者的删改,其中就包括删削古字、説形文字,以及改易出文與注文,因而開寶删改亦與天寶改字一樣,是爲了順應社會文本形態而勢在必行的舉措;另一方面,删改的内容有數種,包括釋音、義訓、校文、引書等。按《崇文總目》卷一載《尚書釋文》一卷,云:"始開寶中,詔以德明所釋乃《古文尚書》,與唐明皇所定今文駁異。今鄂删定其文,改從隸書,蓋今文自曉者多,故音切彌省。"③是開寶所删當有音訓,内野本可證。又所謂"改從隸書",則《釋文》出文必改,出文既改,則與之相關的説形文字與校勘文字當删,内野本亦可證。此外,爲數較多的義訓與提示文,或亦開寶統一删改,如"某也"一類文字,應當不是漸次脱落所致,也不是注疏合刻始奪之,因爲單行本如宋元遞修本《釋文》,必非從注疏所附集出重刻,而已較内野本有不少奪文,可證奪文非注疏合刻始造成。

最後,通過内野本《釋文》的考證,可以考察《經典釋文》的"文本社會史"。④《經典釋文》作爲儒家音義的集大成之作,是研治經典的必讀之書,故在後世流傳極爲深遠。然而,正是因爲《釋文》的流行,當其從"作者"進入到不同時代的"讀者"處,發生的"形貌移變"也相應較大。《釋文》在社會流傳的過程中發生的變化包含兩個維度:一是"形變",即文本本身的改易增删;二是"質變",即文本性質的變遷。以内野本《釋文》爲例,一方面,雖然其據原書鈔録的年代已經較晚,但是仍具有寫本的基本特徵,顯示出明顯的"寫本個性",與今本系統存在着巨大的差異,其中很多異文是鈔寫過程中産生的。而爲了適應内野本《古文尚書》的文本情況,内野本《釋文》又對原本做了顯著的改易,如《説命上》"喆"字改易出文與注文,但同時又顯得猶豫不決,如《禹貢》"道"字等則備録原本出文。至於删削同字提示文而對同一條目進行"複製",如《皋陶謨》"治"字等,更加體現出鈔者個人在節録《釋文》時具有的"權力",以上即所謂"形

---

① 趙曉東、錢宗武:《〈尚書音義〉删改發微——以〈堯典釋文〉爲考察中心》,《遼寧大學學報(哲學社會科學版)》,2015年第1期。今按:增加"上""下"等提示文非開寶改字所加,因《尚書》之外的其他各經《釋文》亦有此例,尤其是敦煌本《周易釋文》已有"上""下"提示文,故知其論非是。
② 許松、程興麗:《從唐寫本〈舜典釋文〉再評陳鄂删改之功過》,《蘭州大學學報(哲學社會科學版)》2013年第6期。
③ 王堯臣:《崇文總目》卷1,《後知不足齋叢書》第四函。
④ 這裏參考了于亭先生對《一切經音義》所做的相關研究。見氏著:《玄應〈一切經音義〉研究》,北京:中國社會科學出版社,2009年,第65—104頁。

變"。導致"形變"發生的,包括作爲文本載體的寫本物質形態,《釋文》一書的"附庸"特質,以及可以想見的聲韻變遷等因素,今本就是在衆多因素的參與之下發生劇烈形變之後形成的版本。從寫本進入刻本以後,文本開始"固化",文本的異同也從"個人性"轉爲"社會性",由此衍生出傳統意義上的"版本"和"校勘"概念;與此同時,"文本固化"以後,私人便失去了寫本時代所具有的參與文本"創作"的"權力",要對文本做大規模的統一改定,唯有依靠"國家權力"方能進行,這就是《尚書釋文》在《釋文》已經刻板後而仍得以被"再創作"(此指開寶改字)的文本社會史解釋。

另一方面,内野本《釋文》偏重於節取音切,於義訓、校文等内容雖亦不少,但仍以取音爲主,整個内野本《古文尚書》由"經傳—《釋文》—和訓—校文—《正義》《集傳》"大致組成一個文本閱讀系統,此系統之諸部分各司其職,反映出鈔者主要將《釋文》作爲音讀參考書,而與《釋文》以音顯義的指向有一定的差異,此即所謂"質變"。導致"質變"發生的,包括由中古進入近古過程中聲韻的轉移,以及宋人新注興起並逐漸取代漢唐舊注兩個因素。同樣可以反映《釋文》性質發生改變的,如 S.5705《毛詩詁訓傳》經注文旁有數處音切,P.3729+4904《春秋經傳集解》及 P.2540《春秋經傳集解》卷背各有音切十數條,[1]以及岩崎本、九條本、神田本、島田本等行間亦各附有《釋文》音切。又如諸經音義,於《隋書·經籍志》各自附入所屬諸經,[2]《釋文》則於《舊唐書·經籍志》《新唐書·藝文志》各歸"七經雜解"類、"經解類",[3]而於《郡齋讀書志》乃入"小學類",[4]不入同書"經解類"。再如後世合刻諸經注疏與《釋文》,赫然以"附釋音"標其目,與《釋文》的"音義"定位已有距離。總之,《經典釋文》在最終的文本定型之前,發生了較大的形貌和性質的遷移,内野本《釋文》可以作爲重要的佐證。

作者簡介:

吴揚廣,男,1997 年生,江西贛州人,北京大學中國語言文學系博士研究生。主要研究領域爲中國經學史,近年代表性論著有《王弼〈周易注〉本名〈周易傳〉説》(載《經學文獻研究集刊》2022 年第 27 輯)。

---

[1] 見王重民原編、黄永武新編:《敦煌古籍叙録新編》,臺北:新文豐出版公司,1986 年,第 2 册第 280 頁;許建平:《敦煌經籍叙録》,北京:中華書局,2006 年,第 243、254 頁。
[2] 分别見魏徵等:《隋書》卷三〇,北京:中華書局,1973 年,第 910、913、916、922、937 頁。
[3] 劉昫:《舊唐書》卷四六,北京:中華書局,1975 年,1983 頁;宋祁、歐陽脩:《新唐書》卷五七,北京:中華書局,1975 年,1446 頁。
[4] 晁公武著、孫猛校注:《郡齋讀書志校證》,上海:上海古籍出版社,2011 年,第 154 頁。按《直齋書録解題》則仍入"經解類",見陳振孫:《直齋書録解題》,上海:上海古籍出版社,1987 年,第 81 頁。

《國語·周語》王引之《經義述聞》商兌

郭鵬飛

內容摘要 《國語》向爲《春秋外傳》,與《左傳》互爲表裏,而韋昭(204—273)《國語注》是權威訓解。清代樸學大盛,高郵王念孫(1744—1832)、王引之(1766—1834)父子爲乾嘉巨擘,其《經義述聞》乃二王經學研究巔峰之作,影響極爲深遠。其中《國語》兩卷,就韋《注》之不足與其未及者,多予補正,其見精審,實發前人之未發,故深受學者推重。然細察王氏父子之訓釋,於文義理解、字形掌握或語法分析等,均有不周之處。今就《周語》諸條,擇其可議者略申己見,以就正於方家。

關鍵詞 王念孫 王引之 《經義述聞》 《國語》 經學 訓詁學

一 險而不懟

王引之曰:

> 召穆公曰:"夫事君者,險而不懟,怨而不怒。"韋解"險"字曰:"在危險之中。"引之謹案:"險"謂中心憂危之也,此與下句"怨而不怒"皆以心言,非以境言。下文單襄公曰:"君子將險哀之不暇,而何易樂之有焉",《荀子·榮辱篇》曰:"安利者常樂易,危害者常憂險",是其證。①

案:本篇原出《國語·周語上·邵公以其子代宣王死》,曰:

> 彘之亂,宣王在邵公之宮,國人圍之。邵公曰:"昔吾驟諫王,王不從,是以及此難。今殺王子,王其以我而懟乎!夫事君者,<u>險而不懟</u>,怨而不怒,況事王乎?"

---

* 本論文爲"王引之《經義述聞》斠正"研究計劃部分成果,計劃得到香港政府研究資助局優配研究金資助(編號:143808),謹此致謝。
① 王引之:《經義述聞》卷二〇,《續修四庫全書》經部《群經總義類》,第175冊,上海:上海古籍出版社,2002年,據華東師大圖書館藏清道光七年王氏京師刻本影印,第58頁上。

乃以其子代宣王,宣王長而立之。①

王引之認爲韋昭之注非是,指"險,謂中心憂危之也。此與下句怨而不怒,皆以心言,非以境言"。案:"險而不懟",韋昭注:"在危險之中不當懟。"②本文記彘地暴亂,國人因周厲王暴虐,故圍其子宣王於邵公之宮。邵公因屢諫周厲王而王不聽,③今及難,固不能讓宣王死,否則,"王其以我爲懟而怒",邵公因而以其子代宣王。由於可見,"險",當就其時危急存亡之境況而言。

至於王氏所舉"君子將險哀之不暇,而何易樂之有焉"乃出自《國語·周語下·單穆公諫景王鑄大錢》,文曰:

《夏書》有之曰:"關石、和鈞,王府則有。"《詩》亦有之曰:"瞻彼旱麓,榛楛濟濟。愷悌君子,干禄愷悌。"夫旱麓之榛楛殖,故君子得以易樂干禄焉。若夫山林匱竭,林麓散亡,藪澤肆既,民力彫盡,田疇荒蕪,資用乏匱,君子將<u>險哀</u>之不暇,而何易樂之有焉?④

文章記述景王擬廢輕錢,鑄大錢,單穆公認爲此舉將使人民失其資産,終致遠遁他方,而國必將亡,⑤故極諫之,是有"君子將險哀之不暇,而何易樂之有焉"之語。此處之"險",乃指"民力彫盡,田疇荒蕪,資用乏匱"之社會險情。王氏以此證"險而不懟"乃以心言,不確。

綜言之,"險"或以心言,或以境言,皆由文意而定,上述《周語》兩"險"之處,實指具體境況,而非中心之憂危。

二　見神

王引之曰:

"是以或見神以興,亦或以亡。"家大人曰。"'見'當爲'尋'。'尋',古'得'

---

① 上海師範大學古籍整理組校點:《國語》(上册),上海:上海古籍出版社,1988年,第14頁。此書以《四部備要》排印清代士禮居翻刻明道本爲底本,用《四部叢刊》影印明代翻刻公序本參校而成。
② 上海師範大學古籍整理組校點:《國語》,上册,頁15。
③ 案:厲王虐,邵公諫之事,見《國語·周語上·邵公諫厲王弭謗》,上海師範大學古籍整理組校點:《國語》(上册),第9—10頁。
④ 上海師範大學古籍整理組校點:《國語》(上册),第121頁。案:王引之指"君子將險哀之不暇,而何易樂之有焉"爲單襄公之言,單襄公當爲單穆公。
⑤ 單穆公曰:"今王廢輕而作重,民失其資,能無匱乎? 若匱,王用將有所乏,乏則將厚取於民。民不給,將有遠志,是離民也。"見上海師範大學古籍整理組校點:《國語》(上册),第120頁。

字。形與'見'相近,因謁爲'見'。《史記·趙世家》'踰年歷歲,未得一城'《趙策》'得'作'見','見'亦'尋'之謁。《留矦世家》'果見穀城山下黃石,取而葆祠之',《漢書》'見'作'得',此則'見'謁爲'尋',又謁爲'得'也。下文曰'道而得神,是謂逢福;淫而得神,是謂貪禍。'即其證也。莊三十二年《左傳》作'故有得神以興,亦有以亡',此尤其明證矣。又案:《說文》:'尋,古文得。'《一切經音義》卷一曰:'衛宏《詔定古文官書》,'尋'、'得'二字同體。《尚書》'高宗夢尋說'是也。以上《一切經音義》。今'尋'字不見於經傳,《尚書》'高宗夢尋說',字亦作'得',未必非後人所改,此'尋'字若不謁爲'見',則後人亦必改爲'得'矣。"①

案:本篇原出《國語·周語上·内史過論神》,曰:

> 十五年,有神降於莘,王問於内史過曰:"是何故?固有之乎?"對曰:"有之。國之將興,其君齊明、衷正、精潔、惠和,其德足以昭其馨香,其惠足以同其民人。神饗而民聽,民神無怨,故明神降之,觀其政德而均布福焉。國之將亡,其君貪冒、辟邪、淫佚、荒怠、麤穢、暴虐;其政腥臊,馨香不登;其刑矯誣,百姓攜貳。明神不蠲而民有遠志,民神怨痛,無所依懷,故神亦往焉,觀其苛慝而降之禍。是以或<u>見神</u>以興,亦或以亡。昔夏之興也,融降于崇山;其亡也,回祿信於聆隧。商之興也,檮杌次於丕山;其亡也,夷羊在牧。周之興也,鸑鷟鳴於岐山;其衰也,杜伯射王於鄗。是皆明神之志者也。"②

王念孫指本文之"見神"爲"得神"之誤,並舉《左傳》爲證。案:莊公三十二年《左傳》曰:

> 秋七月,有神降于莘。惠王問諸内史過曰:"是何故也?"對曰:"國之將興,明神降之,監其德也;將亡,神又降之,觀其惡也。故有得神以興,亦有以亡,虞、夏、商、周皆有之。"王曰:"若之何?"對曰:"以其物享焉。其至之日,亦其物也。"王從之。内史過往,聞虢請命,反曰:"虢必亡矣。虐而聽於神。"③

比較《左氏》《國語》二文,《左氏》簡略,《國語》對神明降臨之緣由,所記甚詳,並舉祝融、回祿、檮杌、夷羊、鸑鷟、杜伯之出現,以示夏、商、周興亡之象,因此,本文"或見神以興,亦或以亡",與"得神以興"相較,語意更覺自然。本文下一段曰:

---

① 王引之:《經義述聞》卷二〇,《續修四庫全書》經部《群經總義類》,第175册,第60頁。
② 上海師範大學古籍整理組校點:《國語》上册,第29—30頁。
③ 杜預注,孔穎達疏:《春秋左傳注疏》,《十三經注疏》第6册,臺北:藝文印書館,1981年,景印清嘉慶20年(1815)重刊本(後文引《十三經注疏》均據此版),第181頁。

> 王曰:"虢其幾何?"對曰:"昔堯臨民以五,今其胄見,神之見也,不過其物。若由是觀之,不過五年。"①

此亦可證"見神"之不誤。今考《説苑》,記有此事,②文與《周語》幾乎全同,可知"見神"並非"得神"之譌也。至於王氏舉下文"道而得神,是謂逢福;淫而得神,是謂貪禍"爲證,③亦覺不必。此得神者,謂招神之降臨,與"或見神以興,亦或以亡"文意稍異。

三　無謫

王引之曰:

> "故國將無咎,其君在會,步言視聽,必皆無謫。"《韋注》曰:"謫,譴也。"家大人曰:"謫有二義,一爲譴責,一爲過愆。此云步言視聽無謫,則'謫'字自謂過愆,非謂譴責也。《老子》曰:'善言無瑕謫',義與無謫同。若訓爲譴責,則與上句義不相屬矣。《漢書·五行志》'謫'作'讁'。《顏注》曰:'讁,責也。無讁謂得其義理,無可咎責也。'以無謫爲無可讁,亦非。"④

案:本篇原出《國語·周語下·單襄公論晉將有亂》,曰:

> 單子曰:"君何患焉!晉將有亂,其君與三郤其當之乎!"魯侯曰:"寡人懼不免於晉,今君曰'將有亂',敢問天道乎,抑人故也?"對曰:"吾非瞽、史,焉知天道?吾見晉君之容,而聽三郤之語矣,殆必禍者也。夫君子目以定體,足以從之,是以觀其容而知其心矣。目以處義,足以步目,今晉侯視遠而足高,目不在體,而足不步目,其心必異矣。目、體不相從,何以能久?夫合諸侯,民之大事也,於是乎觀存亡。故國將無咎,其君在會,步言視聽,必皆無謫,則可以知德矣。視遠,日絶其義;足高,日棄其德;言爽,日反其信;聽淫,日離其名。夫目以處義,足以踐德,口以庇信,耳以聽名者也,故不可不慎也。偏喪有咎,既喪則國從之。晉侯爽二,吾是以云。"⑤

"無謫"之"謫",韋昭釋作"譴",⑥《漢書·五行志》記有此事,顏師古(581—645)訓

---

① 上海師範大學古籍整理組校點:《國語》(上册),第33頁。
② 趙善詒:《説苑疏證》,上海:華東師範大學出版社,1985年,第538—539頁。
③ 上海師範大學古籍整理組校點:《國語》上册,第32頁。
④ 王引之:《經義述聞》卷二〇,《續修四庫全書》經部《群經總義類》,第175册,第63—64頁。
⑤ 上海師範大學古籍整理組校點:《國語》(上册),第90—91頁。
⑥ 上海師範大學古籍整理組校點:《國語》(上册),第92頁。

"謫"爲"責"。① 王念孫一一非之,而釋之爲"過愆",並舉《老子》二十七章"善言無瑕讁"爲證。② 案:王氏解《老》之言,可堪相權。善於言者,當自以爲言無錯失,釋"讁"爲"過愆",似乎餘贅。有過無過,應由他人而定,《經典釋文》曰:

> 瑕,疵過也;讁,譴責也。③

"瑕"爲"疵過",善言者無招譴責之疵過,似更合文意。"譴責"之"讁",先秦文獻習見,如《左傳·桓公十八年》:"公會齊侯于濼,遂及文姜如齊。齊侯通焉。公謫之。以告。"《杜注》:"謫,譴責也。"④"謫"亦作"讁",《詩經·邶風·北門》:"王事適我,政事一埤益我。我入自外,室人交徧讁我。"《毛傳》:"讁,責也。"⑤《國語·齊語·桓公爲政既成》:"正月之朝,五屬大夫復事。桓公擇是寡功者而讁之。"《韋注》:"讁,譴責也。"⑥《莊子·人間世》:"成而上比者,與古爲徒。其言雖教,讁之實也。"郭象(約252—312)注:"雖是常教,實有諷責之旨。"成玄英(生卒年不詳)疏:"讁,責也。"⑦可見有失者當受責。回顧本文,晉厲公"視遠而足高,目不在體,而足不步目",舉止不合節度,遭單襄公非議,故"步言視聽,必皆無讁"之"讁",釋作"譴責",較"過愆"爲長。

四　言教必及辯　施辯能教

王引之曰:

> 韋注"言教必及辯"曰:"辯,別也。能分別是非,乃可以教。"注"施辯能教"曰:"施其道化而行,能辯明之,故能教。"引之謹案:"辯",當讀爲徧,古字"辯"與"徧"通。《堯典》"徧于群神",《史記·五帝紀》作"辯於群神。"《大戴禮·衛將軍文子篇》:"不得辯知也",謂不得徧知也。《樂記》"其治辯者,其禮具",《鄭注》曰:"辯,徧也。""言教必及徧者",言教必及於徧施也。"施徧能教者",施教而徧,是謂能教也。上文劉康公曰:"宣所以教施也,教施當爲施教。惠所以和民也。教施而宣則徧,惠以和民則阜,施徧而民阜,乃可以長保民矣。"《韋注》曰:

---

① 王先謙:《漢書補註》(第4册),上海:上海世紀有限公司、上海古籍出版社,2008年,第1946—1948頁。
② 蔣錫昌:《老子校詁》,成都:成都古籍書店,1988年,第179頁。
③ 陸德明撰,黃焯彙校:《經典釋文》,北京:中華書局,2006年,第722頁。
④ 杜預注,孔穎達疏:《春秋左傳注疏》,《十三經注疏》第6册,第130頁。
⑤ 毛亨傳,鄭玄箋,孔穎達疏:《毛詩注疏》,《十三經注疏》第2册,第103頁。
⑥ 上海師範大學古籍整理組校點:《國語》(上册),第238頁。
⑦ 郭慶藩:《莊子集釋》(上册),北京:中華書局,2004年,第143—144頁。

"宣,徧也",是其義。古字多假借,後人失其讀耳。①

本篇原出《國語·周語下·單襄公論晉周將得晉國》,曰:

> 晉孫談之子周適周,事單襄公,立無跛,視無還,聽無聲,言無遠;言敬必及天,言忠必及意,言信必及身,言仁必及人,言義必及利,言智必及事,言勇必及制,<u>言教必及辯</u>,言孝必及神,言惠必及和,言讓必及敵;晉國有憂未嘗不戚,有慶未嘗不怡。……象天能敬,帥意能忠,思身能信,愛人能仁,利制能義,事建能智,帥義能勇,<u>施辯能教</u>,昭神能孝,慈和能惠,推敵能讓。此十一者,夫子皆有焉。②

王氏謂"言教必及辯""施辯能教"兩處之"辯",皆當讀爲"遍",並否定韋昭注"辯"爲"别"之説。首先討論"言教必及辯"。本文記述單襄公對晉公子周言談舉止與品德之評價,從"言敬必及天"至"言讓必及敵"各句,"敬""忠""信""仁""義""智""勇""教""孝""惠""讓"十一種德行,皆有其必然對應者,曰"天""意""身""人""利""事""制""辯""神""和""敵"。諸種特定關係,是要顯示各種德行之獨特精神,而王説"言教必及遍",乃表"教"之施行程度,却非"教"之内涵特質,故王訓與上下文文意不協。

至於"施辯能教"者,王引之解作"施教而徧,是謂能教也",亦誤。"象天能敬"至"推敵能讓",皆爲條件句,如"帥義能勇",韋昭曰:"修義而行,故能勇。"③"施辯能教"者,"施辯"而"能教"也。若如王氏以"辯"爲"徧",本句則爲"施徧"而"能教",但此甚覺不辭,是故王氏之説實顛倒語序而強爲之解。

此外,王氏列舉劉康公"教施而宣則徧"之語,以證其"施教而徧"之論。此文出於《國語·周語中·劉康公論魯大夫儉與侈》:

> 臣聞之:爲臣必臣,爲君必君。寬肅宣惠,君也;敬恪恭儉,臣也。寬,所以保本也;肅,所以濟時也;<u>宣,所以教施也</u>;惠,所以和民也。本有保則必固,時動而濟則無敗功,<u>教施而宣則徧</u>,惠以和民則阜。若本固而功成,施徧而民阜,乃可以長保民矣,其何事不徹?④

此文與"施辯能教"語境不同,句構亦異,無可比較;且若訓"宣"爲"徧","教施而徧則徧",則難以明白。"宣,所以教施也""教施而宣則徧"之"宣"乃申述"寬肅宣惠"之

---

① 王引之:《經義述聞》卷二〇,《續修四庫全書》經部《群經總義類》,第175册,第64頁。
② 上海師範大學古籍整理組校點:《國語》(上册),第94—96頁。
③ 上海師範大學古籍整理組校點:《國語》(上册),第98頁。
④ 上海師範大學古籍整理組校點:《國語》(上册),第76頁。

"宣","宣"不作"徧"可知。"宣"有"通"義,《詩·周頌·雝》曰:"宣哲維人,文武維后。"朱熹曰:"宣,通也。"①《管子·心術上》曰:"去欲則宣。"尹知章曰:"宣,通也。"②"宣"是"通達"之意,"教施而宣則徧",謂通達之教便會惠及八方。王氏之言非是。

回顧本文"言教必及辯"與"施辯能教"之"辯",應爲"辨"之借字。二者相通之例習見,如《莊子·秋水》:"不辯牛馬。"成玄英曰:"不辨牛之與馬。"③《説文》釋"辯"爲"治",④解"辨"爲"判",⑤段玉裁曰:"治者,理也。俗多與辨不别。辨者,判也。"⑥"判"乃"辨别",如《左傳·隱公五年》曰:"明貴賤,辨等列。"⑦《論語·顏淵》曰:"子張問崇德辨惑。"⑧何晏《論語集解》引孔安國曰:"辨,别也。"⑨《周禮·天官·小宰》曰:"六曰廉辨。"鄭玄(127—200)注:"辨,辨然不疑惑也。"⑩考諸金文,《作册䰜卣》曰:"公大史咸見服于辟王,辨于多正。"馬承源(1927—2004)曰:"辨,此辨當指明官位,即辨位。《夏官司馬·大司馬》:'設儀辨位。'"⑪因此,"言教必及辯"者,意爲言教必須明辨是非,使不疑惑;"施辯能教"者,謂明辨是非而能致教化效果。王引之讀"辯"爲"徧",實迂曲難通。

五　明令德矣　純明則終

王引之曰:

"守終純固,道正事信,明令德矣。"《韋注》曰:"言周子明於善德。"引之謹案:"明","成"也。言守終純固,道正事信,則善德已成,"守終",即是成德,故上文曰:"成,德之終也。"非但明於善德而已也。《爾雅》曰:"明,成也。"《隨·九四》:"有孚在道以明。"《傳》曰:"有孚在道,明功也。"謂有孚在道,以成其功也。

---

① 朱熹:《詩經集傳》,景印文淵閣《四庫全書》第72册,臺北:臺灣商務印書館,1983年,第895頁。
② 黎翔鳳:《管子校注》(中册),北京:中華書局,2004年,第767頁。
③ 郭慶藩:《莊子集釋》(中册),第561頁。
④ 丁福保:《説文解字詁林》(第15册),北京:中華書局,1988年,第14151頁。
⑤ 丁福保:《説文解字詁林》(第5册),第4560頁。
⑥ 丁福保:《説文解字詁林》(第5册),第4560頁。
⑦ 杜預注,孔穎達疏:《春秋左傳注疏》,《十三經注疏》第6册,第60頁。
⑧ 何晏注,邢昺疏:《論語注疏》,《十三經注疏》第8册,第108頁。
⑨ 程樹德:《論語集釋》(第3册),北京:中華書局,1990年,第853頁。
⑩ 鄭玄注,賈公彦疏:《周禮注疏》,《十三經注疏》第6册,第45頁。
⑪ 馬承源主編:《商青銅器銘文選》(第3册),北京:文物出版社,1988年,第89頁。

舊解"明"字皆失之。《史記·李斯傳》曰:"大山不讓土壤,故能成其大;河海不擇細流,故能就其深;王者不却衆庶,故能明其德。"是"明"與"成""就"同義。又下文説鍾律云:"和平則久,久固則純,純明則終",亦謂純成則終也,故古謂樂一終爲一成。①

本篇原出《國語·周語下·單襄公論晉周將得晉國》,曰:

> 天六地五,數之常也。經之以天,緯之以地。經緯不爽,文之象也。文王質文,故天祚之以天下。夫子被文矣,其昭穆又近,可以得國。且夫立無跛,正也;視無還,端也;聽無聳,成也;言無遠,慎也。夫正,德之道也;端,德之信也;成,德之終也;慎,德之守也。守終純固,道正事信,<u>明令德矣</u>。慎成端正,德之相也。爲晉休戚,不背本也。被文相德,非國何取!②

王引之解"明令德矣"之"明"爲"成",成就之意。"明"固有"成就"義,然就本文語境而言,以"成"釋"明"並不合宜。按本文記單襄公論晉周將得晉國之由,其曰:

> 必善晉周,將得晉國。其行也文,能文則得天地。天地所祚,小而後國。夫敬、文之恭也;忠、文之實也;信、文之孚也;仁、文之愛也;義、文之制也;智、文之輿也;勇、文之帥也;教、文之施也;孝、文之本也;惠、文之慈也;讓、文之材也。象天能敬,帥意能忠,思身能信,愛人能仁,利制能義,事建能智,帥義能勇,施辯能教,昭神能孝,慈和能惠,推敵能讓。此十一者,夫子皆有焉。③

晉周具有敬、忠、信、仁、義、智、勇、教、孝、惠、讓十一種德行,乃文德之備,且其與文王昭穆近,故單襄公謂晉周必能得國。本文"天六地五"以下,是單襄公對晉周之續評,稱讚晉周行爲正、端、成、慎,而此皆文德之助,即"德之相也"。最後,單襄公以"守終純固,道正事信"歸結晉周之德,謂"明令德矣"。上文指"文王質文,故天祚之以天下,夫子被文矣。"晉周已披文德,若釋"明"爲"成",豈非多餘?晉周無論内心所存與外在行爲,皆是文德之彰顯,故"明"當訓"昭明","明令德矣"意即晉周之令德昭明矣。《後漢書·李固列傳》曰:

> 明將軍望重位顯,當以天下爲憂,崇尚謙省,垂則萬方,而新營祠堂,費功億計,非以<u>昭明令德</u>,崇示清儉。④

---

① 王引之:《經義述聞》卷二〇,《續修四庫全書》經部《群經總義類》,第175册,第64—65頁。
② 上海師範大學古籍整理組校點:《國語》(上册),第98頁。
③ 上海師範大學古籍整理組校點:《國語》(上册),第97頁。
④ 范曄撰,李賢等注:《後漢書》(第8册),北京:中華書局,1965年,第2078頁。

此"昭明令德",可作輔證。王引之因忽略上文單襄公之言而致解釋有誤。

王引之又曰:"'守終'即是成德,故上文曰:'成德之終也。'非但明於善德而已也。"案:王氏讀"成,德之終也"爲"成德之終也",不確。本文曰"夫正,德之道也";"端,德之信也";"慎,德之守也",故知王讀爲非。"成,德之終也"是前文"聽無聳,成也"之申述,"聽無聳"是"成"之表現,韋昭訓之爲"定",成熟穩定也。"成,德之終也",韋昭曰:"志定故能終也。"①成熟穩定,是文德之修成。"守終",是守文德以終,與"成,德之終也"之意大異,更不與"成德"同。王說頗覺混淆。

六　少汜王室

王引之曰:

"其何德之脩,而少汜王室,以逆天休。"《韋注》曰:"汜,明也。"引之謹案:"汜"之言"廣"也,謂廣大王室也。上文曰:"王室其愈卑乎?""卑"與"汜"義正相對。上卷"王室其將卑乎?",《韋注》:"卑,微也。"僖二十二年《左傳》"公卑邾",《杜注》:"卑,小也。"僖十五年《穀梁傳》"故德厚者流汜,德薄者流卑",亦以"汜"與"卑"相對。《大雅·皇矣·傳》曰:"汜,大也。"《周頌·敬之·傳》曰:"汜,廣也。"是"汜"與"廣大"同義。《堯典》"汜被四表",漢《成陽靈臺碑》"汜"作"廣"。《荀子·禮論篇》"積厚者流澤廣",《大戴禮·禮三本篇》"廣"作"汜"。《大戴禮·曾子疾病篇》"君子行其所聞則廣大矣",《漢書·董仲舒傳》"廣"作"汜"。是"汜"與"廣"同聲而字亦相通。又《易》內言"汜"者,多與"廣"同義,說見前"汜"字下。②

本篇原出《國語·周語下·太子晉諫靈王壅穀水》,曰:

自后稷以來寧亂,及文、武、成、康而僅克安民。自后稷之始基靖民,十五王而文始平之,十八王而康克安之,其難也如是。厲始革典,十四王矣。基德十五而始平,基禍十五其不濟乎!吾朝夕儆懼,曰:"其何德之修,而<u>少汜王室</u>,以逆天休?"王又章輔禍亂,將何以堪之?③

"少汜王室",韋昭解"汜"爲"明",王引之訓"汜"爲"廣"。"汜"與"廣"互通之例常

---

① 上海師範大學古籍整理組校點:《國語》(上册),第99頁。
② 王引之:《經義述聞》卷二〇,《續修四庫全書》經部《群經總義類》,第175册,第66頁。
③ 上海師範大學古籍整理組校點:《國語》(上册),第110—111頁。

見,王氏所論甚詳。然王氏以本文另一段"王室其將卑乎",論證"光"之言"廣",解作"廣大王室",則意有未周。考《墨子·兼愛下》曰:

> 《泰誓》曰:"文王若日若月乍照,光于四方,于西土。"即此言文王之兼愛天下之博大也,譬之日月兼照天下之無有私也,即此文王兼也。①

"光四方"與"光王室"句式相近,此"光"爲"明"義。《國語·鄭語·史伯爲桓公論興衰》曰:

> 且重、黎之後也,夫黎爲高辛氏火正,以淳燿敦大,天明地德,光照四海,故命之"祝融",其功大矣。②

"光"亦爲"明"。《太傅安樂鄉文恭侯胡公碑》曰:

> 和人事于宗伯,理水土于下台,訓五品于司徒。燿三辰于上階,光弼六世,歷載三十。……玉藻在冕,黼服艾韍,路車雕駼,四牡修鬣,贊事上帝,祗祠宗祖,陟降盈虧,與時消息,既明且哲,保身遺則,同軌旦、奭,光充區域,生榮死哀,流統周極。③

"光弼六世",應前句"燿三辰於上階","光"爲"明"義無疑。下文"同軌旦奭,光充區域","光"乃指周公旦、召公奭功德之光芒也。《太尉陳球碑》云:

> 公慨然抑留妻子,以鎮民心。擐甲登埤,親帥吏士,身當鋒(下缺)。圍城至乎旬有六日,傷焰稍逸,仍隨馘截。威震南夷,功光王室。詔拜子爲郎。④

"功光王室",謂其功卓著,足以光照王室。從上所言,與"光王室"句式相同相近之"光",多用其"光明"本義。⑤ 此外,《漢紀序》之言,亦可參考,其曰:

> 撰《漢書》百篇,以綜往事,庶幾來者,亦有監乎此。其辭曰:茫茫上古,結繩而治。書契爰作,典謨云備。明德坐馨,光於萬祀。其在中葉,實有陶唐。丕顯伊

---

① 孫詒讓:《墨子閒詁》(上册),北京:中華書局,2009年,第121頁。
② 上海師範大學古籍整理組點校:《國語》(下册),第510頁。案:此語又見《潛夫論·志氏姓第三十五》,參王符撰,汪繼培箋,彭鐸校正:《潛夫論箋校正》,北京:中華書局,1985年,第412頁。
③ 蔡邕:《蔡中郎集》卷四《太傅安樂鄉文恭侯胡公碑》,揚州:江蘇廣陵古籍刻印社,1990年,據清咸豐中聊城楊氏海源閣刊本影印,第2a—3b頁。
④ 嚴可均:《全上古三代秦漢三國六朝文》卷七七《全後漢文·太尉陳球碑》,北京:中華書局,1958年,第888頁。
⑤ 《説文》云:"光,明也。"見丁福保:《説文解字詁林》(第11册),第9977頁。

則,配天惟明。蕩蕩厥猷,有煥其章。至于有周,對日重光。①

"明德坐馨,光於萬祀""有煥其章,對日重光"與本文"其何德之修,少光王室"比對而觀,可知"光王室"是"光大王室",使王室重光也,而非如王引之謂"廣大王室"。韋昭注"光"爲"明",不誤。

總綰而言,王引之着眼於"光""廣"互通之例,而忽略"光"之語用情況,尤疏於"光王室"句式相同相近之文例。王氏只認定"卑"與"光"相對,便以"廣"釋"光",實搜證不足也。既然"光明"義於此本通,則不必假"廣"言之。

七　布憲施舍於百姓

王引之曰:

"以無射之上官,布憲施舍於百姓。"《韋注》曰:"憲,法也。施,施惠。舍,舍罪也。"引之謹案:"布法"與"施舍",意義不倫。《周禮·秋官》之"憲"、掌憲邦之刑禁。《管子·立政篇》之"出令布憲",皆不爲"施舍"而設。且下文云"優柔容民",則非布法之謂也。"憲"疑當爲"悳"。"悳",古"德"字。《説文》:"悳,古文作惪。"《郎中鄭固碑》"惪能簡乎聖心"是也。隸或省作"惪",《執金吾丞武榮碑》"蓋觀德於始"、《韓勑禮器碑》"倍道畔德",其旁皆古文"悳"字也。形與"憲"相似而誤。昭十三年《左傳》:"施舍不倦。"《杜注》曰:"施舍,猶云布恩德。"則施舍正所以布德,故曰"布德施舍於百姓"也。《月令》:"命相布德和令,行慶施惠,下及兆民",正與此同義。且上文云:"無射,所以宣布哲人之令德,示民軌儀也。"是無射本以布德爲義,故以無射之上官,布德施舍於百姓耳。韋所見本已誤作"憲",故不得已而曲爲之説,其實非也。又案:"施舍"之言"賜予"也,布德施舍於百姓,所謂"周有大賚也。"韋分"施"與"舍"爲二義,失之。説見《左傳》"旅有施舍"下。②

本篇原出《國語·周語下·景王問鍾律於伶州鳩》,曰:

王以二月癸亥夜陳,未畢而雨。以夷則之上宮畢,當辰。辰在戌上,故長夷則之上宮,名之曰羽,所以藩屏民則也。王以黃鍾之下宮,布戎于牧之野,故謂之厲,所以厲六師。以太蔟之下宮,布令于商,昭顯文德,底紂之多罪,故謂之宣,所以宣

---

① 荀悦:《漢紀》,收入張烈點校:《兩漢紀》卷三〇,北京:中華書局,2002年,第547頁。
② 王引之:《經義述聞》卷二〇,《續修四庫全書》經部《群經總義類》,第175冊,第68頁。

三王之德也。反及嬴内,以無射之上官,布憲施舍於百姓,故謂之嬴亂,所以優柔容民也。①

王引之認爲"布憲"不爲"施舍"而設,故疑"憲"爲"悳"之誤。"悳"古"德"字,"布憲施舍"應是"布德施舍"。王氏之説可堪商榷。字形方面,王氏舉漢碑"德"字所從之"悳",指與《説文》"惠"字古文"悳"同,與"憲"形近而譌。今舉"憲""悳"二字之金文、戰國文字與漢隸,以明究竟。"憲",金文作"[圖]"(不从心。伯憲盃・西周早期・15.9450.1)、"[圖]"(史牆盤・西周中期・16.10175)、"[圖]"(秦公鐘・春秋早期・01.262)。② 戰國文字作"[圖]"(十鐘)、"[圖]"(六年陽城令戈)、③"[圖]"(新蔡甲三 25)、"[圖]"(睡虎地・秦律193)、④"[圖]"(新鄭二六)與"[圖]"(中原八六・一・七七陶)⑤。漢隸作"[圖]"(馬・十125)、"[圖]"(草・居506.8)、"[圖]"(夏承碑)。⑥"悳",春秋晚期之侯馬盟書文字作"[圖]"(侯馬三:七 比悳[德][人名]・趙[春晚])、⑦戰國晚期中山國之金文作"[圖]"(陳侯因育敦・戰國晚期・09.4649)、"[圖]"(中山王譻鼎・戰國晚期・銘文選二800),⑧楚國竹簡文字作"[圖]"(語一 二四 二例)、⑨"[圖]"(四・曹21・13)⑩。漢隸作"[圖]"(張・奏206)、"[圖]"(馬・五247)、"[圖]"(銀666)。⑪ 二字形體迥異,無由相混,王引之謂韋昭所見本已誤作"憲",甚爲武斷。

就文意而言,王氏認爲"憲"之爲"法","布法"與"施舍"意義不倫。王氏之意,"施舍"乃賜予之義,不應布法以行之。其實,"施舍"並不純然爲一般之賜予,若其關乎國政,則需制定具體措施,以明於天下。《逸周書・大匡解》曰:

大官備武,小官成長,大匡封攝,外用和大,中匡用均,勞故禮新,小匡用惠,施舍静衆,禁請無怨,順生分殺,不忘不憚,俾若九則,生欲在國,國咸敬,順維敬,敬

---

① 上海師範大學古籍整理組校點:《國語》(上册),第141頁。
② 董蓮池:《新金文編》(中册),北京:作家出版社,2011年,第1486頁。
③ 湯餘惠:《戰國文字編(修訂本)》,福州:福建人民出版社,2015年,第702頁。
④ 曾憲通、陳偉武:《出土戰國文獻字詞集釋》卷一〇(下),北京:中華書局,2019年,第5354頁。
⑤ 何琳儀:《戰國古文字典:戰國文字聲系》(下册),北京:中華書局,1998年,第899頁。
⑥ 徐正考、肖攀:《漢代文字編》卷一〇(下),北京:作家出版社,2016年,第1493頁。
⑦ 湯志彪:《三晉文字編》(第3册),北京:作家出版社,2013年,第1530頁。
⑧ 董蓮池:《新金文編》(上册),北京:作家出版社,2011年,第204頁。
⑨ 張守中、張小滄、郝建文:《郭店楚簡文字編》,北京:文物出版社,2000年,第141頁。
⑩ 李守奎、曲冰、孫偉龍:《上海博物館藏戰國楚竹書(一—五)文字編》,北京:作家出版社,2007年,第482頁。
⑪ 徐正考、肖攀:《漢代文字編》卷一〇(下),北京:作家出版社,2016年,第1488頁。

維讓,讓維禮,辟不及,寬有永假。①

是篇乃武王指示管叔蔡叔治國安民之法。"大匡封攝,中匡用均,小匡用惠,施舍静衆",皆爲治國策略,必有規則行事,布憲行之,可謂當然。又《文政解》曰:

> 九勝:一□□□□,二□□□□,三同惡潛謀,四同好和因,五師□征惡,六迎旋便路,七明賂施舍,八幼子移成,九迪名書新。②

此文記述九種文王之政,"九勝"是其中之一。"九勝"又分九種方案,"明賂施舍"乃第七項,意謂公開贈送財物,發放施舍。既是動用公帑,必會制訂具體措施,故布憲以明之。《管子·君臣下》曰:

> 爲人君者,倍道棄法,而好行私,謂之亂。爲人臣者,變故易常,而巧官以諂上,謂之騰。亂至則虐,騰至則北。四者有一至,敗,敵人謀之。則故施舍優猶以濟亂,則百姓悦。選賢遂材而禮孝弟,則姦僞止。要淫佚,别男女,則通亂隔。貴賤有義,倫等不踰,則有功者勸。國有常式,故法不隱,則下無怨心。此五者,興德匡過,存國定民之道也。③

文章論君主興德匡過,存國定民之道。"施舍優猶以濟亂",乃是行政手段,故必據法則而行。考諸《國語》,作爲施政之"施舍",亦有其例,《晉語四·文公修内政納襄王》曰:

> 元年春,公及夫人嬴氏至自王城。秦伯納衛三千人,實紀綱之僕。公屬百官,賦職任功。棄責薄斂,施舍分寡。救乏振滯,匡困資無。輕關易道,通商寬農。④

"棄責薄斂,施舍分寡"等等,皆是文公修理國政之舉措,故知必據法行之。"憲"固然爲"法",而亦有"昭示"義,《國語·楚語·王孫圉論國之寶》曰:

> 圉聞國之寶六而已。明王聖人能制議百物,以輔相國家,則寶之;玉足以庇廕嘉穀,使無水旱之災,則寶之;龜足以憲臧否,則寶之;珠足以禦火災,則寶之;金足以禦兵亂,則寶之;山林藪澤足以備財用,則寶之。若夫譁囂之美,楚雖蠻夷,不能寶也。⑤

---

① 黄懷信、張懋鎔、田旭東撰,李學勤審定:《逸周書彙校集注(修訂本)》(上册),上海:上海古籍出版社,2007年,第370—372頁。
② 黄懷信、張懋鎔、田旭東撰,李學勤審定:《逸周書彙校集注(修訂本)》(上册),第380—382頁。
③ 黎翔鳳:《管子校注》(中册),第574頁。
④ 上海師範大學古籍整理組校點:《國語》(下册),第371頁。
⑤ 上海師範大學古籍整理組校點:《國語》(下册),第581頁。

"龜足以憲臧否",龜甲可以昭示凶吉,故寶之。是故"布憲"作用,要爲昭示政策措施於天下。本文"施舍於百姓",正是"優柔容民"之策略,故謂之"嬴亂","亂"者,"治"也,①"嬴亂",嬴内此地之治也。由此可見,"布憲施舍於百姓",是公布憲令,以昭示施舍百姓之措施,而此亦是德政之表現。王引之理解"施舍"只爲一般賜予,而忽略公開施舍乃治國方略,其指"布憲"不爲"施舍"而設,實乃誤解。此外,王氏引上文"無射,所以宣布哲人之令德,示民軌儀也"爲證,認爲"無射"以布德爲義。所謂"示民軌儀也",韋昭曰:"軌,道也。儀,法也。……示民道法也。"②此即示民可作典範之準則,是布德之具體指示,王氏對此未及留意。

總上所言,王引之執意以"布憲"不爲"施舍"而設,便以"憲"字與《説文》"悳"字古文"𢡵"形近而譌作據,從而推論"布憲施舍"爲"布德施舍"。然而,"憲""悳"二字形體不同,亦無二字相混之異文實證。本文以爲,"施舍"並非饋贈,而是武王分民以財之治國政策,故有"布憲"之舉。王氏誤釋字形,亦錯解文義,是勇於立説之過也。

作者簡介:

郭鵬飛,男,1958 年生,廣東順德人,香港城市大學中文及歷史學系教授。主要研究領域爲經學、訓詁學,近年代表性論著有《洪亮吉〈左傳詁〉研究》(上海:復旦大學出版社,2014 年)等。

---

① 韋昭注:"亂,治也。"見上海師範大學古籍整理組校點:《國語》(上册),第 142 頁。
② 上海師範大學古籍整理組校點:《國語》(上册),第 135 頁。

夏敬觀《毛詩序駁議》價值平議[*]

虞思徵

内容摘要 夏敬觀是晚清民國時期著名詩人、詞人,然其於經史小學方面亦有著述。《毛詩序駁議》四萬餘字,爲作者晚年應錢仲聯之邀所撰,《二南》部分分四期在《學海》雜誌刊出,後因雜誌停辦,未發表之稿本在其身後歸於上海圖書館。通過對稿本加以整理,並逐篇逐條逐句比勘對照,可知此書之材料皆來源於陳喬樅《三家詩遺説攷》,而觀點則多取自於陳氏按語、朱熹《詩序辨説》、皮錫瑞《經學通論》諸書,體現出作者鮮明的今文經學取向。該書雖不乏亮點,但總體而言引文多而己見少,因襲多而創新少,其學術價值有限。

關鍵詞 夏敬觀 《毛詩序駁議》 三家《詩》

引　言

夏敬觀(1875—1953)在晚清民國時期以詩詞名家。於詩學,是"同光體"詩派一員健將,有《忍古樓詩》《忍古樓詩續》一千八百多首詩存世,在當時詩壇享有一定聲譽,汪辟疆《光宣詩壇點將録》擬爲"地猛星神火將軍魏定國";於詞學,則師從文廷式,先後創辦漚社、聲社、午社三個詞社,撰寫詞學理論著作《忍古樓詞話》《映庵詞話》等,兼之提攜後進俊彦龍榆生、夏承燾諸人,爲晚近詞林尊宿之一,錢仲聯《近百年來詞壇點將録》擬爲"天威星雙鞭呼延灼"。

作爲晚清經學人師皮錫瑞之弟子,夏敬觀亦嘗究心經史小學。然而於詩詞之外,其學術著作如《毛詩序駁議》《音學備考》等,學界向來少所關注。究其原因,既有時過境遷聲名不顯、著作流傳不廣之故,亦有稿本未刊、皮藏於圖書館之憾。二〇一九年,作爲復旦大學出版社《近代學術集林》之一種,九卷本《夏敬觀著作集》的影印出版,爲學界探究其學術旨趣與成就提供了更多可能性。

---

[*] 本文係2020年度國家社會科學基金青年項目《夏敬觀全集整理與研究》(20CZW018)階段成果。

一 《毛詩序駁議》之概貌

　　《毛詩序駁議》四萬餘字，於夏敬觀經學著述中篇幅最大，某種程度上可視作其經學方面之代表作。該書分爲已刊與未刊稿本兩部分：已刊部分分四期登載於雜誌，篇目僅占全書五分之一弱，而稿本則在作者身後歸於上圖，人所趂見。時人或以爲該書未完，故少人問津。筆者在編纂《夏敬觀著作集》過程中略加措意，逐録整理並施以標點，爲進一步探討夏敬觀之經學取向與成就提供了較爲可靠的文本材料。關於該書撰作之旨及體例，夏敬觀自叙云：

> 　　三家亡而《毛》義孤行，遂使讀詩者無以折衷而確得詩人之旨。然三家遺説，尚有可考者，聚而觀之，以求其義，或不爲無補。昔朱熹以鄭君謂諸序本自合爲一編，毛公始分以寘諸篇之首，而復併爲一篇，以還其舊，因以論其得失。余因仿其例，專録《詩序》，而采三家遺説，條列於次。其無三家遺説者，則存而不論。①

是知作者乃有感於《齊》《魯》《韓》三家詩亡而《毛》義獨行，使後之讀者無以折衷而確得詩人之旨，遂仿朱熹撰《詩序辨説》之例，從文獻中勾稽三家遺説可考者聚而論之，以求其義，故凡書中所涉篇目率皆以此爲宗旨。該書體例爲頂格鈔録篇名及《毛序》，換行低兩格寫正文。正文一般先徵引文獻所存三家遺説，再援據諸家學者之觀點，最後附以己之按斷考證。其内容則以比勘四家詩異同爲主，兼而論及其他《詩經》相關問題。

　　一九四四年七月，《毛詩序駁議》首篇在錢仲聯主編之《學海》雜誌創刊號上刊出，隨後又於第一卷之二、五、六號三期連載，四文涉及《周南》《召南》詩凡十八篇。翌年因《學海》停刊，連載之事遂中輟。檢上海圖書館所藏《毛詩序駁議》稿本，《周南》部分爲刊載於《學海》創刊號及第一卷第二號之排印本，上有作者批語數處，乃修正誤字及補充材料；《召南》及以下則爲稿本，以毛筆鈔録於"學海月刊稿"字樣 25×10 方格紙上。《召南》部分雖曾在《學海》第一卷之五、六號上刊載，但此稿本並未采用雜誌排印本，經仔細比對，稿本上塗抹修改之處與刊出之版本完全吻合，可知雜誌即據此稿本排印。自《邶鄘衛風》至《豳風》及《二雅》《三頌》凡八十二篇，爲未刊部分，全書合計共一百篇，約占《詩經》總篇目三分之一。由此推斷，《毛詩序駁議》當成於一九四四年至一九四五年間，夏敬觀將全文謄録於《學海》雜誌稿紙，並由雜誌社按期排印出版。然

---
① 夏敬觀：《毛詩序駁議》，1944年《學海》創刊號，第3—4頁。

因雜誌停刊而連載亦隨之作罷,纔形成今所見排印本與稿本相拼接之版本。約略概述該書之情形如上。

二 《毛詩序駁議》之内容

發表於《學海》創刊號的《毛詩序駁議》首篇,專就《關雎序》所衍生而來的"《毛序》作者""三家《詩》序之有無""四家《詩》異同""二《南》由來""《關雎》之義"等問題發論,在梳理歷代諸家觀點及清人學説的基礎上加以考證並提出己見。如《毛序》之作者,歷代異説不下十餘種,夏敬觀據范曄《後漢書·儒林傳》"宏從曼卿受學,因作《毛詩序》"明文立論,認爲《毛序》乃衛宏作無疑,無庸紛加臆説。又如三家《詩》序之有無,夏敬觀承前人之説,以魏人張揖習《齊詩》且其《上林賦注》有"《伐檀》,刺賢者不遇明王也"之文,故《齊詩》有序明矣;西漢劉向爲楚元王劉交四世孫而世傳《魯詩》,其所編《列女傳》以《芣苢》爲蔡人妻作,《汝墳》爲周南大夫妻作云云,視《毛序》之空衍者尤鑿鑿不誣,又《息夫人傳》曰"君子故序之於《詩》"、《黎莊夫人傳》云"君子故序之以編《詩》",而劉向自著書亦曰《新序》,知《魯詩》有序明矣;又典籍中所引《韓詩》如"《關雎》,刺時也;《漢廣》,説人也;《汝墳》,辭家也;《芣苢》,傷夫有惡疾也"云云,皆與《毛詩》首語一例,則《韓詩》有序亦明矣。是故"《毛詩》有序,《三家詩》亦有序,其序説多異於《毛》"。① 而關於四家《詩》之異同,其總結云:

> 三家遺説,凡《魯詩》如此者,《韓》必同之。《韓詩》如此者,《魯》必同之。《齊詩》存什一於千百,而《魯》《韓》必同之。苟非同出一原,安能重規疊矩,三人占則從二人之言,謂《毛》不見三家古序則有之,三家烏見《毛序》爲哉? 魏源引證三家《詩》有序,極是。衛宏《序》遠在三家之後,誠不可深信也。②

是知夏敬觀深許魏源《詩古微·齊魯韓毛異同論》之説,其不信《毛序》,認爲"《毛序》空衍,不如三家詩之確指"這一思想貫串全書。

自《關雎》而下,其餘篇目皆依前述之體例,先列篇名及小序,再臚列材料,引用他説、探討詩旨。於此之外,復間或插入一些段落,探討《詩經》學史上一些聚訟紛紜的公案;如《召南》之末有二千餘字,集中討論了二《南》之時代、六笙詩"有目無辭"、《詩》無國風説、風雅正變説等問題;又於《衛風》之後討論三監所指、邶鄘衛之位置及

---

① 夏敬觀:《毛詩序駁議》,1944年《學海》創刊號,第3頁。今人程元敏認爲《詩序》非衛宏所作、三家詩皆無序,説詳程元敏:《詩序新考》,臺北:五南圖書出版股份有限公司,2005年。
② 夏敬觀:《毛詩序駁議》,1944年《學海》創刊號,第3頁。

衛詩三分之原因、根據與時間等問題；於《王風》後探討《王風》之次及王詩入風說；於《檜風》後討論《檜風》之次；於《豳風》後引皮錫瑞之説辨《豳雅》《豳頌》問題；於《小雅》首篇《鹿鳴》前討論《大、小雅》之區別及諸篇順逆之次，於末篇《賓之初筵》後探討《大、小雅》篇數及六笙詩之問題；於《周頌》首篇《振鷺》之前討論魯、商何以列於頌中等等。

三 《毛詩序駁議》之材料來源

《毛詩序駁議》中引用大量典籍資料及前人著作中的説法，筆者通過逐篇逐條查閱比對，基本釐清了其材料來源與常用參考書目，謹述如下：

（一）陳喬樅《三家詩遺説攷》

《三家詩遺説攷》分爲《魯詩遺説攷》《齊詩遺説攷》《韓詩遺説攷》三部分，分別成書於道光十八年（1838）、道光二十二年（1842）、道光二十年（1840），是由侯官陳壽祺、陳喬樅父子接力而成的一部三家《詩》輯佚典範之作。該書體例框架主要由陳壽祺制定，而内容則大多由陳喬樅補輯而成。陳氏父子在借鑒前人尤其是王應麟《詩攷》、范家相《三家詩拾遺》的基礎上，從史傳典籍、百家著述中勾稽三家詩傳授源流，採擇佚文遺説並加以考釋。王先謙於此書有"窮經之士討論三家遺説者，不一其人，而侯官陳氏最爲詳洽"之贊許。①

《三家詩遺説攷》以其資料之詳贍、蒐輯之完備，成爲後世學者研究三家《詩》之必備參考書籍，夏敬觀撰寫《毛詩序駁議》自然也難以例外。通過對《駁議》逐篇逐條的仔細考察比勘，認爲《駁議》對《三家詩遺説攷》之借鑒主要有材料與觀點兩方面。

1. 材料的引用

據統計，在《三家詩遺説攷》之中，《魯詩遺説攷》用書 71 種，輯録佚文 1700 餘條；《齊詩遺説攷》用書 36 種，輯録佚文 800 餘條；《韓詩遺説攷》用書 46 種，輯録佚文 600 餘條。② 其範圍之廣泛、材料之丰富，令後來者很難在文獻徵輯上逸出此書之外。"自此之後，除少數學者對三家《詩》義説增補寥寥數條之外，大規模的三家《詩》輯佚工作已經完成。"③故而在《駁議》所徵引的材料中，幾乎也未能超出《三家詩遺説攷》之範圍：《魯詩》之佚文材料多取《荀子》《列女傳》《説苑》《新序》《史記》《漢書》《後漢書》

---

① 王先謙：《詩三家義集疏》，北京：中華書局，1987 年，第 5 頁。
② 洪湛侯：《詩經學史》，北京：中華書局，2002 年，第 600—601 頁。
③ 房瑞麗：《清代三家〈詩〉研究》，復旦大學博士學位論文，2007 年，第 78 頁。

等;《齊詩》多取《易林》《三禮注》《鹽鐵論》《春秋繁露》等;《韓詩》則多取《韓詩外傳》《經典釋文》《文選》《後漢書注》等。然而在材料的引用、擇取與排列上,夏敬觀也有其自身的態度與考量。

(1)材料的重新排列

《魯詩遺說攷》《齊詩遺說攷》《韓詩遺說攷》前各有《自序》《叙錄》一篇,正文之體例爲先頂格列出篇名、詩句,再低一格列所輯佚文與己之案語。在一家之案語考釋中,難免會涉及另外兩家之材料。《毛詩序駁議》於佚文材料方面固不能超邁《三家詩遺說攷》範圍,但有時也會將這些材料與其他文獻資料重新組織排列,以符合其行文及考證之需要。

如《召南·甘棠》篇,《駁議》先引《韓詩外傳》"昔者周道之盛,召伯在朝"云云,然後評述《外傳》所言正是此詩本義,乃衰世之詩人所作陳古刺今之詩;再引《史記·燕召公世家》、《說苑·貴德篇》之說,言《魯》同於《韓》,並與《毛傳》《鄭箋》解說相較,認爲《毛序》所言尤爲空衍;末引《樂緯動聲儀》所載,得出《齊》亦同於《魯》《韓》之結論。《史記》《說苑》《樂緯動聲儀》《韓詩外傳》四條材料,《三家詩遺說攷》皆已錄之,但夏敬觀變換其次序,以《韓詩》說最詳列之於前,《魯詩》說次之,而《齊詩》說最後,並分別加以簡單論述,《駁議》大部分篇目皆遵循此種模式。

(2)材料的補足完善

如《衛風·木瓜》篇,賈誼《新書·禮篇》引其詩首章並論之曰:"上少投之,則下以軀償矣;弗敢謂報,愿長以为好。古之蓄其下者,其施报如此。"①陳喬樅《魯詩遺說攷》輯《新書》自《木瓜》首章至"施報如此"止,案語引《毛傳》"孔子云:吾於《木瓜》見苞苴之禮行",與《新書》由余"苞苴時有,筐篚時至?則群臣附"之語及所引《木瓜》詩相合,可證《魯詩》說與《毛序》異義。考《新書·禮篇》,由余語正在《木瓜》詩首章之上,《魯詩遺說攷》輯錄《新書》不夠完整,讀者於陳氏案語乍看之下有茫然之感。《駁議》引《新書·禮篇》自"禮者,所以節義而没不還"至"施報如此"止,不但囊括由余之語,使讀者明其上下文氣及關聯,更引"故禮者,所以恤下也"一句,與《魯詩》說"臣下思報禮"之旨正合,較陳氏所輯更優。《王風·黍離》引劉向《說苑·奉使篇》小同此例。

又如《曹風·蜉蝣》篇,《齊詩遺說攷》輯《漢書·古今人表》"曹昭公班,鼇公子,作詩",以證《齊詩》與《毛序》同。《駁議》另舉《古今人表》下中欄內"懿王堅,穆王子,詩作"一條及師古注"政道既衰,怨刺之詩始作",謂"詩作"當是"作詩"之誤倒。

凡如此類,皆於《三家詩遺說攷》所輯材料有所補足和完善。

---

① 吳雲、李春臺:《賈誼集校注》,天津:天津古籍出版社,2010年,第43頁。

(3) 對材料的質疑

陳氏《三家詩遺説攷》對三家《詩》遺説、佚文之網羅勾稽幾無遺漏,但有時爲求其全備,在分類上不免失之武斷。如言鄭玄注《三禮》時未見《毛詩》,所用皆爲《齊詩》義,即恐未必然。又如以《爾雅》皆《魯詩》、班固用《齊詩》等,前人亦多有辨説,《駁議》亦數次言及,聊舉二例。

陳喬樅《齊詩遺説攷自序》云:"喬樅比補輯《齊詩》佚文佚義,於經徵之《儀禮》、《大小戴禮記》,於史徵之班固《漢書》、荀悦《漢紀》,於諸子百家徵之董仲舒《春秋繁露》、焦贛《易林》、桓寬《鹽鐵論》、荀悦《申鑒》諸書,皆碻有證據,不逞私臆之見,不爲附會之語,蘄於實事求是而已。"①《焦氏易林》一書,乃《齊詩遺説攷》所輯 800 餘條佚文材料重要來源之一。但關於此書是否經後人竄亂,鄭曉《古言》、顧炎武《日知録》皆已論及。又此書引述《詩經》之文字能否皆歸於《齊詩》,亦存有一定疑問。夏敬觀於《駁議·召南》後致疑曰:

> 陳喬樅以《焦氏易林》用《齊詩》,凡《易林》稱述《詩》語,皆備録之,以廣《齊詩》説。余考《漢書·藝文志》所載《易》十三家、著龜十五家,不及焦氏。《隋書·經籍志》始載焦贛《易林》十六卷、《易林變占》十六卷於五行家。唐王俞始序而稱之。今《變占》亡,惟《易林》存。顧炎武《日知録》摘其"長城既立,四夷賓服,交和結好,昭君是福"四句,事在元帝竟寧元年,名字炳然,顯爲延壽以後語,是此書非可盡信。又《後漢書·孔僖傳》載"崔駰《家林》"注"《家林》,崔篆所作《易林》也"、《許曼傳》"祖父峻著有《易林》",皆在《毛詩》通行之後。是書或不免爲後人所附益,故余未敢盡取也。②

又如陳喬樅《齊詩遺説攷》於《邶風·式微》《旄丘》《新臺》三引《易林》,於《式微》引《小畜之謙》"式微式微,憂禍相絆。隔以巖山,室家分散"語,以爲此《齊詩》説,與《毛序》"黎侯寓于衛,其臣勸以歸"相應;於《旄丘》引《豫之大壯》"過時不歸,雌雄苦悲。徘徊外國,與叔分離",以爲《齊詩·旄丘》之説,又與《毛序》所謂"黎之臣子責衛伯"義同;於《新臺》則引《歸妹之蠱》"陰陽隔塞,許嫁不答。《旄丘》《新臺》,悔往歎息",則以《旄丘》《新臺》二詩爲許嫁不答。考劉向《列女傳》卷四《黎莊夫人》,知《魯詩》説以《式微》爲黎莊夫人及其傅母所作,即上述"許嫁不答"之意,而《易林》却屬之《旄丘》《新臺》二詩。《易林》此三處説法牽混莫辨,不相連貫符合,故夏敬觀以爲此乃

---

① 陳喬樅:《齊詩遺説攷自序》,阮元、王先謙編,虞萬里類編:《正續清經解類編》(第 17 册),北京:中國書店,2020 年,第 271 頁上。
② 夏敬觀:《毛詩序駁議(續)》,《學海月刊》第 1 卷第 6 册,1944 年,第 4 頁。

《易林》雜亂、絶非出自一手之明證。再如《邶風·柏舟》篇，《魯》《韓》説近而異於《毛序》。陳喬樅引《易林·屯之乾》"仁不逢時，復隱窮居"，以爲《齊詩》説與《毛序》義同。夏敬觀則認爲《易林》多後人附會，此正其襲取《毛序》之證，而非《齊》《毛》義同。

陳喬樅以《儀禮》與《齊詩》並出自后蒼，而禮家《詩》説皆用《齊詩》，故以鄭玄注《禮》所用詩義皆本之於《齊詩》。夏敬觀舉鄭玄注《鄉飲酒禮》所云《關雎》言后妃之德、《葛覃》言后妃之職、《卷耳》言后妃之志以至於《南山有臺》言太平之治，皆與《毛序》吻合。又舉《鄉射禮》"騶虞"鄭注，以上半句"壹發五豝"喻樂得賢者衆多，與《韓詩》以騶虞爲天子掌鳥獸官合；而以下半句"于嗟乎騶虞"歎仁人與《毛序》所謂"仁如騶虞"合，牽涉《毛》義。又陳喬樅所謂鄭玄注《禮》未見《毛詩》，元出《鄭志·答炅模》，言後見《毛詩》然注已行於世，不得復改云云。對此夏敬觀却有不同看法：

> 余按：《鄭志·答炅模》云："爲《記》注時，執就盧君，先師亦然。後乃得毛公《傳》。既古書義又宜然，《記注》已行，不復改之。"孔疏所引即此也。此亦鄭注《禮》時未見《毛傳》之證。然孔疏亦但就《禮注》與《詩箋》不同者下此斷語，其與《詩箋》同者，未必非鄭君後有所改。《後漢書》鄭君本傳載鄭君《誡子書》有"所好群書率皆腐敗，不得於禮堂寫定，傳與其人。日西方暮，其可圖乎"之語，是鄭君晚年有定本。竊疑《禮注》中有依《毛詩》改定者，不然，何以《齊詩》於《關雎》等詩多與《毛》同，而與《魯》《韓》反異也。本書仍估從陳喬樅説，以《禮注》悉用《齊詩》，而記其疑以質博學君子。①

夏敬觀雖於《三家詩遺説攷》材料之分類不能無疑，但在撰寫《駁議》時最終仍然只能遵循陳喬樅運用師法、家法來推求佚文遺説並加以分類的方法，無法跳出其窠臼。究其緣由，缺乏新材料與新方法是其主因。

2. 觀點的引述
（1）直接引用

夏敬觀在撰寫《毛詩序駁議》的過程中，除引用陳喬樅《三家詩遺説攷》所錄佚文材料外，還多次直接或間接引用其按語。據筆者統計，《駁議》直接、間接引用陳氏觀點分別爲二十八、二十七次。直接引用中四分之三爲贊同陳氏觀點，四分之一則有所質疑或反對。聊舉兩條以明其例：

《周南·兔罝》篇，陳喬樅《齊詩遺説攷》錄桓寬《鹽鐵論·備胡篇》"此《兔罝》之所刺。故小人非公侯腹心、干城也"一條，以爲《齊詩》説，案語又據《左傳·成十二年》

---

① 夏敬觀：《毛詩序駁議（續）》，《學海月刊》第1卷第6册，1944年，第6頁。

邰至引《兔罝》之語,定《兔罝》爲刺詩,且《左傳》爲《齊詩》説之本。胡承珙《毛詩後箋》、王先謙《詩三家義集疏》於"《兔罝》爲刺詩"皆已駁之。《駁議》更進一步申説,以爲桓寬《鹽鐵論》本之《左傳》或有之,且爲斷章取義;若《齊詩》則無本之《左傳》之理。

《召南·騶虞》篇,陳喬樅《魯詩遺説攷》録蔡邕《琴操》文,以蔡邕用《魯詩》説,《騶虞》爲邵國之女感周道衰微而作;又録賈誼《新書·禮篇》云云,以賈誼之時惟有《魯詩》,故所言"騶虞者,天子之囿也。虞者,囿之司獸者也"爲《魯》義。《駁議》指出"陳氏以蔡邕、賈誼均用《魯詩》,而二説絶不相蒙",①這恰恰正是陳喬樅依據"漢儒最重家法,皆各守師法,持之弗失,寧固而不肯少變",②以師法、家法推求佚文遺説並加以分類這一方法不足之處,即被歸類爲同一詩説之材料,所言詩旨有時却不能一致。如此例,夏敬觀取蔡邕《琴操》之説,以爲其説較詳,必有所據,並彌縫二説云:"曰歎傷所説而不逢時,所説即所悦也,其爲所悦之人,爲囿之司獸者,以獵違時而失嘉會耶?"③雖無法確證,亦可備一説。

(2)間接化用

在《駁議》全書對陳喬樅觀點的二十餘次間接引用中,亦可分爲兩種情況予以討論:一種爲兩者文字完全相同,却未標明出處;另一種則是文字相近,《駁議》有化用剿襲痕跡。

《周頌·雝》篇,《駁議》次第引蔡邕《獨斷》、《禮記》鄭注、班固《西都賦》、《論語》注四條材料,云"是宗廟之祭及食舉樂並以《雝》徹也",④此十四字與陳喬樅《齊詩遺説攷》中案語完全一致。⑤又如《豳風·破斧》篇,《駁議》引《白虎通·巡狩篇》及《公羊·僖四年傳》何休注,隨後評述云:

> 何休述《破斧》詩義與《白虎通》合。公羊家用《齊詩》,何休用《魯詩》,是此詩《魯》《齊》説同。《荀子》言"周公南征而北國怨,東征而西國怨",即《魯詩》之義所本。《毛傳》以四國爲管、蔡、商、奄,云"惡四國者,惡其流言毀周公也",與《三家詩》義異。⑥

---

① 夏敬觀:《毛詩序駁議(續)》,《學海月刊》第1卷第6册,1944年,第1頁。
② 陳喬樅:《齊詩遺説攷自序》,阮元、王先謙編,虞萬里類編:《正續清經解類編》第17册,第271頁上。
③ 夏敬觀:《毛詩序駁議(續)》,《學海月刊》第1卷第6册,1944年,第1頁。
④ 夏敬觀:《毛詩序駁議》,虞思徵編:《夏敬觀著作集》(第1册),上海:復旦大學出版社,2019年,第185頁。
⑤ 陳喬樅:《齊詩遺説攷》,阮元、王先謙編,虞萬里類編:《正續清經解類編》(第17册),北京:中國書店,2020年,第394頁上。
⑥ 夏敬觀:《毛詩序駁議》,虞思徵編:《夏敬觀著作集》(第1册),上海:復旦大學出版社,2019年,第147—148頁。

上所引文段中加點字乃與《魯詩遺説攷》中陳氏案語完全相同,①惟末句陳氏作"説與《魯詩》異",夏敬觀敷衍爲"云'惡四國者,惡其流言毁周公也',與三家《詩》義異"一句。其餘尚有一些篇目亦隱約有剿襲因循之痕跡,然皆不若《破斧》篇之明顯。若《雖》篇十四字完全相同尚可以用漏題陳喬樅之名來解釋,但《破斧》如此略微改换文字,則似是有意之舉動。

(二)朱熹《詩集傳》《詩序辨説》

除陳喬樅《三家詩遺説攷》之外,《駁議》對朱熹之觀點亦多有引用。據筆者統計,全書引《詩集傳》三次、《詩序辨説》十四次,且皆持贊同態度。究其原因,蓋因二人關於《毛序》之觀點頗爲相近,如作者當爲衛宏、《序》有不得詩人本意不可盡信等。朱熹意《毛序》原出臆度之私,附於經後,與《魯》《齊》《韓》之説並傳於世,及至毛公分以置之篇首,又兼三家《詩》亡,"遂若詩人先所命題,而詩文反爲因《序》以作。於是讀者轉相尊信,無敢擬議。至於有所不通,則必爲之委曲遷就,穿鑿而附合之"。② 是知二書之旨皆在於論《毛序》之得失,欲以還其舊,故《駁議》多引朱説,並多贊其"實有特見""其言甚是""誠然""誠如所言""朱説誠是""甚是""所論良是"云云。然亦有意見相左者,如《魏風·伐檀》,《詩序辨説》以爲乃"專美君子之不素飧",而《駁議》以爲四家詩皆同"刺貪"之旨。是知《駁議》偏重於比較四家詩之異同,而《詩序辨説》則綜各家之説而以己意斷之,兩者仍有不同。

《鄭風·溱洧》篇,《毛序》以爲刺亂之詩,言鄭國兵革不息,男女相棄,淫風大行,莫之能救。《駁議》引《韓詩内傳》文及高誘《吕覽·本生篇》注,分别定爲《韓》、《魯》詩説並評述曰"此則《韓詩序》及《内傳》之文也,諸書多引之"、"高誘用《魯詩》,與《韓詩》稍異"。③ 此二條材料,陳喬樅《三家詩遺説攷》已録,《韓詩遺説攷》引《韓詩内傳》之文,並用小字於下標注《太平御覽》卷八百八十六、《藝文類聚》卷四、《後漢書·袁紹傳》注、《續漢志》注等出處,夏敬觀"諸書多引之"一語即由此而來。然觀《駁議》稿本之改動痕跡,可見"此則《韓詩序》及《内傳》之文也,諸書多引之"原作"《韓詩序》與《毛序》絶不同","高誘用《魯詩》,與《韓詩》稍異"一句原作"陳喬樅以高誘爲用《魯詩》,則《魯詩》與《毛序》同。然高誘時《毛序》已行,或亦採《毛序》也",後統統刪去,

---

① 不同處僅爲第一處"何休"原作"何邵公",第二處"何休"原作"邵公則","此詩"原作"此篇","同"下有"矣"字,"所本"下有"也"字而已。

② 朱熹:《詩序辨説》,朱傑人、嚴佐之、劉永翔主編:《朱子全書》(第1册),上海:上海古籍出版社;合肥:安徽教育出版社,2002年,第353頁。

③ 夏敬觀:《毛詩序駁議》,虞思徵編:《夏敬觀著作集》(第1册),上海:復旦大學出版社,2019年,第122—123頁。

另改作"陳喬樅以高誘爲用《魯詩》,則《魯詩》與《毛序》同",最終又抹去"陳喬樅"之名,將"則《魯詩》與《毛序》同"改定爲"與《韓詩》稍異"。而"蓋鄭俗如此,非因'兵革不息,男女相棄'始至此也"之結尾,亦似從朱熹《詩序辨説》"鄭俗淫亂,乃其風聲氣習流傳已久,不爲'兵革不息,男女相棄'而後然也"化用而來。① 以此例觀之,夏敬觀似有掠美之嫌。

(三) 皮錫瑞《經學通論》《六藝論疏證》

《駁議》一書除引用前代學者之著作外,於同時代學者之成果亦有所措意,其中尤以其師皮錫瑞爲最。夏敬觀父獻雲與皮錫瑞有師弟子、姻親之誼,故夏敬觀自十八歲入南昌經訓書院,從皮錫瑞讀《尚書》而旁及諸經,漸次步入學術正途。《駁議》全書引皮錫瑞之説凡十一次,十處録自皮氏《經學通論·詩經》,一處由《六藝論疏證·詩論》意引而來,且於師説皆無所違背。如《經學通論·詩經》"論毛義不及三家,略舉典禮數端可證"一篇,皮錫瑞擇典禮之實有可徵者,於《二南》之中列舉《關雎》"鐘鼓樂之"、《葛覃》"歸寧父母"、《采蘋》《草蟲》前後次序、騶虞爲官名而非獸名四例,以明《毛》義有不及三家之處。故《駁議》於《周南·葛覃》《召南·騶虞》《邶風·泉水》三引之,以證《毛序》之未安。又如《駁議》所論最後兩篇爲《魯頌·駉》、《商頌·那》,因論及二《頌》作者、《商頌》篇數等問題,故可以連類觀之。夏敬觀從《經學通論·詩經》"論《魯頌》爲奚斯作,《商頌》當從三家,不當從毛""論正考父與宋襄公年代可以相及,鄭君《六藝論》從三家《詩》,箋毛亦采三家"兩篇中引取四段文字並有所申説——正考父之年歲,前人多已論及。據《毛序》及《左傳》之説,正考父佐宋戴公、武公、宣公;若信《史記·宋世家》及三家《詩》説,則正考父襄公時仍爲大夫。期間至少相隔一百一十六年,超出常人壽命之極限,故於三家之説不能無所致疑。魏源《詩古微》從"《世家》諸國,年數淆訛"入手,認爲戴、武、宣三世之年尤不可考,更假定三公之年共止十余載,正考父中年引疾致仕並傳政於其子孔父嘉,則襄公之世尚存不無可能。一面縮短戴公至襄公之間所歷年歲,又舉老彭、老聃、張蒼、伏生等人爲證。② 皮錫瑞則深信《史記·宋世家》及《十二諸侯年表》,認爲"史公去古未遠,從孔安國問故,何至於孔子先世之事懵然不知……戴、襄相距百有一十六年,則史公非不知考父之年必百三四十歲,而後能相及也。百齡以上之壽,古多有之,竇公、張蒼即其明證"。③ 以夏敬觀撰《駁議》之一九四四年時之科學觀念而言,自然無法贊同乃師之説,故只得盡量縮

---

① 朱熹:《詩序辨説》,朱傑人、嚴佐之、劉永翔主編:《朱子全書》(第1册),上海:上海古籍出版社;合肥:安徽教育出版社,2002年,第373頁。
② 魏源:《詩古微》,《魏源全集》(第1册),長沙:嶽麓書社,2004年,第61頁。
③ 皮錫瑞:《經學通論》,吴仰湘編:《皮錫瑞全集》(第6册),北京:中華書局,2015年,第333頁。

短戴公至襄公之時間曲爲彌縫，以爲左袒之計；同魏源一樣先質疑司馬遷作《史記》之材料"或採自古籍，或得之傳聞，其間非必盡相吻合"，再假設《左傳》誤衍戴、武二字，"今去戴、武二公四十八年，則爲襄公大夫時不過九十餘歲，非不可相及也"。①

四 《毛詩序駁議》價值平議

綜上所述，此書之所以命爲"駁議"，乃作者站在今文三家《詩》立場上，對人所尊信不疑的《毛詩序》予以批駁議論。故全書僅涉及《詩經》約三分之一篇目，餘則或以三家《詩》材料難徵、或因《毛序》無可駁議，只能付之闕如。關於本書之主旨，實導源於宋儒之疑經。朱熹《詩序辨説》指出：在四家《詩》並存於世之局面下，讀者對《毛序》並非盡信，且可於四家異同之間尋其牴牾之處。然自毛公援《序》入經並分置諸篇之首，兼之三家《詩》説逐漸亡佚而《毛》義獨行，後代學者遂不敢致疑，於不通之處必委曲遷就、穿鑿附會以回護之。魏源《詩古微》之駁《毛序》即多本朱説。皮錫瑞《經學通論》中也多次申説"古文亦未可盡信""《毛序》亦有不可信者""《毛》義不及三家""《詩序》有可信有不可信，今文可信，古文不可盡信"。夏敬觀《毛詩序駁議》一書即承此脈絡而撰。

本書材料之來源，三家《詩》佚文、遺説部分皆從陳喬樅《三家詩遺説攷》中擇取，無有超越之處。僅在一些材料的排列、完善、歸類和闡釋上有所不同，抑或是在自己的案語中引用其他材料來證成己説。而本書所引前人著作及觀點，除上述陳喬樅《三家詩遺説攷》、朱熹《詩序辨説》、皮錫瑞《經學通論》外，還涉及王應麟《詩攷》、王引之《經義述聞》、胡承珙《毛詩後箋》、馬瑞辰《毛詩傳箋通釋》、魏源《詩古微》、朱右曾《詩地理徵》、王先謙《詩三家義集疏》等，但次數較少，不具列。

《毛詩序駁議》存在兩點不足。第一，從他書轉引多爲二手材料：如《鄘風·載馳》篇，《駁議》引王照圓《列女傳補注》，引文中"二章"兩字《列女傳補注》原書所無，陳喬樅《魯詩遺説攷》引用時始加；又《商頌·那》篇引裴駰《史記集解》闕"章句"二字，考皮錫瑞《經學通論·詩經》"論正考父與宋襄公年代可以相及"篇此處亦闕"章句"二字，是知夏敬觀引用多未核原書。第二，援引他人觀點時存在剽襲痕跡：有些顯而易見之事實，即使化用但不標注出處，或亦無傷大雅；然某些文字完全相同卻仍不標注，則有掠美之嫌疑。

---

① 夏敬觀：《毛詩序駁議》，虞思徵編：《夏敬觀著作集》（第1册），上海：復旦大學出版社，2019年，第191頁。

縱觀夏敬觀一生,其於詩詞創作及理論方面用力最勤。雖曾師承晚清經學大師皮錫瑞,但於經史方面著作不多,造詣有限。《駁議》作爲其經學方面之代表作,鮮明體現出其今文經學的學術取向,這主要是青年時期在經訓書院受到皮錫瑞之影響,儘管時間並不很長,但亦奠定其學術基調。反映到《駁議》一書中,可以看到他在一些關鍵問題上都持有和老師一樣的觀點:如《小雅·鹿鳴》篇不信《儀禮》爲周公書、十七篇皆孔子所定;《周頌》附和皮錫瑞"《三頌》有通三統之義,與《春秋》存三統大義相通"之説等。又夏敬觀另撰有《春秋繁露考逸》,皆可見其偏於今文經學之取向。

　　除此之外,《駁議》在校勘學、音韻學上亦不乏亮點,如《小雅·十月之交》篇"豔妻煽方處"句,陳喬樅引證大量書證,仍只是從文獻學上討論,夏敬觀按曰"豔、閻、剡三字皆閉口音,音近,而三家今文由口授異耳"云云,①是直從語音角度切入,這與他在音韻學上頗有造詣有關,其所著《音學備考》在清人諸家基礎上自出機杼,較于海晏《漢魏六朝韻譜》爲更早,實爲研究漢魏韻例開山之作。

　　平心而論,夏敬觀身處清代經學繁榮到民國學術轉型時期,就其學術價值而言,《毛詩序駁議》在詩經學史,尤其是自王應麟《詩考》至陳喬樅《三家詩遺説攷》、王先謙《詩三家義集疏》的三家詩研究史上價值有限——既無材料上的突破,亦少觀點之創新,甚至還有一些因循剿襲之處。當然,彼時之學術體系尚未如今日這般規範,民國時期不少學者都有類此性質的鈔撮之作,對於民國學術史和夏敬觀其人研究而言,亦有其自身價值。

作者簡介:

　　虞思徵,男,1989 年生,上海人,東華大學人文學院講師。主要從事古典文獻學、中國古代文學、漢語言文字學研究。在《史林》等雜誌發表論文十餘篇,主持國家社科基金青年項目一項,整理點校出版古籍 200 餘萬字。近年代表作有《龍榆生致夏敬觀信札四通考釋》(《詞學》第 43 輯,2020 年 6 月)、《夏敬觀稿本〈毛詩序駁議〉探賾(上、下)》(《經學文獻研究集刊》第 23、24 輯,2020 年 6 月、12 月)等。

---

① 夏敬觀:《毛詩序駁議》,虞思徵編:《夏敬觀著作集》(第 1 册),上海:復旦大學出版社,2019 年,第 166 頁。

編後記

我不研究戲曲，亦未做過統計學的功課，但我敢説，中國曾經是世界上有數的戲劇大國之一。何出此言？由我童年的生活環境想見。二十世紀五六十年代，我的家鄉無錫只是一座60萬人口的江南小城，然而戲館却是不少。距離我家不足百米，有中央戲館與泰山戲館。從中央戲館往外，有一條名爲"老戲館弄"的小街，裏面有金城戲館。從泰山戲館往外，有紅星戲館。全城的戲館有多少，可以據此密度推算。

但凡有新戲上演，戲院大門的兩側，都有製作精美的大幅廣告，路人由此可知，近日上演的是京劇、越劇、黄梅戲，還是滬劇、淮劇，抑或是蘇滬地區特有的滑稽劇。評彈與説書，雖不屬於戲劇，但語言風趣，唱腔軟糯，廣受市井歡迎。街頭亦不時可以聽到由女童攙扶的盲人，彈着三弦，邊走邊唱、悠揚悦耳的曲調，似乎空氣中都瀰漫着吴儂軟語的氣味。

那時，看戲是市民生活的一部分，普通戲票價格不貴，親友之間常彼此請客看戲，所以懂戲的人不少。某年，梅蘭芳到無錫演出，票價不菲，我家一位窮鄰居，居然當了衣服才買的票，只爲一睹梅大師的風采。我母親不識字，却是地道的戲迷，不僅喜歡看，還喜歡給我們復述戲文。我年齡小，對戲劇没太大興趣，多是被大人帶進戲館，文戲武戲猴戲，也算都見識過。有關楊家將的戲，很受歡迎。聽大人説，楊老令公、佘太君生有七子，個個驍勇，人稱"七郎八虎將"，我由此得知七子以及楊宗保、穆桂英、楊排風等的大名。佘太君手持龍頭杖，百歲掛帥的場面，最爲壯觀，至今猶在眼前。可惜我每次没等劇終就已昏昏入睡，最後被大人背着回家。

除正式的戲館之外，還有比較簡易的戲場，例如離我家不遠，有一個規模不小的菜市場，旁邊有一處用篷布圍攏的場所，每天中午菜市收攤後，那裏便是中老年婦女聽灘簧的地方，人氣很旺。灘簧，是環太湖流域盛行的一種民間戲曲，無錫與常州是蘇南地區灘簧戲最興盛的地區，故習稱"常錫文戲"。後來灘簧往正規劇種方向轉化，據説兩地爲争奪冠名權，曾連日"鬥戲"，最終無錫獲勝，故開始改稱"錫劇"。

無錫人受錫劇浸潤很深，《珍珠塔》《孟麗君》《雙推磨》《庵堂相會》《雙珠鳳》等經典劇目，婦孺皆知。市錫劇團的頭牌王彬彬、梅蘭珍，風光的程度絶對不亞於今日的港台明星。無錫人民廣播電台《無錫新聞》節目的開始曲,就採自《雙推磨》,故不僅人人耳熟能詳,就連我這樣的小屁孩,都會朗聲高唱《雙推磨》里"爆竹聲聲震天響,家家户户過年忙。我的家中柴米無,娘親一定倚門望"這幾句。

十年"文革",始於姚文元的《評新編歷史劇〈海瑞罷官〉》,很快,大批判的鐵掃帚伸向了傳統劇目的所有角落:田漢改編的《謝瑤環》成了"鬼戲",《四郎探母》的要害是歌頌叛徒,《白蛇傳》是"才子佳人"戲,包公戲是粉飾封建統治的"清官戲"。所有古戲都被禁演,一衆名角慘遭批鬥,馬連良、譚富英、奚嘯伯、周信芳、尚小雲、張君秋、蓋叫天、童芷苓等大師,無一幸免。傳統京劇由此元氣大傷,再難復元。

"文革"期間,官方陸續推出《沙家浜》《紅燈記》《智取威虎山》等八個"樣板戲",不僅從中央到地方的劇團演,而且拍成電影,普及的程度難以想象。《沙家浜》里胡傳魁的唱詞,"想當初,老子的隊伍才開張,攏共只有十幾個人、七八條槍",匪氣橫溢,又有些京味兒,不少人是從這幾句開始學唱京劇的。我則是被戲里阿慶嫂的"壘起七星灶,銅壺煮三江;擺開八仙桌,招待十六方"文筆極佳的的唱詞所吸引,而開始關注京劇。後來方知,《沙家浜》劇本出自大作家汪曾祺的手筆。

那年代物質條件很差,宿舍没有收音機,我喜歡的許多唱段,都是站在電綫桿下面,聽喇叭里播放的唱段學會的。《智取威虎山》里的"幾天來"這段西皮,峻峭奔放;"朔風吹"這段二黄,優雅雋永。此外,"耐心待命"的華美舒展與"除夕夜"的熱切激越,也都是我的最愛。山東省京劇團的《奇襲白虎團》面世較晚,但最獲我心,嚴偉才的"安平里遭火焚"與"心潮翻騰似浪卷"兩個大段唱腔,悲涼蒼勁、跌宕起伏,最合我的口味。

當時我等並不知曉的是,樣板戲里有不少一流演員,如《沙家浜》里扮郭建光的譚元壽,扮阿慶嫂的先是趙燕俠、後來是洪雪飛,扮刁德一的馬長禮;《紅燈記》扮李鐵梅的劉長瑜,扮李奶奶的高玉倩,《杜鵑山》扮柯湘的楊春霞,都是一時之選。《智取威虎山》里扮楊子榮的童祥苓,扮少劍波的沈金波,都是周信芳的入室弟子;扮土匪欒平的,竟然是醜行翹楚孫正陽先生。如今這些演員都已邁入老境,無力再登舞台。我輩看過他們的演出,實在是有幸。

樣板戲的流行,與當年的政治氣候密切相關,而"文革"又與千萬人的人生與命運相關,是耶非耶,要由歷史來下判語。

2022年春,疫情已持續一年多,終日坐擁書城,不免鬱悶,而時間相對寬裕,決定藉此時機學習傳統京劇。若要深究背後的原因,則有生活經歷的因素,亦有學術方面的因素。先說前者。我第一次受到傳統京劇的觸動,是改革開放之初在香港參加的一次學術會議,歡送晚宴上,日、韓和中國台灣學者唱卡拉OK,手舞足蹈,内地學者看得目瞪口呆,而竟然無一人有才華可以展現,某學會會長害怕被別人點唱,居然欲躲進厠所"避難",一衆教授,文化如此蒼白,真正令人汗顔。令人眼前一亮的是,澳大利亞國立大學中文系的柳存仁教授、香港大學中文系主任趙令揚教授,一位唱京劇,另一位是大段的京劇念白,博得熱烈掌聲。樣板戲也有念白,如《紅燈記》里高玉倩扮演的李奶奶在"痛説革命家史"一場中的念白,深受贊譽,推爲傑作。遺憾的是,樣板戲的宗旨是"文藝革命",故要盡量壓抑傳統的表演程式,强調創新。高玉倩的那段念白採用普通話,完全没有上口字與尖團音,更像是充滿激情的詩朗誦,韻味大失。如今近距離欣賞到一位著名人文學科教授的抑揚頓挫的念白,令人爲他深厚的文化積累而由衷感慨:"真教授當如此!"這次活動,成爲我日後學習傳統京劇的伏筆。

非常有幸,我學傳統京劇的想法得到國家行政學院孫羽津先生的支持與幫助。孫先生是清華校友,長年研究京劇,流派與角色、歷史與掌故,盡皆如數家珍。我希望從看若干部戲開始,以便略爲有些基礎。孫先生爲此做了周密安排,既考慮到"四大鬚生""四大名旦"的代表作,又兼顧到各種特色的劇目,或以武打見長,或以做功見長,或以丑角爲主等不同風格,每天傳給我一部錄像,並爲我指點内行看戲的"門道",我則必定當晚看完。三個多月過去,總共觀賞一百零五部戲,對京戲"一桌二椅"的基本擺設、以及服飾、身段的風格等略有所知。

我學唱第一段傳統京劇,是在手機上聽王珮瑜先生演唱《空城計》中諸葛亮的"我正在城樓觀山景"一段開始的,洋洋灑灑,飄逸流暢,當即被吸引。等學會之後,我又聽了馬連良、楊寶森、楊乃彭、孟小冬等先生唱的這段,發現以馬連良先生所唱爲最佳,把人物的情感演繹得淋漓盡致,尤其是指責司馬懿"貪而無厭"那幾個字,真有點氣得結結巴巴的味道,真實而自然。再回過來聽王珮瑜此處的唱,則一滑而過,酷似京歌。看來,薑還是老的辣。傳統戲比樣板戲難唱得多,一年多過去,我只學了七八段,還都唱不好,但我樂此不疲,已成爲不可一日無京劇的鐵桿戲迷。

其次,是學術方面的原因。自從周公制禮作樂,禮樂便不可分。可惜學界禮的研究較實,樂的研究較虛。故我比較關注古代"樂"的功用、學理、踐行等問題,關注周代樂學在後世有無傳承的問題。這些,我在學習京劇的過程中,或多或少地有了些答案。

周人樂教的起點在人的情感。人皆有喜怒哀樂之情。情緒的表達,不能自發地達到不偏不倚的"中和"境地,往往不是不及,即是太過,故需經由禮的調控,所以説"禮緣情而作",《樂記》也説,"禮樂之説,管乎人情"。

人情的表達與宣洩,程度有差異,方式與手段亦不同。《毛詩序》剖析説:"情動於中而形於言,言之不足故嗟嘆之,嗟嘆之不足故永歌之,永歌之不足,不知手之舞之,足之蹈之也。"情緒逐級遞升,聲音與動作亦相應上移,從情到言、到歌、到舞蹈,不僅都是表達情感的道具,而且都注重增強表達的色彩與效果。《樂記》説:"樂者,心之動也;聲者,樂之象也。文采節奏,聲之飾也。"又説:"詩言其志也,歌詠其聲也,舞動其容也。三者本於心,然後樂器從之。"又説:"故鐘鼓管磬,羽籥干戚,樂之器也。屈伸俯仰,綴兆舒疾,樂之文也。簠簋俎豆,制度文章,禮之器也。升降上下,周還裼襲,禮之文也。""聖人作爲鞀鼓椌楬壎篪,此六者德音之音也。然後鐘磬竽瑟以和之,干戚旄狄以舞之,此所以祭先王之廟也。"將上述幾段引文做一歸納,可知周代已經出現詩禮樂舞一體的藝術形式,以體驗式、沈浸式爲基本特點。以往説起中國的戲劇,一般會追溯到元代的關漢卿、白樸、鄭光祖、馬致遠四大雜劇名家。我感覺中國戲劇的濫觴當在周代,而元代的雜劇,不妨理解爲周代禮樂文明在戲曲領域的進一步。或説,周代樂舞没有叙事的情節,故算不得戲曲。其實不然。如《大武》分爲《時邁》《武》《賚》《般》《酌》《桓》等六章,即是以詩禮樂舞表現的武王伐紂的過程,後世戲劇必備的基本要素都已具備。京劇中的舞蹈動作多而複雜,正是周代"屈伸俯仰,綴兆舒疾"的"舞動其容"的流亞,而爲西方戲劇所無。

　　周人關於"樂"的理論闡述,非常强調外物對人心的"感",認爲這是引起人心、人情變化的樞機。《樂記》説:"人心之動,物使之然也。"心因感遇外境而變,故而有哀心、樂心、喜心、怒心、敬心、愛心等六者的不同,"六者非性也",孔疏:"人生而静,天之性也。性本静寂,無此六事。六事之生,由應感外物而動,故云非性也。"使自己的心性保持在"中"與"正"的境地,不被外物扭曲,不走邪道,使人生的境界不斷提升,人性的内涵更加豐富、完美,方是天下的"達道"。包括京劇在内的戲劇,就是將正面的歷史人物與故事,配以高雅的藝術形式,讓觀衆接受正能量的"感",養其正氣、志氣、骨氣、養浩然之氣。此事是否有理?可驗諸他人,亦可驗諸己。

　　從理論上説,演員長年浸潤於劇情與角色中,心境與人格不能不受影響。事實確是如此。如抗戰期間,梅蘭芳蓄鬚罷演。後又冒生命危險,三次打傷寒針,使自己發高燒,以拒絶爲佔領者演戲。周信芳在上海上演《徽欽二帝》《文天祥》《明末遺恨》等戲,激勵廣大民衆愛國熱情,雖受到漢奸、特務恐嚇,亦絶不退縮。1953年,梅蘭芳、程硯秋、馬連良、周信芳等親往抗美援朝前綫上甘嶺陣地。梅先生演出時,適逢天雨,空軍司令爲之打傘,梅先生婉拒,説"請讓我對戰士的尊嚴保持敬意"!並親自到醫院清唱,慰問傷員。

　　許多著名演員,職業道德高尚,此舉一例。某年,馬連良灌《甘露寺》唱片,其中有"他有個二弟壽亭侯"一句,"壽"是地名,位於曹操轄地。"亭"是古代行政區劃,劉邦就當過泗水亭長。"壽亭侯"是指曹操封關羽爲壽亭的長官。有一位觀衆看完戲給馬連良打電話,認爲唱錯了,當爲"漢壽亭侯"。因爲漢賊不兩立,關羽如何肯當曹魏的轄地的亭長？曹操深知關羽忠義，故特意在壽亭之前加一"漢"字，表示此地屬漢。這位戲迷的水平之高，不難想見。馬先生聽後，隨即決定自費將全部唱片買下，概不出售，以免謬誤流傳。

再説驗諸於己。當年孔子聞韶，三月不知肉味。此話不虛。我第一次聽梅先生《貴妃醉酒》"海島冰輪"那段，驚爲天籟！其中"見玉兔"句，"見"字婉轉地拖了三次長腔才完成，"兔"字之後以"哇"字收腔，每聽至此，我都熱淚盈眶，激動莫名，至今無法解釋其緣故。類似的感受不少，如某日在手機上無意中聽到《鎖麟囊》"這才是人生難預料，不想團圓在今朝"，節奏靈動而清脆地跳躍，美到極點，於是立即轉録，天天習唱。每次聽完、唱完，心境皆爲之一新。

馬連良先生是傑出的京劇藝術家，他爲《空城計》設計的諸葛亮的兩段唱腔，瀟灑而從容，豪邁而優雅，是京劇中的經典，尤其是"我本是卧龍崗散淡的人""先帝爺下南陽""閒無事在敵樓我亮一亮琴音"這幾處拖腔，抑揚頓挫，迴腸蕩氣，百聽不厭，但凡有時間，都會反復吟唱，陶醉沈溺，不可自拔。若是環境許可，則放聲高歌，頓覺浩氣滿懷。以上皆是雅樂感人的效用。馬先生在《甘露寺》扮演喬玄，其中"勸千歲殺字休出口"一大段唱腔，訴説劉備身世及四位義弟的神勇，如大河奔騰，一瀉千里，聽來酣暢淋漓，一氣呵成。

周信芳先生是南方京劇界的頭牌，在民衆中享有盛譽。據説，以前的上海，家裏來了客人，主人往往會對孩子説："快唱一段《追韓信》給爺叔聽聽！"我看過周先生的《四進士》《蕭何月下追韓信》，大概因爲同是南方人，很覺親切。他的唱腔有鮮明的個性，我總覺得裏面有些蘇北話的氣息。我學了他的"我主爺起義在芒碭"一段，很有味道，非常喜歡。

孫羽津老師告訴我，老生唱腔的巔峰之作，是余叔岩先生在《捉放曹》里的"一輪明月照窗下"那段。我聽了録音，雖無跌宕起落，但猶如大羹玄酒，樸實淡雅，韻味十足。我試着學了很多次，居然一句都學不像。

往昔，平民百姓進戲館，並非盡是茶餘飯後的消遣，他們亦有文化訴求，亦有情感寄託，希冀從歷史人物的機遇中，找到自己的影子，找到對社會的理解。古來寫劇本的精英都看到大衆廣闊的心理需求。最近在蘇州一座私人園林的小戲台上看到這樣一副楹聯：

播管弦譜聲調演舊傳新衣冠宛然優孟
扮忠孝狀奸邪即今見古褒貶盡是春秋

楹聯的作者深知，用大衆喜聞樂見的管弦聲調表演歷史人物，揭示他們的忠孝奸邪，鼓蕩觀衆的血氣,溝通古今民心,具有齊一文化認同的重要作用。觀衆從《楊門女將》《穆桂英掛帥》中感受到家國情懷的壯烈與高尚,他們爲《竇娥冤》《秦香蓮》《玉堂春》中女主角的不幸一灑同情之淚,他們從《野豬林》林冲與《三家店》中的秦瓊受小人陷害的悲慘境遇中找到自己的影子,等等。舉國的道德意識、忠奸褒貶、天下情懷,皆從舞台上得到,入腦入心,潤物細無聲,自覺完成,完全不用行政部門操心費力。文人看戲,也有自己的偶像,例如鞠躬盡瘁,死而後已的諸葛亮,舉國仰慕。讀他的《出師表》,無不肅然動容。而通過唱腔等藝術形式展現他的胸襟與情懷,無疑更具藝術感染力。中國文化的高明,可見一斑。可惜,如今行政部門的領導多不識於此。今日看到著名演員何賽飛怒叱"梅花獎"的"獅子吼",有些地方劇團演老戲,部門領導不給經費;若是排現代戲,則幾百萬、上千萬地批,戲成了,却沒人看,演一兩場後便鎖進倉庫。戲院票價高企,與平民百姓的緣分早已了結。

　　文化人傳承文化,若是只會寫專業論文,連京劇這樣最負盛名的國粹都一無所知,不僅不太像文化人,而且把文化傳承做虛了。我們上一輩,懂戲的教授很多。我在北師大曾聽過劉乃和先生唱《打漁殺家》。據説裘錫圭先生也是戲迷,而且喜歡裘派唱腔。很是不幸,四大名旦、四大鬚生駢出並生的盛况,已成爲中國人遥遠的記憶,奈何?無奈的我們,唯有將最美好的戲台搭建在自己的心中,爲角兒們喝彩,同時涵詠於經典的唱腔中,塑形自我,如莊生夢蝶,物我兩化。

彭林